大连理工大学管理论丛

总承包项目知识集成研究

朱方伟　于　淼　著

国家自然科学基金资助（71171033）

科学出版社

北　京

内 容 简 介

本书面向总承包项目管理实践，基于知识视角研究总承包项目知识集成的内在机理，为总承包企业提供项目知识集成的对策。本书对总承包项目实践和项目知识集成理论分别展开了深入研究，综合运用内容分析法、案例研究法和统计研究法系统探究总承包项目知识集成的内在规律，通过实践与理论的紧密结合实现了"实践问题提出—理论问题分析—实践问题解决"的研究闭环，在丰富总承包项目知识集成理论研究的同时，也能够对总承包项目知识集成实践提供参考和借鉴。

本书可供项目管理、知识管理、工程管理等领域的研究人员、教师及相关专业的本科生、研究生参考，同时还可供总承包企业的管理者和总承包项目管理人员在进行管理决策时借鉴。

图书在版编目（CIP）数据

总承包项目知识集成研究 /朱方伟，于森著. —北京：科学出版社，2017.10

（大连理工大学管理论丛）

ISBN 978-7-03-054555-8

Ⅰ. ①总… Ⅱ. ①朱… ②于… Ⅲ. ①承包工程–项目管理–研究 Ⅳ. ①F271

中国版本图书馆 CIP 数据核字（2017）第 230968 号

责任编辑：陶 璇 / 责任校对：王 瑞
责任印制：吴兆东 / 封面设计：无极书装

科 学 出 版 社 出版
北京东黄城根北街 16 号
邮政编码：100717
http://www.sciencep.com

北京教图印刷有限公司 印刷

科学出版社发行 各地新华书店经销

*

2017 年 10 月第 一 版 开本：720×1000 1/16
2017 年 10 月第一次印刷 印张：16 1/4
字数：323 000
定价：96.00 元

（如有印装质量问题，我社负责调换）

丛书编委会

总　　序

　　编写一批能够反映大连理工大学管理学科科学研究成果的专著，是几年前的事情了。这是因为大连理工大学作为国内最早开展现代管理教育的高校，早在1980年就在国内率先开展了引进西方现代管理教育的工作，被学界誉为"中国现代管理教育的先驱，中国 MBA 教育的发祥地，中国管理案例教学法的先锋"。大连理工大学管理教育不仅在人才培养方面取得了丰硕的成果，在科学研究方面同样取得了令同行瞩目的成绩。例如，2010年时的管理学院，获得的科研经费达到2 000万元的水平，获得的国家级项目达到20多项，发表在国家自然科学基金委员会管理科学部的论文达到200篇以上，还有两位数的国际 SCI、SSCI 论文发表，在国内高校中处于领先地位。在第二轮教育部学科评估中，大连理工大学的管理科学与工程一级学科获得全国第三名的成绩；在第三轮教育部学科评估中，大连理工大学的工商管理一级学科获得全国第八名的成绩。但是，一个非常奇怪的现象是，2000年之前的管理学院公开出版的专著很少，几年下来却只有屈指可数的几部，不仅与兄弟院校距离明显，而且与自身的实力明显不符。

　　是什么原因导致这一现象的发生呢？在更多的管理学家看来，论文才是科学研究成果最直接、最有显示度的工作，而且论文时效性更强、含金量也更高，因此出现了不重视专著也不重视获奖的现象。无疑，论文是重要的科学研究成果的载体，甚至是最主要的载体，但是，管理作为自然科学与社会科学的交叉成果，其成果的载体存在方式一定会呈现出多元化的特点，其自然科学部分更多的会以论文等成果形态出现，而社会科学部分则既可以以论文的形态呈现，也可以以专著、获奖、咨政建议等形态出现，并且同样会呈现出生机和活力。

　　2010年，大连理工大学决定组建管理与经济学部，将原管理学院、经济系合并。重组后的管理与经济学部以学科群的方式组建下属单位，设立了管理科学与工程学院、工商管理学院、经济学院以及 MBA/EMBA 教育中心。重组后的管理与经济学部的自然科学与社会科学交叉的属性更加明显，全面体现学部研究成果的重要载体形式——专著的出版变得必要和紧迫了。本套论丛就是在这个背景下产生的。

　　本套论丛的出版主要考虑了以下几个因素：第一是先进性。要将学部教师的最新科学研究成果反映在专著中，目的是更好地传播教师最新的科学研究成果，为推进管理与经济学科的学术繁荣做贡献。第二是广泛性。管理与经济学部下设的实体科研机构有 12 个，分布在与国际主流接轨的各个领域，所以专著的选题具有广泛性。第三是纳入学术成果考评之中。我们认为，既然学术专著是科研成果的展示，本身就具有很强的学术性，属于科学研究成果，有必要将其纳入科学研究成果的考评之中，而这本身也必然会调动广大教师的积极性。第四是选题的自由探索性。我们认为，管理与经济学科在中国得到了迅速的发展，各种具有中国情境的理论与现实问题众多，可以研究和解决的现实问题也非常多，在这个方面，重要的是发动科学家按照自由探索的精神，自己寻找选题，自己开展科学研究并进而形成科学研究的成果，这样的一种机制一定会使得广大教师遵循科学探索精神，撰写出一批对于推动中国经济社会发展起到积极促进作用的专著。

　　本套论丛的出版得到了科学出版社的大力支持和帮助。马跃社长作为论丛的负责人，在选题的确定和出版发行等方面给予了自始至终的关心，帮助学部解决出版过程中的困难和问题。特别感谢学部的同行在论丛出版过程中表现出的极大热情，没有大家的支持，这套论丛的出版不可能如此顺利。

大连理工大学管理与经济学部

2014 年 3 月

前　言

　　总承包模式作为一种以向业主交付最终产品为目的、对整个项目实行整体构思、全面安排、协调运行的承包体系，能够有效适应市场专业化分工的趋势，已经成为国际通用的大型复杂项目组织实施形式。随着 20 世纪 80 年代总承包模式正式引入中国，总承包也逐渐成为我国工程业务参与国际工程市场竞争的主要载体和实现国际化战略的重要途径。然而，总承包模式对工程项目的系统化集成化组织提出了较高要求，我国总承包企业由于项目集成管理经验积累不足在开展总承包项目的过程中仍存诸多问题，总承包模式的分工与协调优势难以得到发挥。特别是在总承包项目日益呈现大型化、一体化和复杂化的趋势下，其知识密集和知识驱动的特征越发明显，需要从知识集成的角度对总承包项目的集成管理的机理、路径与对策展开系统研究，以有效提高我国总承包企业的项目集成管理能力和国际竞争力。

　　笔者自 2007 年以来一直立足于我国工程总承包模式的发展实践，从事基于知识视角的总承包项目集成管理的问题。基于夯实的实践及理论积累，笔者于 2011 年申请并主持了国家自然科学基金资助项目"面向生命周期的总承包项目知识集成研究"，经过多年研究，笔者从项目集成管理的核心问题——知识集成出发，以总承包项目中的知识作为复杂项目知识管理的切入点，将项目计划视为提升知识组织效率的潜在着力点，力图通过理论和实证分析，揭示总承包项目知识集成的内在规律，为我国总承包项目的集成管理提供有效的理论指导。

　　本书是笔者关于总承包项目知识集成研究的一个阶段成果的总结。面向总承包项目的这一研究对象，本书首先对总承包项目进行了理论和实践方面的系统回顾。基于大量总承包企业项目管理实践分析和总承包项目管理的研究进展回顾，本书对总承包模式的发展历程，总承包项目一般流程、项目特点、项目实践问题和项目管理研究进行了深入总结，为总承包相关研究奠定了情境基础和理论基础。随后，本书对项目知识集成理论进行了全面的回顾，从知识集成的理论基础到项目知识集成的过程、机制、障碍及影响因素等方面进行了系统分析，识别了项目知识集成中的核心问题，为总承包项目知识集成的研究奠定了理论基础。

　　总承包项目的知识集成需要有效的集成机制。结合化工行业、建筑行业、钢铁行业等多个典型总承包项目的实地调研，笔者识别了项目计划这一典型的总承包项目知识集成机制。基于多个典型总承包项目知识集成案例，本书针对不同项目计划过程的典型项目案例分析来探索项目知识集成的规律，识别基于项目计划的总承包项目知识集成机理。结合总承包项目的计划过程分析和实施过程分析，本书构建了面向项目计划的项目知识集成过程模型，并形成了总承包项目跨生命周期阶段的动态知识集成框架。同时，还构建了项目计划对项目知识集成的双重作用模型，发现项目计划作为系统的知识集成机制能够通过编码化路径和社会化路径作用于整个总承包项目生命周期中的知识集成活动，进而影响项目知识集成效果。

基于对总承包项目知识集成机理的分析，本书进一步探讨了项目计划成熟度、项目知识集成和项目绩效之间的内在关系。在项目计划成熟度构念开发基础上，本书提出了项目计划成熟度、项目知识集成和项目绩效三者的关系假设，并通过统计检验揭示了项目计划通过项目知识集成影响总承包项目绩效的作用机理，表明总承包企业项目计划能力与知识集成能力的持续提升将从根本上提升总承包企业的项目管理水平，进而形成总承包企业的核心竞争力。

围绕总承包项目开展过程中知识集成的重要地位，本书还系统探究了对总承包企业开展知识集成实践的有益路径和工具方法，以从企业实践层面推动总承包项目的有效集成管理。本书基于总承包项目知识集成的系统性，从项目知识集成的平台构建、项目计划制定与知识集成过程的协同、项目实施中知识集成的过程组织以及项目收尾中多层次知识集成的共演四个方面系统探究了推动总承包项目知识集成效果的有益对策，为建立我国总承包企业参与国际竞争的持续竞争力和整个工程总承包产业链的协同发展提供了有效的实践指导。

本书的完成是总承包项目知识集成研究的一个重要节点，是多方合作的研究结果。其中感谢王琳卓、张杰等博士在总承包项目特点、问题分析、项目知识集成平台和实施过程组织对策构建研究方面的付出，感谢姜孟彤、王欣楠、朱涵天、赵永明等硕士对总承包模式发展历程、总承包项目流程、知识集成对策等研究中所做出的贡献。感谢各调研企业对本研究的大力支持，是各方的付出共同促成了本书的出版，这里一并对其表示衷心的感谢。

另外，还要突出感谢科学出版社的支持，感谢国家自然科学基金的支持，感谢大连理工大学管理与经济学部的支持。

需要指出的是，由于总承包项目知识集成研究目前仍处于探索阶段，且囿于本人的水平和精力，本书难免存在不成熟的地方，恳望大家批评指正。

作　者
2017 年 6 月

目　录

第1章

绪　　论

　　总承包模式是参与国际工程市场竞争的主要工程组织方式，也是我国工程业务走向海外的必要方式。当前我国的总承包项目实践表明总承包企业在开展总承包项目的过程中仍然存在很多突出的问题，特别是业务能力和管理能力不匹配而导致项目无法实现预期效益的问题。因此，如何提升我国总承包企业的项目管理能力，特别是项目的集成管理能力，成为总承包企业亟待解决的问题。而基于现有理论的分析，项目集成管理本质上为知识集成的问题，即有必要从知识集成的视角来探索总承包项目的管理过程。因此，如何实现总承包项目的有效知识集成成为本书的关注重点。本章基于此对研究背景进行了详细的阐述，在实践与理论分析的基础上确定了本书拟解决的关键问题、研究思路和内容结构框架，揭示了本书的现实意义和理论意义。

1.1　项目总承包日益成为主流的工程组织方式

　　总承包模式是一种以向业主交付最终产品为目的，对整个项目实行整体构思、全面安排、协调运行的前后衔接的承包体系，已经成为国际通用的项目组织实施形式[1]。具体而言，总承包项目涉及从项目的可行性研究、勘察设计、设备选购、材料订货、工程施工、生产准备到竣工投产的全过程，是企业按照合同对工程项目的勘察、设计、设备材料采购、施工、试运行等实行全过程或若干阶段的承包。这种总承包模式的出现，是由市场的需求和行业的发展所决定的。从行业环境的发展情况来看，工程领域的分工趋于细化，这种细化一方面促进了工程企业的专业化与精细化，另一方面从工程整体的系统角度出发，专业化的边界也给系统性工程的组织和协调带来了挑战，对工程的系统组织者提出了很高的集成管理要求。如何在充分发挥专业化的同时保障分工的专业化与工程的系统性，成为工程行业面临的日益突出的问题。总承包模式的出现是对解决这一问题的有效尝试，它能够解决工程领域专业分工分散化的问题，同时以总承包商为系统集成者，实现对各专业领域的系统协调与管理，有利于行业的持续稳定发展。而从业主角度出发，总承包的模式能够减少业主的管理幅度，将业主从繁重的协调与管理工作中解脱出来，降低项目管理的成本。从总承包商的角度出发，总承包的模式能够更好地发挥其自身的组织作用，通过充分协调多项专业业务增加规模效应与范围经济，实现更低的工程成本和更好的投资收益。从分包商的角度出发，总承包模式可以使其充分发挥专业分工内部的业务能力，而不必过多关注与业主之间的协调与沟通工作，有益于充分发挥分包商自身优势，提升系统效益。因此，相比于传统分包模式，总承包模式更能够适应市场专业化分工的趋势，能够系统化地实现更大的项目范围、管理更多的利益相关者和协调更复杂的专业领域，近年来已经成为大型复杂项目尤其是国际大型工程项目的主流管理模式。

随着 20 世纪 80 年代我国的工程业务开始走向海外，总承包也被我国正式引入和推广，30 多年来得到广泛应用，特别是在建筑、化工、石化、电力、冶金、建材等行业，已经成为我国当前工程业务的主要组织方式。就国际工程项目而言，中国对外承包工程商会发布的数据显示，2015 年中国对外承包工程业务的新签合同额为 2 100.7 亿美元，首次突破 2 000 亿美元大关，且是 2005 年的 7 倍。历年来对外承包工程数据表明，我国企业的"走出去"战略践行良好，已经为应对国际化战略积累了大量的资金，对外承包业务也逐渐成为我国工程企业的主要业务。而这些国际工程大多数要求以工程总承包的形式开展，特别是多以 EPC（engineering-procurement-construction，即设计-采购-建造）模式下的设计采购施工总承包和交钥匙（turnkey）工程的合同形式所展开。因此，国际总承包项目的发展将关系到整个产业链的发展，对带动我国技术、设备及材料的出口，进一步提升产业价值链的增值能力和总承包项目的国际竞争力有显著的影响，总承包项目已经成为我国"走出去"战略的重要途径。特别是在 2015 年提出"一带一路"这一致力于积极发展与沿线国家的经济合作伙伴关系的国家级倡议后，我国工程企业的"走出去"战略将得到进一步的深化，对外工程的总承包将会持续成为我国工程企业践行"一带一路"倡议的主导模式。而从整个市场发展情况来看，通过对中国勘察设计协会工程总承包分会发布的历年工程总承包百强企业完成合同额数据的整理发现，近年来我国的总承包企业完成合同额整体呈显著上升趋势，如图 1.1 所示。其中，2014 年我国工程总承包企业国内外完成合同额的百强企业总合同额已经超过 3 779 亿元，是 2007 年完成合同额 410 亿元的 9 倍多。因此，不论是在国内市场还是在海外市场，工程总承包模式作为主流的工程组织方式均得到了认可，逐渐受到工程企业和相关学者的广泛关注。

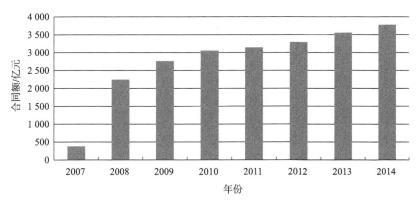

图 1.1　我国工程总承包企业历年完成合同额（百强企业）

1.2　我国工程项目总承包企业迫切需要转型升级

近年来我国"走出去"战略稳步践行，工程总承包企业已经成功进入国际市场参与竞争，且竞争力得到了持续提升，在全球百强总承包商中的比例也逐步提高。但是，整体上我国总承包商与欧美等发达国家的总承包商相比，技术和管理水平仍然较低，2014 年国际总承包商前 20 强的平均海外市场收入为 140.18 亿美元，而我国总承包商前 20 强的平均海外收入为 36.59 亿美元，在各区域市场和专业领域的排名中与顶级国际承包商的产业规模和水平差距仍然较大。从单个承包商竞争力来看，2014 年我国进入全球 50 强的总承包商数量仅为 8 家，与发达国家承包商之间仍有很大差距。传统的资金优势已经不能推动我国的总承包企业通过良好的项目绩效保持国际项目中的竞争力。这种差距主要是因为我国的总承包企业没有经历发达国家从分包模式向总承包模式再到项目管理承包模式与总承包模式发展的长期项目知识积累，长期以来过多关注专业业务的发展，忽视了管理能力的跟进与提升。这一问题突出表现为总承包企业业务与管理两种核心能力的不平衡与不匹配，使得总承包企业不能通过业务和管理能力的协同，适应总承包项目对总承包商的集成管理需求，阻碍了总承包企业承担国际大型项目的进程。这种管理能力的薄弱，表面上体现为业务流程、服务标准与管理体系的非系统化、专业接口管理不规范和接口冲突频现等特征，其本质是总承包项目中的专业分工与集成管理之间的断层。因为总承包模式要求的专业化分工表面上表现为业务分工的细化，但背后却需要系统集成能力的有力支撑。若不能够实现系统化集成管理，则总承包模式的分工与协调优势也难以发挥。而在总承包项目日益呈现大型化、一体化和复杂化的趋势下，其知识密集和知识驱动的特征越发明显，项目生命周期的阶段边界、项目职能边界、专业边界及利益相关者边界给总承包企业的项目管理能力带来更大挑战，有效实现总承包项目中的信息集成、组织集成、阶段集成、利益相关者集成等集成管理成为项目成功的关键，也成为总承包企业需要解决的核心问题。

从集成管理的深层次本质出发，信息集成、组织集成、阶段集成等问题更多体现为集成管理的表象，总承包项目集成管理的核心则是深层次的知识集成。这是由于项目本身是一种整合资源、技能和知识的组织运作模式，总承包项目的实施从根本上是知识输入和输出的复杂知识组织过程，知识管理贯穿了项目生命周期的每个阶段，渗透了项目管理的全要素，涵盖了众多项目利益相关者之间的知识交互[2]。基于总承包项目的特点，项目中的知识在不同项目阶段、利益相关者、专业领域和管理职能间离散分布，难以通过知识的自组织和自流动来实现知识的有效配置[3]，只有通过有效的知识集成才能够实现资源的有效配置。总承包项目中设计采购与施工业务间衔接薄弱、无法保障总承包商系统管理效应等多种阻碍项目成功的问题层出不穷，也正是由于我国的总承包项目管理实践仍然多停留在业务层次，尚不能够系统地解决更深层次的知识组织问题，才使得企业不具备系统的知识集成能力和项目管理能力，无法支撑项目管理实践的良好开展。因此，总承包企业只有改变当前仅专注于业务发展的现状，系统解决项目中的核心管理问题，才能够逐步提升总承包企业的知识集成能力和项目管理能力，更好地通过优异的项目绩效推动企业战略实现，完成总承包企业由单纯业务知识集成导向向业务知识和管理知识双重集成导向的转型。基于项目知识集成的转型升级，能够从根本上帮助总承包企业通过有效的管理、集成和利用跨生命周期、跨专业、跨主体的知识提升项目决策的质量与项目管理的效率，形成企业的核心竞争力。

1.3　项目计划是提升知识组织效率的潜在着力点

在总承包项目中，总承包商不仅要完成总承包任务中各阶段的设计、采购、施工、运行等业务，还要对整个项目进行有效的项目管理。因此，在典型的 EPC 模式中，设计（engineering）不仅包括具体的业务性工作，还包含整个建设工程内容的总体策划及整个建设工程实施组织管理的策划工作，其设计中的项目整体策划与实施计划能够帮助总承包企业实现对总承包项目的引领，为项目增值提供更多的机会,并成为设备采购、施工、安装和调试等工作的依据。其有助于将项目阶段和职能业务有机地结合起来,从源头实现对进度、技术、质量等管理领域的全面控制和统筹安排,形成管理优势并促进利润增长。这也是总承包模式的优势和价值所在。就项目计划本身而言,它能够很好地指引项目活动的开展,能够通过一系列前期组织活动进行项目资源的系统化配置,整合项目中的多个业务领域和管理领域,使不同的利益相关者具有共同的行动目标和行动路径[4]。同时,项目计划作为项目前期的重要工作,对项目不确定性的预判和处理也将对整个项目的实施起重要的作用,还能够成为项目目标管理和沟通管理的有效载体。因此,在当前复杂的总承包项目实践中,项目计划过程也受到很大的关注,项目计划阶段将在很大程度上影响项目投资,且其过程产出是项目实施过程协调与控制的重要依据。所以,项目计划是贯穿总承包项目全生命周期、全项目管理领域、全利益相关者的一种重要的项目管理手段,良好的、成熟的项目计划对总承包项目的组织和运行具有重要推动作用。

而从知识组织视角出发,项目计划作为一种管理手段,其背后体现为一个典型的知识融合与利用的过程,也是知识集成的一个基础性载体。首先,项目计划的制订过程本身包含具有一系列规范和标准的正式管理程序,是一个在对项目未来的判断和预估的基础上形成行动路径的过程。而总承包项目由于项目的复杂性较高,其项目计划的制订过程涉及来自多个专业领域和职能的复杂知识、大量的信息文档及来自多个企业主体的利益相关者,通常需要通过项目组织内部自上而下或者自下而上的知识流动来实现,即此过程中的知识需要有组织地跨越总承包项目的阶段边界、职能边界、主体边界等多种知识边界进行交互[3]。因此,项目计划的制订与形成过程就是一个全部项目资源背后的知识汇集、重组和利用的过程。也可以说总承包项目的计划制订过程中可能包含多个知识集成的过程。首先,项目计划阶段的知识集成相对于实施阶段的知识集成能够保持更高的效率和更低的成本,是项目知识集成的一个重点。其次,从整个项目生命周期的管理出发,项目计划的制订主要是为了形成对项目实施过程的指引,使项目实施过程可控。因此,项目计划阶段的输出也可能引导整个总承包项目环节实施的环环相扣,即项目计划阶段的知识集成结果也可能为其他项目阶段的知识组织奠定基础。最后,知识集成的相关研究表明其需要多种机制、手段和方法的支持[5, 6],而项目计划是一个贯穿总承包项目全生命周期、全项目管理领域、全利益相关者的一种管理手段和机制,其标准化、结构化的形式可以成为提升项目层面知识组织效率和效果的一个潜在着力点,为总承包项目实现项目层面知识集成及项目成功提供一个潜在的平台。因此,通过提升项目计划的成熟度来提高总承包项目的知识集成效果,进而更有效地提升项目整体绩效成为理论界和实践界亟待达到的目标。

1.4　本书的研究思路与内容结构框架

基于对典型企业的项目调研走访和现状分析，我们发现国内工程总承包企业所开展的总承包项目实践经常达不到预期的项目目标，总承包企业在与国外优秀总承包商开展国际竞争的过程中在整体项目绩效实现方面还存在很大的提升空间。整体上我国的总承包项目管理仍然停留在业务层面，这在很大程度上限制了总承包企业作为项目集成管理者的总承包能力的发展和大型复杂项目管理水平的提升，导致当前总承包项目的整体绩效不理想。这一总承包项目实践中的突出问题表明，如何提升总承包项目的项目绩效是总承包企业迫切需要关注的问题，也是总承包项目管理最根本的出发点。总承包项目跨领域、跨阶段的复杂特征，以及利益相关者之间的矛盾与冲突，加大了总承包项目内协调的难度，也影响了项目分工与协调的效率，给项目的顺利运行带来了很大的挑战。所以，总承包项目情境下影响项目绩效实现的深层次原因及改善总承包项目绩效的路径成为本书的出发点。

结合相关理论分析，我们发现在总承包项目中实现有效的集成管理是总承包项目成功的关键。当前国内总承包项目也主要是因业务能力与管理能力的不匹配而无法实现总承包项目专业化背后的有效集成管理，导致项目中的界面管理不规范，影响项目整体绩效的实现。现有项目知识集成理论和项目绩效理论则表明，项目绩效尤其是项目中涉及多种边界、多参与主体的复杂项目的绩效会在很大程度上取决于项目知识集成的效果，项目的知识集成是项目成功的一个关键影响因素[7]。因此，从知识集成视角出发，这种有效集成管理的背后需要总承包项目开展过程所需知识的有效集成、组织和利用。总承包项目作为一种典型的复杂的知识应用型项目，其内部的知识集成过程与机制的探索对于解决总承包项目实践中的问题和丰富项目知识集成的理论均是十分有益的。特别在现有研究对总承包集成管理中的组织集成、信息集成和过程集成集中关注的背景下，从项目知识集成出发展开深入本质的探究，有助于更系统地解释总承包项目集成管理的内在规律，更有效地促进项目绩效的实现和企业集成管理能力的提升。

通过对项目知识集成相关理论和项目计划成熟度相关理论的回顾，我们发现项目知识集成过程的有效展开与知识集成效果的实现，需要利用多种知识集成机制、跨越多个知识集成的边界，实现知识在项目不同层次的交互和重组。而项目计划作为总承包项目中的一个核心管理过程和管理要素，被视为一种有效的项目知识集成机制。同时，其在项目计划阶段的开展过程和在项目实施阶段的功能也表明，项目的组织管理以计划为核心，项目需求要转化为项目计划执行，要基于项目计划评价验收，因此项目计划是一个贯穿项目全生命周期的、涉及项目多参与者的一种管理机制，其在高效业务整合、管理整合、资源整合和知识组织方面具有突出作用，对项目绩效也具有显著的促进作用。而项目计划作为一个正式的管理机制和手段能否为总承包项目知识集成创造更好的机会，即其在总承包项目知识集成中的作用大小值得进行更加深入的研究。因此，从提升总承包项目绩效和项目知识集成的效果出发，本书对项目计划的突出作用重点关注，并结合项目计划的相关理论和管理成熟度的相关理论提出项目计划成熟度的概念，以系统分析其对总承包项目知识集成及项目绩效的影响，从项目计划成熟度出发探索项目知识集成的有效路径。至此，本书通过实践分析与理论回顾进一步明确了研究问题，即探讨总承包情境下项目计划成熟度与项目知识集成和项目绩效间的作用关系。

　　而由于当前总承包项目包含 EPC、设计-施工（design-build，DB）总承包，以及由 EPC 衍生出来的设计-采购总承包（engineering-procurement，EP）、采购-施工总承包（procurement-construction，PC）等多种模式，本书选择聚焦于最具代表性也是我国目前主要推行的 EPC 总承包项目展开研究。为解决本书的研究问题，需要有针对性地对总承包项目的过程和特点、项目计划成熟度的内涵、项目知识集成的相关研究基础、总承包项目知识集成的过程与规律、项目计划成熟度与总承包项目知识集成、项目绩效的内在关系和交互过程等方面进行系统的研究。同时，为解决总承包项目知识集成中的核心问题，本书确定了研究的整体框架，将通过三个循序渐进的主体研究系统地解决总承包项目情境下项目计划成熟度、项目知识集成和项目绩效关系的核心问题，如图 1.2 所示。

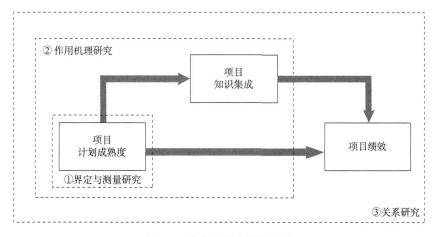

图 1.2　本书的核心研究路径

　　首先，现有关于项目计划成熟度的内涵、结构与测度的研究尚不成熟，在一定程度上阻碍了从项目计划出发来解决总承包项目中知识集成和项目绩效的问题，因此要探讨项目计划成熟度对项目知识集成和项目绩效的影响，就要先对项目计划成熟度的概念进行系统研究。本书在总承包情境下对项目计划成熟度的界定和测量展开研究，通过定性和定量相结合的研究方法确认项目计划成熟度的内涵和结构，生成具有信度和效度的测量量表，实现对项目计划成熟度的梯级划分，进而形成研究基础。

　　其次，通过相关研究进展和现有理论的回顾发现，现有项目知识集成理论已经形成了项目知识集成的基本框架和研究基础，但是项目知识集成的过程仍相对模糊，从项目计划出发展开的项目知识集成研究也相对有限，尚未识别项目计划作用于项目知识集成的内在机理，阻碍了研究问题的解决。因此，本书选择采用适用于内在过程剖析和内在机理研究的质性研究方法，通过对不同计划成熟度下的多个典型总承包项目知识集成案例进行案例内分析和跨案例分析，深入探索项目计划成熟度作用于项目知识集成的内在机理，剖析基于项目计划的总承包项目知识集成规律，以系统解释项目计划成熟度如何影响项目知识集成的过程和结果。

　　再次，基于项目计划成熟度的界定和测量以及项目计划成熟度对项目知识集成的作用机理研究，为系统解决项目计划成熟度、项目知识集成和项目绩效之间关系的研究问题，本书选择基于大样本统计数据的实证研究方法展开关系研究。虽然现有理论已经确认了项目计划及项目知识集成对项目绩效的显著正向影响，但是对于这三个概念间的系统关系尚未形成整体的研究结论。因此对三者关系的实证研究有助于理清总承包项目情境下项目计划成熟度、项目知识集成和项目绩效之间的内在关系，形成相对一般化的研究结论，系统解决本书提出的研究问题、解释总承包项目实践中的现象，并为总承包项目的管理实践提供理论指导。

　　最后，本书将基于总承包项目知识集成的研究结果，有针对性地制定总承包项目知识集成的对策，从企业、项目和个人多个层次形成总承包项目知识集成体系的保障措施出发，进一步推动总承包企业的项目知识集成和企业知识集成。

　　围绕上述研究思路，本书分 7 章展开讨论。

　　第 1 章从企业实践和理论发展两个方面阐述总承包项目情境下开展项目知识集成研究的必要性和潜在着力点。从我国总承包的实践现状出发，总承包模式已经成为国内外工程领域的主要工程组织方式，而我国企业在国内外工程的实践则表明，总承包企业的项目管理水平和市场竞争力与发达国家仍存在较大的差距，急需从业务导向型企业向集成管理型企业转型。而通过相关理论的回顾得知，项目集成管理的问题本质上需要从知识集成视角去解释和解决，即总承包项目实践中的核心问题是知识集成的问题。从提升项目知识集成效果的角度出发，通过对企业实践和理论的分析发现，项目计划是提升知识组织效率的潜在着力点，项目计划可能为总承包项目的知识集成创造更好的机会。因此，实践和理论的分析结果推动了本书整体的研究思路和内容结构框架的提出。

第 2 章对总承包模式以及总承包项目的相关内容进行梳理。首先，对总承包模式的起源进行回顾，从模式产生的背景出发对总承包项目进行分析。在此基础上对总承包模式在我国的引进和发展历程进行回顾，从政策环境和经济环境出发分析总承包项目在我国的发展情况。同时，对传统模式和多种典型总承包模式进行详细的阐述和分析，为总承包项目的剖析奠定基础。其次，对总承包项目的一般业务流程进行梳理。由于在典型的 EPC 项目模式下，总承包项目的业务包含多个不同的业务流程，为了解各业务流程内部的过程以及业务之间的衔接，本书将总承包项目的一般业务流程划分为项目决策与招投标流程、项目设计流程、项目采购流程、项目施工和收尾流程。基于多个总承包项目实践以及总承包项目流程的相关文献，梳理各个流程中的主要活动、活动间关系及活动的主要输入和输出，同时对流程中的交叉进行梳理分析。再次，对总承包项目的特点进行梳理，从固定总价合同方式、业务流程交叉、多利益相关者协调、产品创造过程与项目管理过程融合、技术密集和知识密集及国际化趋势多个方面展开。而且，本章还对我国总承包项目实践中的突出问题进行分析，将实践中的问题总结为项目决策、项目协调和项目沟通三个方面的问题，并分别展开阐述。最后，本章基于知识图谱对总承包项目管理的相关研究进展进行分析，回顾总承包项目管理的研究脉络，分析以总承包项目为对象的研究现状。

第 3 章从现有理论回顾的视角，对项目知识集成相关理论进行回顾与综述，对项目知识集成相关概念进行解释。本章首先通过文献分析法对知识集成的发展脉络进行回顾，在此过程中分别从知识集成的理论基础、概念界定与内涵分析，组织知识的界定、分类与特性分析，知识集成的内在过程、机制及对其的能力评价和效果评价多个方面对知识集成理论进行回顾，形成系统的知识集成概念。其次，在一般性的知识集成研究基础上，基于本书的研究目的，回顾项目情境下的知识集成理论，从项目情境下的知识管理，项目知识集成过程中的主客体、活动、边界、机制及项目知识集成的影响因素等多个方面对项目情境下的知识组织过程进行文献梳理与理论分析，形成项目知识集成的研究基础。最后，在文献分析法基础上，本章采用图谱分析法对当前有关项目知识集成的国内外研究进展进行回顾，形成项目知识集成研究的系统框架和本书的研究基础。

第 4 章对总承包项目的项目知识集成机理进行探索和分析。为基于项目计划研究总承包项目的知识集成机理，本章选取哈法亚项目、新体系项目以及焦化脱硫项目三个项目计划过程和质量存在一定差异的典型总承包项目作为研究对象，对三个案例中的项目计划活动与项目实施活动中的面向项目全生命周期的知识集成主体、过程、机制、载体及知识集成效果等要素进行案例内分析。在此基础上通过多案例的归纳、总结，分析、构建面向项目计划的项目知识集成模型，建立项目计划过程与知识集成要素和过程的匹配框架，在进一步剖析项目计划与知识集成的匹配过程基础上，发现项目计划会通过编码化和社会化两条路径的协同来双重驱动项目内的知识集成。这一模型能够有效解释不同项目计划背后的知识集成过程和效果的差异，为从项目计划入手分析项目知识集成的策略提供指引。

第 5 章探索项目计划成熟度、项目知识集成与项目绩效的关系。为进一步检验和确认项目计划对总承包项目知识集成以及项目绩效的影响，本章首先提出项目计划成熟度的概念，并对此概念进行构念开发，为后续的实证关系检验奠定基础。基于对现有计划成熟度相关理论的文献回顾，通过定性和定量相结合的方法进行总承包项目计划成熟度的探索性和验证性研究，最终确定项目计划成熟度的二阶三维度结构，确认总承包项目计划成熟度是一个包含"引导与控制"、"风险应对"与"工作共识"的相关三维度的构念。其次，本章基于案例研究提出的研究命题及相关的理论，构建研究的概念模型与假设模型，通过实证方法探究项目计划成熟度与项目知识集成以及项目绩效之间的关系，进一步解释项目知识集成在总承包项目中的重要性，以及项目计划成熟度对项目绩效的影响机制。结果表明，项目计划成熟度对项目知识集成与项目绩效均具有显著正向影响，且项目知识集成也对项目绩效具有显著影响。中介效应检验结果表明，项目计划成熟度在很大程度上通过项目知识集成作用于项目绩效。研究结论突出了项目计划成熟度与项目知识集成在总承包项目中的重要地位，它们将为总承包项目更好地实现知识集成和项目绩效提供更加明确的指引。

第 6 章进行总承包项目知识集成的对策构建。本章首先构建一个项目知识集成的指导框架，围绕项目层和企业层的框架，从项目知识集成的平台支撑到项目计划阶段、实施阶段和收尾阶段的知识集成过程，再到总承包企业组织过程资产的形成，为企业提供一个指导总承包项目知识集成实践的闭环对策。其中，项目知识集成平台构建的对策，主要从总承包企业整体支撑的角度分别提出基础平台构建、基本条件构建和软环境建设的平台构建着力点。项目计划制订与知识集成过程的协同对策，主要从项目计划阶段的知识集成过程出发，对计划流程重塑、项目信息系统应用、全员参与文化建设、风险管理体系构建、管控制度设置、非正式沟通渠道的应用和项目计划工程师的培养多个方面提出对策。项目实施中的知识集成过程组织则主要从信息技术应用、沟通渠道强化、学习型组织构建、文化建设和组织激励等多个方面剖析总承包项目知识集成的对策。项目收尾中项目层次与企业层次的知识集成共演则主要围绕收尾阶段的知识集成、组织过程资产的沉淀、项目的后评价以及集成主体的技能提升培训几个方面进行。

　　第 7 章阐述本书的研究局限与展望。本章解释研究可能存在的局限性，并提出未来相关研究的展望，以推动未来总承包项目知识集成相关研究的开展。

第 2 章

总承包项目概述

围绕本书的研究主题，有必要对本书的主要研究对象——总承包项目进行系统的概述，从总承包模式的国内外发展历程、总承包项目的一般流程以及总承包项目的特点和实践中的突出问题来系统解析总承包项目实践，从总承包项目管理的相关研究进展来分析以总承包项目为研究对象的相关研究现状，以奠定研究的实践基础与理论基础。

2.1 总承包模式的发展历程

2.1.1 发展历程

1）总承包模式的起源

总承包是指从事工程总承包的企业受业主委托，按照合同约定对工程项目的可行性研究、勘察、设计、采购、施工、试运行（竣工验收）等实行全过程或若干阶段的承包，在项目实施过程中工程总承包企业对承包工程的质量、安全、工期、造价全面负责。总承包模式起源于 20 世纪 60 年代的美国，属于发达国家工程建设模式的创新，反映了突出的实践需求。这种模式是对传统承发包模式的变革，也是为解决设计、施工弊端而产生的一种新的工程承包模式，被认为是建筑业经营管理上的革新，经过多年市场经济的磨炼和演变而发展起来。在 20 世纪中期，由于技术革命和工业投资引起的经济快速增长，大型工程项目日益增多，项目的技术复杂度持续增强，工程实施难度增加，项目投资的经济性对项目建设期的工期和成本控制要求更加严格。在此背景下，传统的采取渐进式分段组织方式的分包模式已经无法实现对工期的有效控制，设计方、采购方、分包方的多方干系人也使得业主对投资控制的难度加大。因此由单一承包方来对整个工程项目实行系统策划和管理的系统化管理模式就应运而生。为提高建设项目管理水平，高质、快速、经济地完成工程项目，西方国家不断在工程承包模式上加以革新，从"设计-招投标-建造"（design-bid-build）的传统模式逐步演变为多种模式并存的局面，其中，总承包模式以其自身的优点，发展尤为迅速。

在 20 世纪 70 年代，总承包模式得到快速发展，美国具备 EPC 总承包能力的大型承包公司在激烈竞争和行业改组中发展迅速。80 年代该模式趋于成熟并开始得到广泛的扩散和应用，美国这种具备总承包能力的一体化企业从初期的 10 多家猛增到 150 多家，所完成的年合同额占全国总合同额的 44%，成为建筑业的主要力量。至 90 年代，总承包模式已经成为国际工程承包的主流模式，特别是国际咨询工程师联合会（Fédération International Des Ingénieus Conseils，FIDIC）在 1999年发布了专门针对该模式的合同范本，促进了该模式在全世界范围的推广。在2005 年，美国设计-建造学会（Design-Build Institute of America，DBIA）统计得出国际设计施工总承包的比例已经从 1995 年的 24%上升到 2005 年的 45%，国际主要的工程企业都采用了这种模式，总承包市场规模日益扩大。近几年内，总承包市场发展规模和发展区域发生了一些变化。总承包规模日益增大，同时国际总承包商的数量和全球总承包商海外总承包收入规模也逐步增大，国际市场已经成为总承包商共同竞争的舞台。根据 2014~2016 年美国《工程新闻记录》（The Engineering News-Record，ENR）发布的年度国际承包商 250 强榜单数据，2013年国际承包商 250 强实现总收入 14 154.7 亿美元，比上一年度增长 6.86%，实现新签合同额 18 001 亿美元，较上一年度快速增长 13.55%，但相较于 20 世纪其发展态势已经趋缓。2014 年和 2015 年由于受到石油价格暴跌、经济增长乏力和突发事件爆发的影响，承包商们的风险偏好随之发生波动，全球经济及国际承包商市场受到一定影响，呈现一定的下降趋势，工程企业在海外市场生存和发展的竞争更加激烈。

2）总承包模式在我国的发展状况

总承包模式在我国的引入和发展也是满足市场需求的反映。20 世纪 80 年代以来，随着我国工程建设项目的日趋大型化、各种新工艺技术的复杂化以及管理理念的更新，以往采用的传统工程承包模式受到了强烈冲击，以 EPC 总承包模式为代表的各种工程总承包模式在我国得到了快速发展。80 年代初，随着改革开放和以经济建设为中心方针的确立，建设管理领域也发生了巨大变化。在此期间，云南鲁布革水电站引水工程的成功对我国工程项目管理领域形成了巨大的冲击，预示着我国工程项目管理的开端。此后，为适应市场经济体制的改革，国家开始采用强制措施，以渐进的方式引入招标投标、工程监理、工程总承包等新的管理模式，并在较短时间内普及了监理制模式，这对我国建筑市场的建设发育起到了重要作用。此后，国家也相继推出了一些政策来发展工程总承包模式[8]。大体来说，工程总承包在我国的发展可以大致划分为四个阶段。

引进阶段：1984~1986 年。1984 年，国务院印发《关于改革建筑业和基本建设管理体制若干问题的暂行规定》，提出建立工程总承包企业的设想，并指出工程总承包公司受建设项目主管部门（或建设单位）委托，或投标中标，对项目建设的可行性研究、勘察设计、设备选购、材料订货、工程施工、生产准备直到竣工投产实行全过程的总承包或分包。1984 年，国家计划委员会、城乡建设环境保护部联合印发了《工程承包公司暂行办法》，进一步规范了工程承包公司的组建、运行。

试点阶段：1987~1991 年。1987 年，国家发展计划委员会等五部委联合印发了《关于批准第一批推广鲁布革工程管理经验试点企业有关问题的通知》，确立了施工管理体制改革的总目标，即有步骤地调整改组施工企业，逐步建立以智力密集型的工程总承包公司集团为龙头，以专业施工企业和农村建筑队为依托，全民与集体、总包与分包、前方与后方分工协作、互为补充，具有中国特色的工程建设企业组织结构。同时该通知批准了第一批 18 家试点企业。在国家政策鼓励下，全国各地各行业做了一些工程总承包的探讨和实施准备工作，并有少量项目实施了工程总承包。同年 4 月，国家计划委员会、财政部、中国人民建设银行、国家物资局联合印发了《关于设计单位进行工程建设总承包试点有关问题的通知》，批准 12 家设计单位为工程总承包试点；1989 年 4 月，建设部、国家计划委员会、财政部、中国人民建设银行、物资部又联合印发《关于扩大设计单位进行工程总承包试点及有关问题的补充通知》，批准了 31 家工程建设总承包试点单位。

发展、推广阶段：1992~2005 年。1992 年，国家开始推广工程总承包模式，该模式开始得到较快发展。1992 年 11 月，建设部印发《设计单位进行工程总承包资格管理的有关规定》，开始对工程总承包企业实行资质管理。1999 年 8 月，建设部印发《关于推进大型设计单位创建国际型工程公司的指导意见》；同年，国务院批转了建设部等六部委联合制定的《关于工程勘察设计单位体制改革的若干意见》；2000 年 5 月，国务院办公厅转发外经贸部等部门《关于大力发展对外承包工程的意见》，这几个文件均要求设计单位改革原有的体制，通过工程总承包走向国际建筑市场。2003 年 2 月，建设部印发《关于培育发展工程总承包和工程项目管理企业的指导意见》，对工程总承包不再实行专门的资质管理，提倡对建设项目实行工程总承包。2005 年，建设部、国家质量监督检验检疫总局联合发布的《建设项目工程总承包管理规范》（GB/T50358-2005），标志着我国工程总承包和项目管理从此进入了一个崭新的历史发展阶段[9]。

完善、成熟阶段：2006 年至今。2011 年，为促进建设项目工程总承包的健康发展，规范市场行为，住房和城乡建设部、国家工商管理行政总局联合制定了《建设项目工程总承包合同示范文本（试行）》（GF-2001-0216）。在 2016 年 6 月 2 日，住房和城乡建设部印发《关于进一步推进工程总承包发展的若干意见》，深化改革建设项目组织实施方式，提出 20 条政策全面推进实施工程总承包。我国总承包发展过程中主要政策见表 2.1。

表 2.1　我国总承包主要发展政策

发展阶段	时间	相关政策	政策解读
引进阶段	1984	关于改革建筑业和基本建设管理体制若干问题的暂行规定	提出建立工程总承包企业的设想
	1984	工程承包公司暂行办法	进一步规范工程承包公司的组建、运行
	1987	关于批准第一批推广鲁布革工程管理经验试点企业有关问题的通知	确立了施工管理体制改革的总目标
试点阶段	1987	关于设计单位进行工程建设总承包试点有关问题的通知	批准 12 家设计单位为工程总承包试点
	1989	关于扩大设计单位进行工程总承包试点及有关问题的补充通知	批准 31 家工程建设总承包试点单位
发展、推广阶段	1992	设计单位进行工程总承包资格管理的有关规定	对工程总承包企业实行资质管理
	1999	关于工程勘察设计单位体制改革的若干意见	为勘察设计单位提供了改革的方向
	2000	关于大力发展对外承包工程的意见	改革原有体制，通过工程总承包走向国际建筑市场
	2003	关于培育发展工程总承包和工程项目管理企业的指导意见	提倡对建设项目实行工程总承包
	2005	建设项目工程总承包管理规范（GB/T50358-2005）	标志着我国工程总承包进入一个新历史发展阶段
完善、成熟阶段	2011	建设项目工程总承包合同示范文本（试行）（GF-2001-0216）	促进建设项目工程总承包的健康发展，规范市场行为
	2016	关于进一步推进工程总承包发展的若干意见	深化建设项目组织实施方式改革，提出 20 条政策推进工程总承包

在经历了多个阶段的发展推广，总承包模式在我国逐渐变得成熟，而且对外承包工程发展尤为迅速。根据住房和城乡建设部《建筑业特级、一级企业快速调查统计快报摘要》，2007 年底共有 164 家施工总承包特级企业、1 588 家总承包一级企业和 1 297 家专业承包一级企业上报了统计数据，分别占应上报企业的 66.10%、53.30% 和 46.90%，各类施工总承包企业总产值增长平稳，少数专业承包企业总产值出现下滑。其中，各类施工总承包企业中建筑业总收入增长最快的是港口与航道工程施工总承包企业，为 41.5%，对外承包工程完成营业额 406 亿美元，同比增长 35.3%。到 2011 年，我国各类施工总承包企业效益稳步提高。

各类施工总承包特级、一级企业实现利润总额 1 828 亿元，比上年增加 342 亿元，增长 23.0%；实现工程结算利润 3 008.7 亿元，比上年增加 523.8 亿元，增长 21.1%；对外承包工程业务完成营业额 1 034.2 亿美元，比 2010 同期增长 12.2%。最近几年受国际经济的影响，我国总承包工程及对外总承包增速放缓，但依旧实现稳步增长，总承包企业竞争力增强。随着世界经济进入复苏期和我国新型城镇化建设以及"一带一路"倡议的实施，未来十年将是我国总承包尤其是对外总承包发展的一个新的机遇期。2015 年，我国企业共对"一带一路"沿线的 49 个国家进行了直接投资，投资额合计 140.1 亿美元，同比增长 35.3%。同期，我国企业在"一带一路"沿线的 60 个国家新签对外承包工程项目合同 2 998 份，新签合同额 716.3 亿美元，占同期我国对外承包工程新签合同额的 43.9%，同比增长 11.2%。

因此，工程总承包在我国从引进到改进再到后来的大力推广、逐步完善，这一系列过程使以设计单位或施工单位为首的大型总承包商更加成熟，再加上我国政府的鼓励，国内总承包出现了非常繁荣的局面。总承包模式的运用已经逐步由点到面，范围越来越广，重工业、轻工业均有覆盖，总承包企业的比例和总承包项目占工程建设项目的比例也越来越大。在此过程中，最具代表性的、受到广泛认可和推广的模式是 EPC 总承包模式。EPC 总承包模式是指工程总承包方与业主签订总承包合同，总承包方对整个项目的设计、采购、施工、开车等工作负责，按照合同的规定完成工作，以设计为主导，统筹安排项目采购和施工等各阶段的相关工作，做好各环节之间的衔接管理，做到合理交叉、紧密融合，完成对项目的质量、进度、成本、安全等各方面的管理和控制[10]。在我国总承包模式的发展过程中，EPC 模式成为主流的项目总承包模式，在各个行业领域不断推广，总承包项目合同额也不断增加。例如，在石油化工行业，由于石油化工行业工程建设施工在过去三十年一直处于建设高潮期，大中型石油建设工程在工程项目管理模式上均采用了 EPC 总承包模式，达到了加快项目进度、确保项目安全、提高工程质量、减少投资费用的目的，也使我国石油化工项目实现了快速建成投产的目标[11]。因此，在当前的工程建设领域，EPC 总承包模式越来越成为市场的主流承包模式，这种大型、复杂工程项目的重要工程组织方式已经受到了广泛的认可。

2.1.2 传统模式与总承包模式

由于总承包模式的发展和承包范围的不同，目前存在多种典型的总承包模式。为对其形成更系统全面的理解，本节将对项目传统分包模式和多种典型的总承包模式进行分别介绍和对比，以更好地识别总承包模式的特征、解释总承包模式的过程。

在总承包模式出现之前，典型的传统工程项目管理模式是设计—招标—建造（design-bid-build，DBB）模式。该模式在国际上比较通用，世界银行、亚洲开发银行贷款项目均采用这种模式。这种模式最突出的特点是强调工程项目的实施必须按设计—招标—建造的顺序进行，只有一个阶段结束后另一个阶段才能开始。采用这种方法时，业主与设计机构（建筑师/工程师）签订专业服务合同，设计机构负责提供项目的设计和施工文件。在设计机构的协助下，通过竞争性招标将工程施工任务交给报价和质量都满足要求且/或最具资质的投标人（总承包商）来完成。在施工阶段，设计专业人员通常担任重要的监督角色，并且是业主与承包商沟通的桥梁。该模式下的项目管理方法成熟，各参与方比较熟悉，业主参与程度和控制性强，以价格为中心的构造招标为主，早期成本、明确程度较高并倾向于单价合同，但是建设周期长，管理协调复杂，设计"可施工性"不够，容易造成责任推诿，仅适用于简单工程项目。

随着工程总承包的不断发展，目前大概有以下几种典型总承包模式，如图 2.1 所示。下面将分别对其进行介绍。

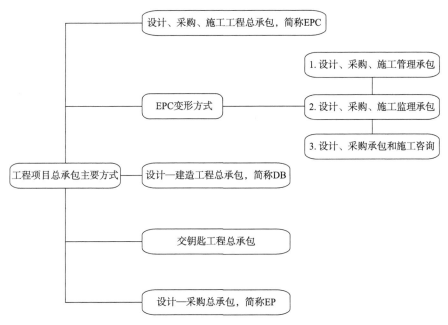

图 2.1　工程项目总承包的主要方式

1）EPC 模式及其变形

设计-采购-建造的 EPC 模式，在我国是"工程总承包"模式的典型代表。在 EPC 模式中，"engineering"不仅包括具体的设计工作，而且可能还包括整个建设工程内容的总体策划，以及整个建设工程实施管理的策划和具体工作。在 EPC

模式下，业主只要大致说明投资意图和要求，其余工作均由 EPC 承包单位来完成；业主不聘请监理工程师来管理工程，而是自己或委派业主代表来管理工程。从承包商是否参与实际工程工作上来看，EPC 总承包模式可分为 EPC（max s/c）和 EPC（self-perform construction）两种类型。EPC（max s/c）是 EPC 总承包商最大限度地选择分包商协助完成工程项目的模式，通常采用分包的形式，将施工分包给分包商，在这种模式下，EPC 总承包商对分包商的选择会对项目的利润和实践均产生较大影响，见图 2.2。同时这种模式要求 EPC 总承包商有较强的指挥控制能力。EPC（self-perform construction）是 EPC 总承包商除选择分包商完成少量工作外，自己主要来承担工程的设计、采购和施工任务的模式，这种模式对于 EPC 总承包商有更高的要求，要求其具备更高的综合能力及较强的系统管理能力，能妥善协调项目中各方之间的关系。

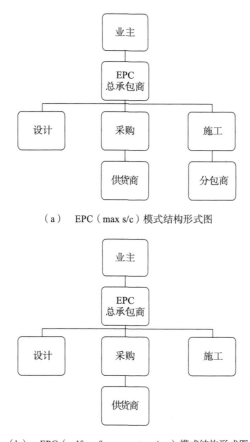

（a）　EPC（max s/c）模式结构形式图

（b）　EPC（self-perform construction）模式结构形式图

图 2.2　EPC（max s/c）与 EPC（self-perform construction）模式结构形式图

此外，按设计范围不同，EPC 总承包模式还可以分为包括全部设计的 EPC 承包模式、包括部分设计的 EPC 承包模式、设计接力式 EPC 承包模式。在包括全部设计的 EPC 承包模式下，业主只是提出对未来工程的功能性要求，前期工作的深度不大。EPC 总承包商要完成全部的设计、采购、施工和试运行等各项工作。在包括部分设计的 EPC 承包模式下，业主不但提出对未来工程的功能性具体要求，而且要做出一定深度的设计，甚至达到初步设计深度。EPC 总承包商要完成剩余的工作，如施工详图/详细设计（detail design）、采购、施工和试运行等工作。设计接力式 EPC 承包模式，业主要求 EPC 总承包商继续雇用为业主实施前期设计工作的设计单位完成剩余的设计，实现设计的接力。这样做的好处是保持了项目设计工作的连贯性，易于加快设计速度；如果设计出了问题，责任明确，不会出现扯皮现象。随着实践的发展，EPC 模式也在不断地变形和发展。

（1）设计–采购–施工管理承包。

设计–采购–施工管理承包（engineering-procurement-construction-management，EPCM）模式是指承包商全权负责工程项目的设计和采购，并负责施工阶段的管理，这是一种目前在国际建筑业界较常见的项目交付模式。同时，EPCM 管理方还需要对项目的其他方面进行管理，如设计、采购和施工阶段的进度，与相关部门的沟通，准备成本规划，成本估算和文件控制，等等。在 EPCM 模式下，业主提出投资的意图和要求后，把项目的可行性研究、勘察、设计、材料、设备采购以及全部工程的施工，都交给所选中的一家管理公司（EPCM 管理方）负责实施；由 EPCM 管理方根据业主的要求，为业主选择、推荐最适合的分包商来协助完成项目，但其本身与分包商之间不存在合同关系，也无须承担合同与财务风险。由于 EPCM 模式对工程承办企业的总包能力、综合能力及技术和管理水平的要求较高，而国内大多数施工企业在项目管理、技术创新、信息化建设上与国际水平还有一定的差距，因此 EPCM 模式在国内尚未得到普及和推广。

（2）设计–采购–施工监理承包模式。

设计–采购–施工监理承包（engineering-procurement-construction-superintendence，EPCS）模式是指承包商负责工程项目的设计和采购，并监督施工承包商按照设计要求的标准、操作规程等进行施工，以满足进度要求，同时负责物资的管理和试车服务。施工监理费不含在承包价中，按实际工时记取。业主与施工承包商签订承包合同并进行施工管理。该模式是在 EP 总承包的基础上再加上施工监理的内容，增加了施工监理以后，相当于又将施工过程中的质量控制工作委托给了总承包商，同时，总承包商还协助业主开展一些施工管理和接口协调工作，因此，EPCS 模式也能相应减少业主施工质量控制和施工管理人员的配备[12]。

（3）设计–采购–施工咨询模式。

设计–采购承包–施工咨询（engineering-procurement-construction-advisory，EPCA）模式是指承包商负责工程项目的设计和采购，并在施工阶段向业主提供咨询服务。施工咨询费不含在承包价中，按实际工时计取。业主与施工承包商签订承包合同并进行施工咨询。在 EPCA 模式中，业主直接与施工承包商签订施工承包合同，同时还负责施工管理和调试。该管理模式是在 EP 总承包的基础上，再加上施工咨询的内容。它除了具有 EP 总承包模式的特点外，还能为业主提供施工咨询。这种模式的前提是该总承包商除了具备设计、采购能力外，还应有丰富的施工经验和施工管理经验。

因此，对比之前的传统分包模式，EPC 总承包模式在项目特点、项目组织方式、利益相关者管理方面均存在较大的差异，具体情况见表 2.2。

表 2.2　总承包模式与传统模式的比较

模式	EPC 总承包模式	传统模式
主要特点	总承包商承担设计、采购和施工任务，有序交叉进行	设计、采购、施工交由不同的承包商承担，按顺序进行
设计的主导作用	能充分发挥	难以充分发挥
设计采购施工之间的协调	由总承包商协调，属内部协调	由业主协调，属外部协调
设计和施工进度控制	能实现深度交叉	协调和控制难度大
招标形式	多采用邀请招标或议标	主要采用公开招标
风险承担方式	主要由承包商承担	双方共同承担
业主项目管理费用	较低	较高
对承包商的专业要求	需要特殊的技术、设备，而且要求较高	一般不需要特殊的技术、设备
业主参与项目管理深度	参与较浅	参与较深
业主方项目管理的代表	业主代表	工程师

2）DB 总承包模式

在 DB 总承包模式中，总承包商负责工程项目的设计和施工等工作。FIDIC 认为，DB 总承包模式由 DB 承包商负责全部设计施工工作，并负相应的工程责任。按照 FIDIC 标准合同条件的规定，DB 模式采用由业主、总承包商、工程师组成的三元管理体制。其中，业主与总承包商、业主与工程师之间是合同关系，而工程师与总承包商之间是监督与被监督的关系。DB 模式的三元管理体制具有以下三个特点：其一，业主采用较为严格的控制机制，委托工程师对总承包商进行全过程监督管理，过程控制比较严格，业主对项目有一定的控制权，包括设计、方案、过程等均采用较为严格的控制机制；其二，DB 模式以施工为主，依据业主确认的施工图进行施工，受工程师的全程监督和管理；其三，DB合同采用可调总价合同。近年来，DB 模式在工程总量和总体建设市场的比例上都有着持续的增长，特别是在 EPC 总承包环境尚不成熟的情况下，更加容易得到业主的青睐。

3）turnkey 工程总承包

turnkey 工程总承包是设计、采购、施工工程总承包对前期的可行性研究和后期的开车操作进行扩展延伸而形成的业务和责任范围更广的总承包模式，不仅承包工程项目的建设实施任务，而且提供建设项目前期工作和运营准备工作的综合服务，其范围包括前期的投资机会研究、项目发展策划、建设方案及可行性研究和经济评价，勘察、总体规划方案和工程设计，工程采购和施工，项目动用准备和生产运营组织，项目维护管理的策划与实施，等等。项目完成后，承包商将向业主提交功能满足合同要求、配套设施齐全、"转动钥匙"即可投入使用的工程。而业主只按合同规定的工期、造价、质量保证进行验收，对项目实施过程介入较少。这种模式适用于业主要求承包商有确定的工期、造价、质量保证，而作为回报，业主愿意支付较高的承包费用的工程项目。因此，从合同关系来看，turnkey 工程总承包下的业主、总承包商、分承包商之间的合同关系与 EPC 工程总承包相同。

4）EP 总承包模式

EP 总承包模式，也是近年来国内比较常见的一种工程建设模式。EP 总承包的管理原则是以项目总体计划为指导，以总承包合同为依据，以设计为根本，以控制质量成本、工期为目标，以信息管理为手段，实现工程总承包项目中的设计与采购任务。该模式的设计与采购直接对口，可以减少接口，使大量的设备、材料采购过程中的设计问题和设备制造问题在总承包商内部得以及时解决，设计人员和制造厂人员直接沟通相互需要的设计输入，减少了传递环节，保证了数据传递的准确性和快速高效，避免相互扯皮，同时，也可以大量减少业主采购管理人员。

综上所述，总承包模式由于处于不同的发展阶段、具有不同的承包范围需求而形成多种形式的总承包模式。其中，聚焦于典型的 DB、EPC、turnkey 工程总承包模式，这三种模式均能够反映总承包模式的一般特点，但是在承包范围、管理体制、风险承担方式、适用范围、业主控制程度等方面存在一定的差异，具体情况如表 2.3 所示。相较而言，turnkey 工程比 DB 和 EPC 总承包的承包范围更大，承包责任更多，所需承担的风险和可获得的利润均相对较大。同时对业主而言，由 DB 模式至 EPC 模式再到 turnkey 模式所要付出的精力越来越少，对项目的控制力度越来越小，在业主精力较为有限、工程管理经验和能力相对不足时，采用turnkey 总承包模式能够帮助业主摆脱繁复的工程项目管理的束缚，将精力投入其他方面，因此也受到很多业主特别是政府机构的青睐。因此，不同总承包模式均具有其自身的特点、适用性和环境要求，业主方和总承包企业需要结合企业的独特情况和项目的具体要求来选择项目的承包模式。在本书的研究中，我们特别聚焦于 EPC 总承包模式并探讨其内部的管理问题。

表 2.3　不同典型工程总承包模式的比较

模式	DB 总承包	EPC 总承包	turnkey 工程
总承包商职责	设计和施工	设计、采购和施工	设计、采购和施工
管理体制	三元管理体制（业主、总承包商、工程师）	二元管理体制（业主和总承包商）	承包商承包范围更大
风险承担	总承包商承担风险，业主承担的风险相应减少	承包方几乎承担建设过程中的全部风险，业主风险较少	与 EPC、DB 模式相比，承包商风险更大，合同价格相对较高
合同计价形式	可调总价合同	固定总价合同	固定总价合同
适用范围	土木建筑工程为主的项目；通用型的工业工程项目、标准建筑；采用可调总价合同的项目	以某种工艺装置或工程设备为核心技术的项目；采用固定总价合同的项目	高度专业化、技术贸易居多的项目；多适用于建筑公司、政府机构等
索赔和价格调整范围	一定范围	很小	极小，合同总价更固定
控制程度	业主采用较为严格的控制	业主采用松散的控制	业主控制程度小，只关心交付的成果

2.2　总承包项目的一般流程

在典型的 EPC 工程总承包模式下，项目一般可以划分为项目策划流程、设计流程、采购流程、施工与收尾流程。各流程体现了 EPC 项目的不同业务导向，同时各流程间也存在交互，以保障总承包项目的整体性，整体业务流程如图 2.3 所示。以下将分别介绍总承包项目的各主要流程，以对工程总承包项目形成深入理解。

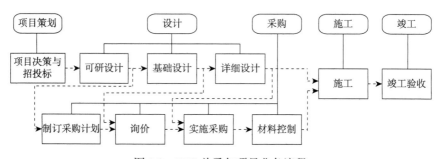

图 2.3　EPC 总承包项目业务流程

2.2.1　项目策划流程

在项目策划流程中，一方面总承包项目的发起者即项目业主需要进行项目的决策，并进行功能设计的委托以及招标机构的组织、招标文件的编制和后续的招标邀请。在此过程中主要涉及的输入为项目决策阶段的业主组织内外相关信息、经验、知识的输入，流程的输出主要为可行性分析报告、项目任务书、项目总承包的招标方式与采购方式、项目时间节点、项目招标文件等项目基本信息类输出，这些输出将成为总承包商的重要项目输入。在业主进行决策的过程中，总承包商也在同步进行项目的跟踪、项目投标的决策、项目投标小组的设置以及合适的分包商的识别，并在业主进行招标邀请之后准备投标资格的预审资料向业主进行提交。随后，业主进行投标人资格预审，潜在承包商获得合格投标人资格。承包商要进行招标文件购买研究，为项目投标做好前期准备。在正式投标之前，承包商投标小组还要参加由招标机构组织的标前会议并进行项目现场考察，进行相关问题的答疑，进一步识别业主的需求，进行招标文件的确认。然后，承包商将在内部通过设计、采购、施工的初步方案确定、投资估算、方案技术经济比较对比、对手实力预估等环节来确定投标文件中的技术方案和商务方案，最终提交投标文件参与竞标。在评价环节中，业主招标机构进行标书的审核，投标人进行投标书问题澄清，招标机构进行最终决标并发出合同意向书。此后，进入合同谈判、合同签订阶段，随着项目团队的确定、投标小组完成合同分析结果和合同向项目团队的交底，项目进入正式的开展过程。总承包项目策划流程具体见图 2.4。

整个项目策划流程对于总承包项目至关重要，是项目信息的重要输入，决定了项目执行的方案、进度、质量、成本等要求，同时也是项目合同管理和索赔管理的基础。因此，在该流程中，需要通过设计、采购、施工、商务、合同管理等人员的投入实现对业主方需求的充分识别，并基于技术和商务两方面要求组织多方人员制订满足业主功能要求的费用最优方案，最终得到总承包项目的合同。此阶段的方案质量、风险考量情况以及成本概算结果等均将影响到后续项目的开展过程。因此，此流程奠定了整个项目的基础，是总承包项目组织内外多利益相关者、多业务衔接的重要表现，总承包商在此过程中需要进行多人员、多专业、多信息的组织和集成，才能实现获取项目合同的目标，为项目的顺利开展奠定良好基础。

2.2.2　设计流程

当项目总承包合同签订后，项目将进入具体的业务流程中。在典型的 EPC 总承包项目中，主要包括设计、采购和施工业务，各项业务之间存在相对独立的工

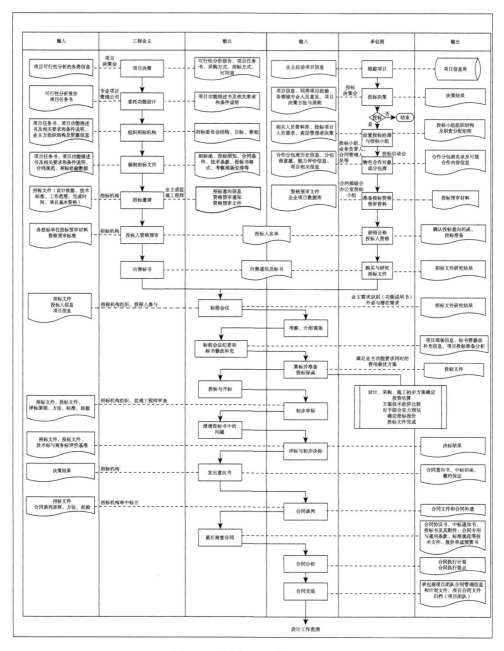

图 2.4　总承包项目策划流程图

作流程，同时各流程之间也存在一定的交叉与联结，以保障 EPC 项目总承包商的管理优势。其中，首先涉及的业务流程即是设计流程。

　　从整体上看，当项目确定后，首先需要进行设计立项，确认项目的设计业务是进行外包还是由总承包商来开展。一方面，当设计业务进行外包时，总承包商需要与外包单位确定设计合同，并确定设计业务管理和控制的程序等管理方式，以对设计业务进行管理和协调。另一方面，由于我国总承包项目在实践开展过程中，相关政策一直鼓励拥有较强实力的设计院向总承包商转型，所以我国很多开展总承包业务的单位具备相应的设计能力和资质，由总承包商内部完成设计业务的情况也占较大比例。总承包商内部进行设计业务的开展，更加有利于通过设计业务的统筹协调，发挥总承包商的系统管理优势。不论设计业务是否外包，从总承包项目设计本身的流程上看，首先要确定设计经理，其次建立设计团队，确定设计的组织结构和相关人员。在正式进行设计开工之前，需要设计人员进行设计输入条件的收集与分析，并需要通过设计输入的评审来确保设计输入条件的准确性与充足性。最后，设计团队要进一步确认和审核上游专业的方案和流程，当方案评审通过后才能进行设计开工。

进入设计开工阶段后，设计工作整体上包括可研设计（概念设计）、基础设计和详细设计三大主要部分，它们随着设计工作的逐步深入而展开。首先开展的是可研设计，主要依据设计的计划文件、业主提供的技术资料以及其他项目资料、储备的设计知识和经验来开展项目初始的可研设计，形成可研设计的文件。形成的设计文件需要经过设计部和项目经理的评审才能够进入基础设计阶段。在基础设计阶段，首先需要基于可研设计文件进一步组织不同专业的设计人员编制基础设计任务书，确定基础设计阶段的设计任务。其次按照基础设计的计划和任务开展基础设计，基于项目需求文件、科研设计文件、专业勘察设计文件、设计规范与标准、工具与方法及主管部门的意见形成基础设计的文件，并进行基础设计阶段的设计评审。通过设计评审后，才能够进入详细设计阶段。基础设计评审后，将完成初步设计的确认，同时会得到项目所需设备与材料的主要技术参数及长周期设备的采购清单，这将成为采购流程的重要输入。

在详细设计阶段，首先需要编制详细设计任务书，而后项目设计所涉及的各专业间互相提供设计条件以进行各专业内部更好的设计实现和专业间的设计搭接，保障设计的整体性和合理性。当专业方案评审通过后，各专业设计人员组织编制项目施工图，并基于项目施工图的设计向概算人员提供设计条件和概算基础，以更准确地控制项目投资和成本。在此之后，各专业人员将分别进行各专业的设计校对和施工图的审核，形成设计文件会签的基础。然后，项目设计经理将组织各专业设计人员共同进行设计文件的签署与会签，生成设计团队签署的设计文件和项目短周期的设备材料采购清单。在设计图纸冻结之前，还要经过设计人员和施工代表共同进行设计方案与施工图评审和施工可实施性的分析，使施工图纸得到施工方的确认。在设计交底之前，还要通过设计图纸的内部审查、建设方（业主方）的图纸审查，以及由建设方、监理方、承包方、设计方共同参与的详细设计审查会的审查，以确定最终的设计文件和施工图纸。此后，设计方将在施工流程之前与施工方进行终板设计文件的交底和施工图纸的会审，当存在问题需要设计变更时项目需要启动设计变更程序进行设计变更。在项目实施过程中，设计方还需要对施工现场进行设计服务，解决设计相关的问题，并在项目竣工验收之后形成竣工图的设计，并进行项目全部设计资料的归档。

在整个设计流程中，将形成对采购流程和施工流程的重要输入，表现出设计业务在总承包项目中的重要性和引领性。由于设计流程属于项目的前期流程，项目设计的方案和设计的质量将直接影响项目开展的效率和效果，因此，在设计流程中通常存在多个评审的环节，有必要考虑采购和施工业务的需求和支持力度，吸纳多方的建议，从源头把握设计的质量和项目的整体质量。总承包设计流程具体见图 2.5。

2.2.3　采购流程

采购流程是 EPC 总承包项目中的重要流程。它衔接设计流程和施工流程，成为项目顺利运行中的重要一环，也是并行工程开展的重要依托。将采购流程从项目流程中抽离出来后，采购流程主要包括制订采购计划、进行招投标决策、合同签订、催交与审核图纸及设备、货物包装运输、现场交接与收尾以及支付合同款几大工作流程。其中，采购计划制订的重要输入是设计方在基础设计之后提供的长周期设备与材料采购清单，以及详细设计之后提出的短周期设备与材料采购清单，在此基础上采购人员结合相关商务文件与信息、施工的技术要求及采购成本的要求制订采购计划，并获得项目经理、设计方和施工方的确认。

针对不同的材料和设备，采购方需要确认哪些设备需要进行招投标，哪些需要通过询价和报价的方式进行采购。对于设备要求复杂的、需要进行研发与设计的、采购周期较长的项目关键设备，总承包一般会通过招投标的方式进行采购，这就需要采购方进行招标机构和评标小组的设置，并基于设计要求和项目成本、进度、质量等要求编制招标文件、发售标书、组织现场答疑，再由采购人员组织，由包含公司领导、项目经理、采购经理、设计人员等组成的评标小组进行评标，确认中标的供应商。其中，涉及经理主要组织相关设计人员进行标书的技术评审，撰写评审结论并提出意见。对于短周期的、标准化的设备和材料等，则选择询价、报价与评审的方式，在设计阶段就可以确定相应合格的供应商，并进行询价工作。在详细设计请购文件提出之后，采购将按照项目实施计划和采购计划进行供应商报价、厂商协调会的组织以及供应商的评审。

此后，也将进入采购合同谈判和签订的流程，根据招标文件/询价文件、投标文件/报价文件以及合同信息、合同要求完成采购合同的签订，确定采购物资的种

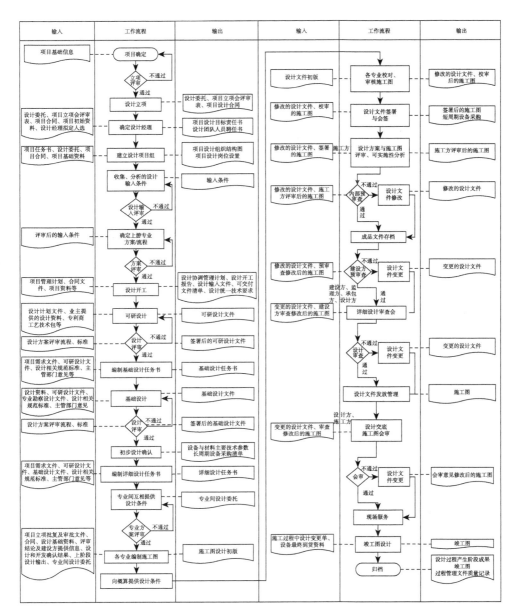

图 2.5　总承包项目设计流程图

类、质量、送货时间点、技术和功能要求等，形成采购实施过程中的联系人清单和联络机制及采购管理的基础。在采购实施过程中，采购方要负责催交供应商提供的图纸（前期确认图和最终确认图），由设计人员负责审核签字。采购过程中，当出现技术问题时，采购人员将向设计人员寻求技术支持；当出现商务相关问题时，主要由采购人员负责。

当采购物资生产完毕后，要通过供应厂商现场的试验再进行货物的包装运输与现场的交接和收尾。采购方与施工现场紧密沟通，确认货物到场时间，再联系供应商将货物运送到工程现场，并由采购方、施工方、设计方共同进行检验和确认，完成现场的交接，形成施工流程中的输入。在这一流程中，对于国际货物运输，采购方要特别注意国际货物运输存在的风险，合理安排货物运输事宜，保障货物按照计划到达施工现场。在此过程中，采购人员按照合同要求和采购实施的情况进行进度款的支付，形成相应的记录和文件，完成整个采购流程。采购流程具体见图2.6。

2.2.4 施工与收尾流程

EPC 总承包项目的施工工作流程，主要体现的是基于设计图纸和采购物资所展开的现场项目实施过程。对于抽离出来的施工流程，首先是要在项目启动会之后确定施工经理，并建立施工项目组。不论施工业务外包与否，在总承包项目中，施工工作均要包括施工策划、施工准备、施工实施、试运行投产、竣工验收等主要流程。其中，施工策划是施工工作的重要环节，直接影响施工过程的实施。施工策划要依据项目的任务书、项目的相关资料、设计文件、合同文件、施工现场条件、项目资源供应条件、建设方要求等进行施工计划的制订，形成项目施工基本布置、现场施工管理计划、项目实施计划、人力资源保障计划、施工机具进场计划、设备材料进场计划、施工分包计划等。其次在正式施工之前，还要进行施工准备工作，完成施工组织工作计划和施工组织设计，形成施工的基础。

为与设计工作流程相衔接，施工之前还要求设计方与施工方一起进行施工图纸的会审和设计的交底，形成修改后共同确认的设计文件，指导施工工作。施工过程主要是施工方依据项目实施计划、项目管理计划、施工计划、采购到货时间与现场要求等展开，在按照计划实施过程中定期形成施工进度状态报告、施工技术资料施工日志、现场请购单、事件报告、变更请求等相关文件，实现施工和施工管理。此过程中的设计问题，要由施工方与设计方协商，进行设计的技术支持乃至设计的变更。采购的相关问题则要施工方与采购方进行协商来解决。EPC 总承包项目的一大优点是各项业务之间能够相互协调和沟通，共同解决总承包项目的问题。施工实施后要进行试运行的投产，并进行相关的验收，出现问题时要进行施工的整改和调整。最终，基于施工方验收申请、施工合同、设计图纸、施工图纸、施工组织设计、施工方案、验收标准等进行项目的竣工验收，形成竣工验收的会签单和相关验收交接的资料，完成项目的竣工验收。

项目的收尾过程，要进行项目的竣工结算，形成项目完工决算报告。最终由

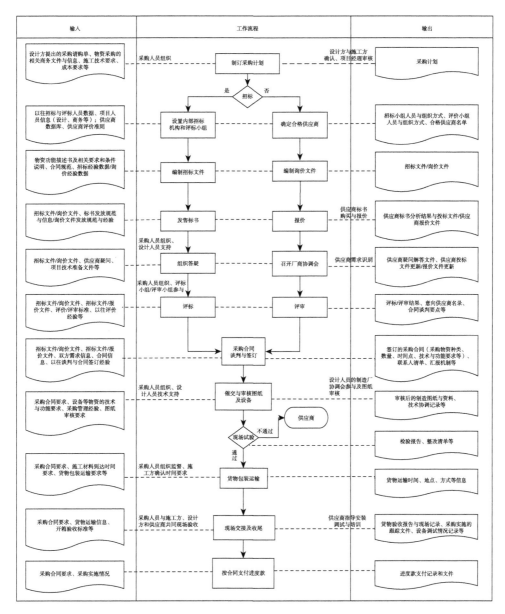

图 2.6　总承包项目采购流程图

项目经理、设计方、采购方、施工方以及其他项目团队成员基于项目计划、项目实施报告、项目变更单、项目问题与处理记录和项目收尾的程序等进行项目的收尾工作，对项目进行总结和分析，最终形成项目经验总结的文档，完成项目相关文件的归档。至此，总承包项目内部的基本工作流程结束。施工与收尾流程具体见图 2.7。

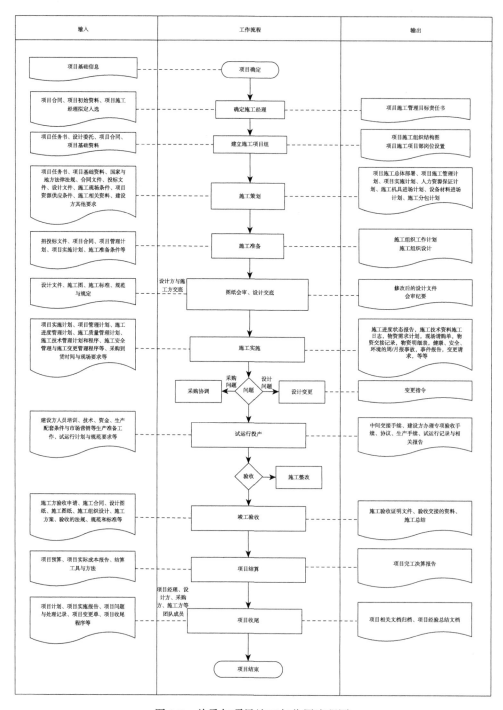

图 2.7 总承包项目施工与收尾流程图

2.2.5　设计流程与采购流程的交互关系

在 EPC 模式下总承包商作为单一管理主体充分发挥有效衔接各个环节的作用，突出总承包项目管理模式的优势，从系统性、全过程的角度分析，实现设计流程与采购两大业务环节的交互作用。例如，通过造价与进度方面的全面优化、设计阶段改进流程合理安排采购周期，实现项目周期的有效缩减，做到项目进度效率的最大化。在项目管理的设计和采购阶段，由于设备和材料占总投资的比例相对较高，采购的过程也往往花费时间更长，采购过程需要与设计流程紧密衔接，有时甚至需要单独对某些设备进行设计并定制，如在设计阶段就可以着手确定相应的合格供应商，并进行询价。EPC 总承包商需要凭借自身较高的技术能力和丰富的项目推进经验，充分发挥设计的先导作用，通过系统化和精准化的程序设计，实现设计流程与采购流程之间的深度交叉，以并行的方式提高总承包项目管理的效率。

设计流程与采购流程在宏观上具有交互关系。采购计划虽然是一个动态计划，但是需要在基础设计、初步设计阶段不断地进行调整和修改，而且受设计流程的影响，需要将设计环节前置，必须尽可能早地将设计环节固定下来，作为进度控制的目标。设计计划要考虑到长周期的采购清单的执行和短周期采购清单的实现，采购计划的确定一方面要考虑横向的维度即设计、安装的进度；另一方面也要考虑纵向维度即设备、材料的交货必需周期、采购人力安排。

1）设计流程对采购流程关键节点的影响

在制订采购计划前，设计方提供采购清单。在经过设计流程中的基础设计审核后，采购方将完成初步设计的确认，同时会得到项目所需设备与材料的重要参数及长周期设备的采购清单，这将成为采购流程的重要输入，以此将设计流程与采购流程对接。在设计文件签署和会签结束后，将生成经过设计团队签署的设计文件和项目管理短周期的设备材料采购清单。这两个采购清单成为采购流程的关键文件，因此设计流程有必要充分考虑到采购业务的需求和支持力度。

在制订采购计划后，需要设计方参与确认采购计划的可行性。制订采购计划要考虑设备制造过程中可能遇到的挫折，并且留有一定的可调整余地，对一部分在设计文件中提出必须根据出厂文件方可安装的设备，还应附加文件提供的日期，要根据设备、材料和轻重缓急安排采购。对于设计部分提出的需要特别关心的重点设备、关键设备、进口设备和优先安装设备要充分考虑其优先级和材料的供货周期问题。在实践过程中的大量事例说明，设计过程中安装顺序的限制要求，会使部分先到货的设备因材料无法投入安装，而增加仓库存放保管的负担，导致资金过早投入和质保期的损失。

在采购人员的组织下，设计人员需要参与组织答疑环节并解答供应商疑问，提供项目技术支持。采购方负责催交供应商提供的图纸，在采购人员的组织下，设计人员在审核图纸及设备的过程中需到场提供相应的技术支持，与制造厂商协调参数和图纸的审核，并最终由设计人员审核签字。在采购、现场交接及收尾阶段采购人员需要与施工方、设计方和供应商在现场共同验收。

在审核图纸与设备环节，设计流程人员需提供相关技术支持。结合采购合同要求、设备等物资的技术与功能要求，采购人员将组织设计人员参与图纸和设备的审核过程，技术人员与制造厂协调并参与图纸审核。

采购过程现场交接阶段，设计流程人员需在场提供技术支持。设计流程人员需参与采购现场交接过程，根据采购合同要求、开箱验收标准等进行现场验收。具体节点见图 2.8。

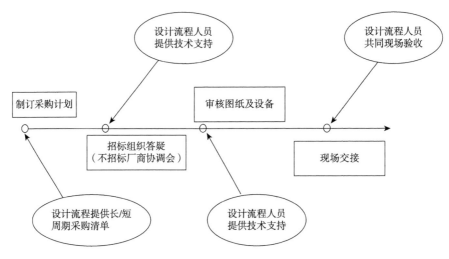

图 2.8　设计流程对采购流程的影响

2）采购流程对设计流程关键节点的影响

采购流程对设计流程的影响具有相对局限性。采购计划制订的重要输入是设计方在基础设计之后提供长周期设备与材料采购清单，以及详细设计之后提出的短周期设备与材料采购清单，具体包括采购请购单、物资采购的相关商务文件与信息、施工技术要求、成本要求等，在此基础上制订采购计划，因此采购流程作为设计流程的后续环节对设计流程影响相对较少。

在设计环节中的编制详细设计任务书阶段，需要编制详细的项目计划任务书，项目设计所涉及的各个专业提供设计条件以进行各专业内部更好的设计实现和专业间的设计搭接，此过程也需要项目采购人员的参与，防止因采购供应厂商、采购质量等问题影响整体设计，保障设计的整体性和合理性。

采购流程出现变更，要通过设计变更来应对。在采购流程中如果存在部分物品因政策等原因无法采购时，需要及时反馈设计流程，特殊情况下应该由设计流程进行流程变更；在采购合同谈判与签订之后，审核图纸和设备的环节需要设计人员参与并和制造厂协调参数。具体节点见图 2.9。

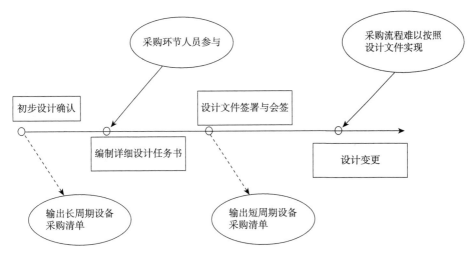

图 2.9　采购流程对设计流程的影响

虚线代表设计流程的输出，而非采购流程对设计流程的影响

2.2.6　设计流程与施工流程的交互关系

在工程总承包项目中，设计与施工之间的互动性强，是相互依存、有机联系、深度交叉和相互影响的两个流程。总承包商在管理上应该做好设计流程与施工流程的接口管理和协调，并在设计初步阶段采取预防措施，让施工单位尽早参与设计的开展，避免设计与施工的可实施性产生偏差。在项目实施过程中，业主与承包商、施工单位应分别派出代表，严格做好审批和技术交底工作，设计单位应及时配合业主代表根据施工现场具体情况，及时调整、变更和改善设计方案，统一协调设计和施工的关系，从而提高设计和施工管理水平。

如果存在设计和施工接口不顺畅的情况，就会造成一些工序返工，增加项目成本。例如，设计考察前期阶段由于时间和人力的原因，未能仔细考察施工现场的各种外部条件，开工后发现原来掌握的情况与实际情况有一定差距，如某项目在基础施工时，由于现场高低差过大，施工单位在施工时把所有基础底放置在同一标高上，现场项目部技术人员发现后立即要求停止施工，根据现场实际情况重新调整基础底面标高，部分没达到埋置深度的基础返工重做，这无疑延长了工程的工期。

虽然总承包项目前期会设定主要的项目管理流程，但是大多没有对设计、采购、施工三方的接口进行明确和设定。在受到项目工期紧等因素制约的情况下，设计、采购、施工三方接口协调与否将直接影响项目的进度和工期。设计、采购和施工存在交叉进行的情况，各自工作的边界系统要连接的内容很多，因此，要明确设计、采购和施工的关键接口，明确接口交互工作的流程和责任主体，避免因此产生理解偏差和工作失误。

1）设计流程对施工流程关键节点的影响

设计质量的优劣，直接影响施工效果的好坏，进而影响总承包项目的使用价值和功能，是总承包项目质量的决定性环节。总承包项目的质量目标与水平，是通过设计流程具体化的，并以此作为施工环节的依据。设计队伍的整体素质高低、设计人员的设计经验多少、设计人员对设计任务的熟悉程度以及设计各专业的协调配合程度等都会影响设计质量的好坏。另外，所选设计方案不合理或为赶设计进度、节省设计费用违反正常设计程序等都会严重影响设计产品的质量。由设计阶段失误而造成的质量问题，常常是施工阶段难以弥补的，甚至有可能会带来全局性的影响，影响到整个工程项目目标的实现。在总承包项目的全生命周期中，设计对施工的影响体现在不同内容和不同程度上。

在设计阶段，为确保设计与施工的协调一致性，设计应该满足施工的现实需求，以保证工程质量并促使施工的顺利实施，且在设计方案中体现施工过程中的进度、成本、质量与安全等方面的要求。项目设计文件编制好后，由设计方向施工方出具项目设计图纸、设计文件及技术资料。

项目施工之前，为保证施工方充分理解设计意图，设计方应认真组织交底或会审并做好相关记录，确保施工方能够明确并充分理解设计内容；设计交底时，设计方应分专业向施工方技术管理人员进行项目设计交底，由施工方派驻现场的施工技术人员负责在现场向施工分包商进行施工图纸交底，并委派设计人员常驻现场。

现场施工阶段，应尽早派设计工程师进驻现场，在现场进行设计交底工作。为保证设计交底的效果、配合现场施工进度、减少施工错误，在设计交底过程中，要求施工技术人员、监理工程师、业主方工程人员全程参加，设计工程师要针对设计图纸及技术统一规定中需要施工注意的特殊要求进行逐一解释并强调特殊关键性设计在施工中的注意要点，并回答施工单位在评阅图纸过程中的疑问，使施工技术人员充分地理解设计的要求和设计图纸中的疑问，使其完全理解施工关键部位的设计特点、难点。充分地设计交底才能使施工质量真正达到要求。设计交底的同时能够解决现场施工过程中设计图纸出现的错、漏、碰、缺等技术问题，如发生业主变更、施工变更、设计问题需要修改或补充，应由常驻现场的施工方技术管理人员按照设计变更程序，与设计方联系，提交变更请求并报送项目部备案，组织设计修改或进行补充设计，现场项目部工程技术管理人员签署确认施工变更通知单。驻场设计师应处理好现场设计问题。按照施工需要，设计方应编制设计服务代表的派遣计划，依据计划组织相关设计人员到项目现场指导施工，设计人员应负责及时处理现场提出的有关设计问题，同时协助解决施工过程中发生的质量事故。在施工期间因非设计原因出现的设计变更，应经过设计方的审核，由设计人员签发变更通知，严格执行变更管理流程，经有关负责人批准后方可实施。所有设计变更，均应按变更控制程序办理，设计经理和施工经理应对设计变更的有关文件、资料分别归档。具体节点见图 2.10。

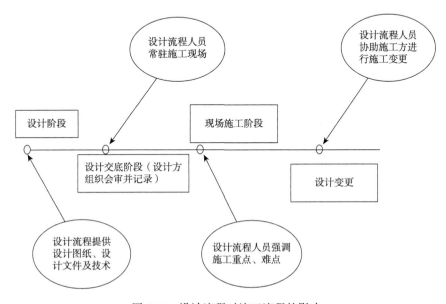

图 2.10　设计流程对施工流程的影响

2）施工流程对设计流程关键节点的影响

施工流程是设计意图的体现和执行，设计意图需要通过施工来完成和实现。同时，施工对设计流程的前期参与，可以减少设计错误、设计疏漏，增加设计方案的可实施性。设计的可实施性分析的主要工作内容是分析设计文件或者图纸对工程项目施工的进行有利的程度。对设计的可实施性进行分析的目的是节约工程成本、减少工程施工周期，其实现途径是将施工的有关知识与经验贯彻到设计过程中，深入思考设计文件和图纸对施工的进行是否有利。工程总承包模式下总包商的施工部门能及时、方便地与设计部门交流和沟通，就施工对设计方案的要求提出建设性的建议与意见，从而使施工工作按设计图纸顺利开展。对投资大、建设周期长的总承包项目进行可施工性研究，不仅可以促进设计创新，而且还可以确保项目投资额不被突破，把设计的不可实施性提前消灭掉，同时也确保了项目质量、进度、成本等目标的实现。因此，在总承包项目实施中，应采用施工专家、施工经理、施工专业负责人的提前进入，来避免设计不可施工的事前策划和方案。在总承包项目的全生命周期中，施工流程对设计流程同样存在着不同内容和不同程度的影响。

项目初始阶段，为确保设计与施工的协调一致性，设计方与施工方应该互相沟通，分别编制设计方案与施工方案并形成对接，其中，设计方与施工方双方应确认设计进度和施工进度中关键的控制点，并且将其纳入项目主进度计划。

施工图设计阶段，施工方人员应积极参与设计工作。施工方的项目经理应在充分调查现场的基础上，对设计进行可实施性分析，对设计方案提出基于施工角度的意见与建议，从而使施工图设计满足施工实际的需要，避免设计变更频繁或者现场施工困难。同时，施工方技术人员应参与探讨重大设计方案和关键设备吊装方案，向设计方提出对重大施工方案的构想，力求设计和施工的协调一致。

设计工作大约完成 75%的工作量时，施工方的项目经理需要召开施工动员会议，确认设计施工图纸交付的实际进度，尤其是先期施工图纸的实际进度，以避免由沟通不及时而造成工期的延误。施工图纸完成后，施工方的项目经理应负责组织图纸会审，确保土建、安装、仪电、焊接等施工专业负责人全程参加评审过程，进一步确认图纸内容及设计方案的可实施性，从而保障工程质量、推动施工的顺利实施。

竣工验收阶段，设计方根据施工过程中的设计变更单、设备最终到货清单等资料完成竣工图。竣工验收时，施工方需要会同业主、采购方，同时也包括勘查、监理等单位共同参与竣工图的验收，如图 2.11 所示。

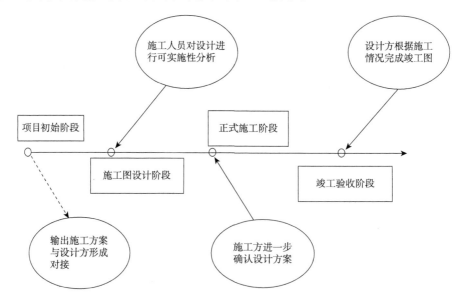

图 2.11　施工流程对设计流程的影响

虚线代表设计流程的输出，而非施工流程对设计流程的影响

2.2.7　采购流程与施工流程的交互关系

采购与施工流程从本质上说是后勤与前线之间的关系，施工流程负责将设计流程中输出的图纸目标实现出来，但其所需要的大部分"弹药"，如材料、设备，甚至工具等都来自于采购流程。因此施工与采购两个流程经常并行展开，施工对采购发出指令，采购对施工发出的指令进行反馈，这两个流程在项目前期通过设计协调，在项目进行过程中互相协调、互相影响，如图 2.12 所示。

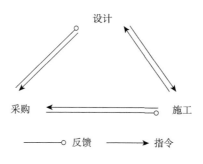

图 2.12　三个流程间的相互影响

1）施工流程对采购流程关键节点的影响

采购作为项目实施过程中的支持部门，主要听从设计和施工的指令。因此施工对采购的影响往往是贯穿项目全过程的，只要采购没有结束就仍有可能有新的指令从施工部门发出。

施工技术要求影响采购计划的制订是采购在项目中最早受到影响的环节，采购依据施工提出的技术要求对项目的采购工作制订计划。因此，施工技术要求的精确程度、准确程度都在一定程度上影响了采购工作的进行。准确、细致同时又符合采购实际的施工要求是顺利采购的保证。施工技术要求的准确性差可能带来采购成本的提升，同时精确度高的施工技术要求能够减少沟通、时间成本，但同时也要兼顾采购在实际过程中的实施难度。采购距离远、采购周期长、产品罕见等因素会加大采购的难度、提高采购成本，甚至影响施工乃至项目的整体实施。在实际项目运行过程中，采购往往受到材料及设备市场价格波动、供应商产能及品控的影响，这在一定程度上加大了采购与施工配合运行的难度。

施工材料到场时间影响采购中货物的包装与运输环节。货物的包装与运输条件受到一次性采购的数量、产品特点、运输条件的影响，除了技术方面的要求，施工对到场时的时间甚至具体包装、目标地点等方面的要求也会对采购产生影响。

开箱验收标准影响采购的现场交接环节，该环节需要施工方参与，以确保货物运输的质量达到预先标准。虽然采购计划中会依据现实要求明确采购货物的标准，但实际开箱验收还是需要对定制件、非常用件、非标准件等易出现问题的货物进行重点验收，以确保及时、准确地完成货物交接，如图 2.13 所示。

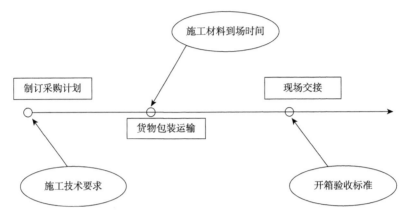

图 2.13　施工环节对采购环节的影响

2）采购流程对施工流程关键节点的影响

采购对施工的影响是通过采购完成计划的质量及应对变更、问题的解决能力实现的。采购计划完成质量高会减少不必要的采购返工，但良好的应变能力，如采购方在调配资源、获取信息、采购方式运用等方面的把控程度，更能保障项目的良好运行。

采购的到货时间会影响施工的实施过程，包括监造、催货、现场验收、设备验收与施工等。采购需要选择恰当的时机进行货物的配送，如果过晚会耽误施工的进行、提高现场运行成本、拖延项目进度；如果过早可能影响施工操作空间、存储空间、产生存放成本，甚至保管风险。货物包装及运输的方式也会影响施工的进行，如对施工条件要求苛刻的项目可能对材料及设备的包装、运输方式有特殊要求，达不到要求的可能造成施工障碍，甚至影响项目质量。

采购是对施工实施过程的服务，起到支撑作用。采购是依据施工事先的要求进行的，采购对施工要求的理解程度和完成程度影响了施工的实施。这不仅包括到货时间及具体方式、地点，还包括采购货物的质量及面临项目变更时的应对能力。合格的采购应该是在保质保时完成采购计划的基础上，实现对施工过程中的变更及时、准确的响应。也就是说，如果采购货物出现未能事先判别的质量问题，则要求采购方能够迅速找到解决方案，如联系供应商临时供货、寻找替代货物、临时调配货物等。在一定程度上，临时性的变更对采购提出了更高的要求，而采购的资源调配、信息获取能力及反应速度决定了其对变更的处理效果。施工方要求采购方能够通过临时性、应急性的零星采购方式解决问题，因此采购方需要向施工方及时汇报采购进度计划、设备材料到场计划与信息、采购详细进度计划、采购进度月报表、采购工作包状态报告、库房设备、材料状态报告，使施工方能够尽可能掌握采购方的动态。

在人员上，采购方的采购计划工程师参加工程协调会及各类有关的施工计划会议，施工计划工程师参加材料平衡会及各类有关的采购进度会议，实现人员上的信息沟通链条，保证关键事件或者节点的协调效率，如图 2.14 所示。

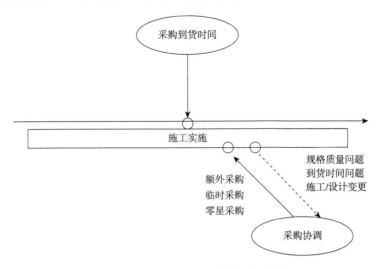

图 2.14　施工流程对设计流程的影响

2.3　总承包项目的特点

2.3.1　总承包商参与项目利润分配和风险分担

总承包合同不同于传统承包项目合同，在权责划分上，总承包项目突出表现为总承包商一方面获得比传统分包商更大的参与利润分配的权力，另一方面成为承担项目风险的责任主体。在 EPC 项目中，总承包合同将整个项目的设计、施工、采购的责任都划归总承包商，由承包商来承担项目的大部分风险，这种单一的风险承担方式是合理匹配项目各阶段风险及不同主体风险承担能力的结果，同时也能够实现由专业机构组织实施项目管理，提高项目管理的系统效率、减少项目中多个利益主体潜在的利益冲突、打开项目潜在利润空间的诉求。

总承包项目的特点源于总承包项目一般为期限较长的固定总价合同，其对总承包项目的约束性较大，同时前期较多的不确定性导致较大的潜在风险。这种方式严格确定了业主和承包商的责任，当工程质量出现问题时，总承包合同的责任更加明确且容易追究。EPC 总承包合同的价款常常采用固定总价的方式来确定，其中一些还辅以设计变更调整的条款，但本质上都具有固定总价的属性。而在总承包项目投标报价时，受项目复杂程度、设计深度、投标时限等因素的影响，总承包商很难做到精准核算投标报价，也较难准确识别批复概算总投资的合理性和具体偏差。在定标时，业主将设计概算作为工程投资的造价文件，但因为计算方法相对粗放、计算过程不够深入，可能导致结果与工程预算相比存在较大误差。同时，在概算批复环节，因为受到审批机关因素的影响，最后概算投资与实际需求也可能相去甚远。因此，由于总承包合同固定总价的属性，总承包商在传统风险的基础上，一些潜在的风险也将暴露放大，如盲目投标报价、合同文本缺陷、项目定义不准确等，当产生这些风险时，允许总承包商工期延长和费用补偿的机会也相应减少，总承包商索赔概率降低、风险成本提高。

总承包合同潜在的多重风险，要求总承包企业具有承担风险的能力。这也就要求业主和总承包商双方，在因项目变更而产生问题时，要提前做一个适当的约定，以提高风险处理的整体效率和效益。固定总价合同给总承包商预留的潜在利润空间，一方面表现为总承包商在 EPC 项目中占据主动管理优势，可以通过设计和施工流程的早期结合等方式，充分发挥项目设计和施工的经验和能力优势，优化资源配置、提高施工效率，从而进一步降低总承包项目的成本、提升项目的利润率；另一方面，总承包商依据自身实力和经验，具备较强的议价能力，总承包商可以提高报价应对可能潜在的风险，获得不确定的收益。如图 2.15 所示，与传统的业主管理模式相比，总承包商依靠自身能力与经验，可以通过减少协调费和浪费、业主管理费、材料费用、设计费用等，达到缩短工期、减少返工、提升质量、降低成本的效果，使工程公司经验、内部协调度、综合质量控制、费用控制主动性等方面发展成为项目效益的增长点。其最终体现在项目总体费用上，不仅有效减少了业主投资的成本，还提升了总承包商的利润空间。

固定总价合同在总承包项目中带来的质量和道德潜在风险也相对加大。固定总价合同对总承包商的经济活动有着较强的约束性，由于利润的驱动，总承包商如果能够利用多于另一方的信息使自己受益而对方受损，那么会在固定总价的范围内努力降低自身管理和施工成本，而一旦风险发生，造成损失时，如果双方处理不当，则可能面临道德风险，甚至导致市场效率降低，因此需要通过道德约束总承包商采取偷工减料等方式弥补项目损失、影响项目质量等行为。

因此，此合同模式存在一定的潜在风险，即当总承包商违约或无力承担风险时，风险后果会被放大，整个项目进程都会停滞，从而严重地影响投资收益，使得总承包商无法获得预期的项目利润。所以工程总承包模式给承包商的风险承担

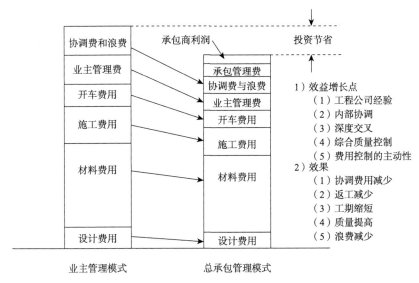

图 2.15　总承包模式与业主管理模式特点

能力以及项目管理能力带来了很大挑战,在选用总承包模式时需要引起业主和总承包企业的重视。

2.3.2　总承包项目中业务流程深度交叉

总承包模式运行过程中的一大特点,是总承包商可以通过业务流程的深度交叉设计来实现项目的统筹协调,进而有效缩减项目工期、顺畅组织和协调项目内的工作。总承包项目一般规模较大,周期较长,从立项到项目竣工验收,再到交付业主使用,时间跨度一般为三到五年,有的甚至长达二十年。如果采用传统承包模式,则有可能导致更长的项目周期,原因在于在传统承包模式中,业主作为各个环节的协调者往往限于条件,不能做到有效地统筹安排。总承包商在 EPC 总承包模式下则可以充分发挥作为单一管理主体的突出优势,从系统性、全过程的角度实现造价与进度方面的全面优化,通过改进流程,合理安排,深入交叉设计、采购、施工等业务环节,实现项目周期的有效缩减,做到项目进度效率的最大化。这种业务流程的深度交叉从本质上是并行工程思想的集中体现。EPC 总承包项目需要设计、采购、施工之间合理有序进行,要求总承包商实现对设计、采购、施工业务的统一策划、统一组织、统一指挥、统一协调和全过程控制,这也是工程总承包项目本身特点的突出要求。特别是在工程项目中设备和材料占总投资比例高时,采购的过程需要时间也往往更长,有时甚至需要单独对某些设备进行设计并定制。因此,为实现项目效益的最优化,就需要总承包商凭借自身较高的技术能力和丰富的项目推进经验,充分发挥设计先导作用,通过系统化和精准化的程序设计，来实现设计、采购、施工、开车各个流程间的深度交叉，如图 2.16 所示。

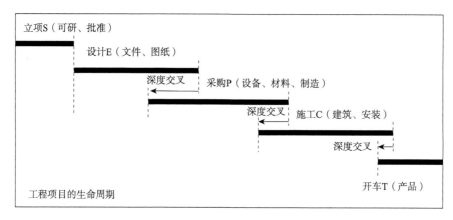

图 2.16 总承包项目的业务深度交叉

另外，这种总承包项目统筹协调优势的构建需要总承包商项目管理体系的支持，对总承包企业的能力提出很高的要求。由于总承包项目一般涉及设计、采购、施工等多项业务，各项业务之间还存在多个专业和多种工作流程，因此有效的项目统筹和协调需要项目团队对每项业务的要求、特点以及各项业务之间的接口形成清晰的认识，能够依靠科学的项目管理方法制订合理有效的项目计划和资源配置方案，实现项目全过程的统筹与控制。所以，在项目实施过程中，总承包商需要不断追求业务的合理深度交叉来保障项目管理的优势。但是如果方法使用不当，进度交叉安排不合理，就会容易产生业务冲突或返工风险。因此，总承包商要能够在风险和机会中找到最佳平衡点，且具备资源整合和业务协调的能力，以最大限度提升项目价值。

2.3.3 总承包商需要协调多方利益相关者

总承包项目涉及多个利益相关者，总承包商在其中起主导作用。在 EPC 模式下，总承包商取代了在传统承包项目中业主所扮演的角色，要与更多的项目干系人进行沟通、协调，包括业主、分包商、材料供应商、设备供应商、当地政府机构、项目内部成员等。尤其是 EPC 总承包项目，往往涉及非常多的利益相关者，社会关系错综交织，工程环境相对复杂，形成错综复杂的社会关系网络。一方面，总承包商需要依据总承包合同分别与分包商等订立分包合同，分包商有关项目的全部工作只对总承包商负责，总承包商负责对分包商的项目工作进行管理，使总承包商在项目实施过程中处于核心主导地位。另一方面，总承包商需要对业主的需求、政府的要求及当地自然环境和社会环境的利益相关者的要求进行协调，满足项目外部各方利益相关者的需求。这种要求主要体现在国际总承包项目中，不仅要考虑业主方的需求，还要考虑项目对当地政府和居民的影响，管理和协调发生的冲突，以保障项目顺利运行。同时，国际总承包项目还多涉及海外设备的清关运输等环节，总承包商要特别注意这些环节中利益相关者的影响，以提前对这些利益相关者的管理制订计划，并在项目开展过程中进行跟踪和管理。而且，相互协调关系不仅存在于利益相关方之间，还存在于总承包商内部，包括项目所涉及的总承包企业的各职能部门，因此要求总承包项目团队对企业内部的各利益相关者具备较高的协调能力，需要各个部门相互协调、相互制约，听从指挥，高效运转[13]。

因此，总承包商在干系人中的主导作用，使项目的整体方案得到重复不间断的优化，设计、采购、施工之间的衔接也更加合理，从整体的角度，解决了各环节、各利益相关方的互相制约、互相脱节等问题，有助于显著加快项目进度、提升项目质量，同时总承包商对各分包商的严格管理和积极主动的变更控制，也有利于抑制"超概算"现象的产生，帮助总承包商降低成本、提高利润[14]。所以，总承包企业有必要构建项目利益相关者管理体系，形成项目利益相关者管理的能力，不仅要管理各利益相关者的需求，还要关注各利益相关者对于项目的知识、资源、信息等方面的输入及其对项目资源管理、信息管理、知识管理、协调与沟通管理的影响，实现对各利益相关者的有效管理和组织，保障项目的顺利运行。

总承包项目对多方利益相关者之间通过社会关系网络形成的紧密联系提出了更高的要求。在项目驱动型社会关系网络中，总承包项目涉及的利益相关者之间存在管理与被管理、利益分配、资源互助等多种关系，通过社会关系网紧密衔接。单个项目内部形成的利益相关者网络，扩展到企业层面，多个总承包项目利益相关者之间形成企业网络，涉及企业资源整合、协调、分配，以获得外围收益。要想使企业利益相关者网络持续良好运作，就需要建立公平、公开、彼此信任的社会关系网络体系和谋求共同的战略意图。

2.3.4　产品创造与项目管理的双过程交互

总承包项目的运行过程，突出表现为两个基本过程，一个是创造项目产品的过程（project-oriented processes），另一个是项目管理过程（project management processes）。其中，创造项目产品的过程包括立项、设计、采购、施工和开车，这一过程因项目而异，它具体阐释了项目生产和建造的步骤，主要关注项目产品的特性、功能以及质量。在工程建设为主的总承包项目中，立项、设计、采购、施工等业务开展的过程均是创造项目产品的过程。而项目管理过程则是对项目工作进行管理的系统过程，主要体现为启动、策划、实施、控制和收尾五个过程组，具体描述了实施项目的各项管理工作，主要关注项目实施过程的效率和效益。在总承包项目中，二者交互融合、缺一不可，共同贯穿整个项目生命周期。

因此，这两个突出的过程表明，总承包项目不仅要通过技术和工艺来实现项目交付物的创造，还要通过管理工作来提升项目交付物创造的效率和效益，以共同实现项目的功能目标和管理目标。在工程总承包项目实践的发展过程中，常常会将更多的注意力集中在产品创造的过程，关注项目的技术方案及其实现的路径，而容易忽略项目中的管理过程。而项目管理过程对于总承包项目目标的实现却存在非常重要的影响，总承包商的项目管理能力和项目管理体系构建的情况直接影响项目绩效和企业绩效。总承包的项目管理过程，包含启动过程、策划过程、实施过程、控制过程、收尾过程五大过程，各个过程之间存在顺序连接性和一定程度的交叉，同时，在整个项目管理过程中还涉及十大领域的知识体系，包括项目整合管理、项目范围管理、项目进度管理、项目成本管理、项目质量管理、项目人力资源管理、项目沟通管理、项目风险管理、项目干系人管理和项目采购管理，每一个管理领域对于总承包项目而言都是至关重要的。总承包项目一般规模较大、项目生命周期较长、业务复杂、参与方及涉及的利益相关方众多，需要特别突出强调项目的整合管理。而为了实现项目的进度、质量、成本目标，总承包商需要采用多种科学的管理方法和工具进行科学的项目工作组织和管理，实现对项目的有效控制和科学化、精细化的项目管理。其他沟通管理、风险管理、采购管理、干系人关系等，对于总承包项目的顺利完成也具有突出的作用，特别需要总承包商的重视。因此，总承包商应该具备完成项目产品创造流程的能力，同时更应该具备对项目的有效管理能力，以满足大型、复杂总承包项目的管理要求，保障总承包项目的绩效和总承包企业的长期效益。

2.3.5　总承包项目的技术密集与知识密集特征日益明显

在当前的总承包项目实践中，由于经济环境和技术环境的变化，总承包项目的技术密集和知识密集的特征日益明显。工程总承包模式目前多应用于大型工业投资项目或者大型基础设施项目，业务涵盖建筑、石油、化工、电力、冶金等行业，该类项目的投资规模大、专业技术要求高、管理难度大。而这些总承包项目涉及的专业数量较总承包模式发展初期而言越来越多，如在石油行业的油田开发类 EPC 项目中，设计阶段就会涉及 20 多个专业，且各类专业划分越来越细，这对于总承包商而言管理难度也持续加大。另外，随着技术的快速发展，目前总承包项目的技术复杂性也日益增强，复杂技术体系的背后一方面伴随着复杂知识体系的需求，另一方面也加大了项目的不确定性。加之总承包项目的规模和利益相关者的不断扩大和增多，使总承包项目不仅涉及与技术相关的专业知识，还涉及众多的项目信息类知识、项目管理类知识等，这些知识体现在工程师、设计师、监理方、分包商等利益相关者的知识体系中，也体现在项目过程文档中，因此总承包项目的过程是多种知识共同融合的过程，呈现出越来越明显的知识密集特征。

这种技术密集和知识密集的特征给总承包项目的管理带来了挑战。总承包企业需要具备应对这种变化的能力，培养自身应对项目技术复杂性和知识密集性的能力，在项目管理的过程中融入技术和知识的管理要素，实现对项目技术和知识的有效管理，保障项目的顺利运行。如果不能够应对总承包项目中的知识密集和技术密集的变化，总承包企业将难以从本质上实现对项目中的利益相关者之间及项目过程中的沟通与协调管理，难以从项目整体层次建立合理的资源配置体系和任务分配体系，难以建立项目管理与控制的体系，难以应对项目中的多种不确定性和突发事件。因此，这种项目特征也给总承包企业的核心竞争力的构建带来了挑战。

2.3.6　总承包项目国际化趋势成为主流发展方向

当前基于市场环境所体现的另一大总承包项目的特点为明显的国际化趋势。由于总承包项目所涉及的行业多为石油、化工、电力、冶金等涉及大量资源和民生的行业，总承包企业也开始突破国家的市场范围，走向国际市场参与竞争。目前很多总承包商都向跨国企业发展，业务遍布全球，很多企业的海外营业额在其总营业额中占很大比例。而在国际市场中，总承包商在所有承包商中占的比例也较大，且逐渐处于主体地位。各类承包企业在国际市场中竞争激烈，总承包企业则更能够依靠其独特性，在同业竞争、抢夺市场时形成突出优势，与其他承包企业形成"竞争隔离"，使总承包企业在国际竞争之中能够有效地过滤一部分竞争者[2]。所以，国际市场已经成为总承包企业的重要战场，形成国际市场竞争力也成为总承包企业当前的重要目标。

另外，国际市场在为总承包企业带来新市场的同时也带来了新的挑战。总承包企业的国际化发展特别需要适应严苛的市场环境。在国际市场中，国际工程项目合同十分复杂，合同执行的过程也相对较长。同时因为工程合同使用的法律一般为工程施工所在国的法律或第三国的法律，而各国关于工程建设合同的规定千差万别，不容易掌握，使得项目实施的法律环境复杂。为了适应严苛的市场环境，总承包企业需要形成具有针对性的能力储备，以在日趋激烈的多元化竞争中得到生存和发展机会。我国的总承包企业，在国际化发展的过程中还突出表现出对总承包项目管理流程和标准的不适应及国际项目管理经验不足等问题，导致其在参与国际竞争的过程中存在很大程度的困难。但是，总承包项目的国际化趋势已经形成，总承包企业应该不断积累国际项目管理经验、强化自身核心竞争力，更快、更好地参与国际工程总承包市场的竞争。

2.4　总承包项目实践中的问题

通过对总承包模式发展历程的回顾、总承包项目一般流程的梳理及总承包项目特点的分析可知，总承包项目能够减少业主方的管理工作量，分摊和规避业主风险，因此被越来越多的业主方采用。总承包商可以通过对设计、采购和施工的一体化管理，实现共享资源的优化配置、大型专用设备的提供，以及各种风险的控制为项目增值，从而获取更多的利润。所以，总承包模式的优势，使总承包项目在近些年取得了迅速的发展，在工程项目中的比重越来越大。但是由于独特的历史因素和环境因素，当前我国的工程总承包项目实践，仍然存在诸多问题，阻碍了我国总承包企业的发展。通过对我国总承包项目实践的调研，我们发现这些问题集中体现在总承包项目的决策、协调和沟通上，下文将分别进行阐述。

2.4.1　决策相关问题

1）前期信息获取不足，决策有效性低

我国总承包企业没有经历长时间的探索和积累，在总承包项目实践中，往往很难获得足够的信息来支撑项目前期的决策，这也增大了整个项目实施过程中的决策难度。从项目前期过程出发，业主方开始招标时，一般初步设计报告尚未完成，初期设计信息并不完善，业主的需求也很难准确地表达。在没有一致的设计方案的情况下，如果总承包商没有足够的经验数据、业主需求识别的能力及支撑性的技术能力等，就难以确定合适的投标价。而业主也只能在技术方案的优劣和报价的高低之间做大致的权衡，使招投标的双方都很难做出准确的判断。这样就容易导致业主方在不清楚自身需求的情况下选择技术方案不恰当的投标者中标，或者难以制定出合适的招标控制价。对于总承包商来说，初期设计信息缺失、不能准确了解业主方需求，给技术方案的设计、投标策略的制定和投标报价的计算均增加了很大的难度。而这种情况经常出现在我国的总承包项目实践中，也成为业主采用总承包模式的重要阻碍。

　　这种前期信息无法有效获取的问题，会对总承包项目招标环节完成之后的整个生命周期中产生重要而持续的影响。首先，在中标后的合同谈判阶段，我国的总承包商难以在业主面前争取到有利的合同条件。一是在总包合同签订前，总承包商难以明确业主方所有的使用要求、技术要求、动力需求、质量标准等，因此不能提前制订出详细的技术方案、采购需求、人员计划等，加大了总承包项目实施阶段的工作量，造成工期紧张。二是在合同谈判中，总承包商很难预期项目变更、政策调整、气候条件等有可能带来的工期、费用的变化，无法通过合同条件，规避总承包项目实施环节中可能遇到的所有风险。由于工程经验的不足和管理层面的不够重视，我国的大多数总承包商都无法做到将风险管理的管理重心前移，防患于未然。其次，在总承包项目的实施阶段，总承包商往往难以把握最终交付产品的满意程度。因为业主是在尚无详细设计、尚未清晰识别自身需求的情况下将项目实施的绝大部分控制权交给总承包商的，所以最终产品的业主满意度取决于总承包商对业主意图的理解程度。总承包项目的这种特点是对总承包商的设计水平、工程经验、管理力度和诚信态度的综合考验。而当前我国大多数总承包商的能力和信誉均存在不足，总承包项目的交付物达不到预期目标的情况仍时有发生，业主方对总承包商的信任度较低，因此在实践中业主方对采用总承包模式仍然存在很多顾虑。

　　2）项目风险规避能力不足，前期决策合理性差

　　总承包项目，相较于一般工程项目，实施周期会更长，少则十几个月，多则几年、十几年。在这较长的项目实施期间，总承包商要比一般项目承包商承担更大的风险，主客观不确定因素发生、变化的概率大大增加，如各种自然灾害发生的概率、原材料价格变化、劳动力成本上升和汇率波动等。同时固定总价合同的方式也对总承包商形成了一定的潜在风险。而这些不确定因素的发生和变化，给总承包管理，尤其是风险管理增加了难度。我国总承包企业由于风险管理能力和其他项目管理能力方面的不足，往往难以管理和应对总承包项目中的各类风险，各类风险的频繁发生导致我国的总承包项目经常偏离原始的计划路线，整个项目呈现不可控的状态，严重影响总承包项目的绩效。

　　从整体上看，我国总承包项目面对的外部风险主要来自自然灾害、社会政治和市场经济三个部分。其一，自然灾害因素是进行项目前期决策时必须考虑的因素。由于总承包项目周期长、工程范围大，且参与项目实施过程的供应商众多，涉及世界上的多个国家和地区，因此遭遇各种自然灾害的概率会比较大。例如，某特种设备制造商遭遇突发洪水无法按时完成设备生产或运输，泥石流、山体滑坡等灾害对已完工的工程造成破坏等情况均会造成工期拖延及成本增加。虽然自然灾害在总承包合同中被列为不可抗拒力因素，规避了总承包商的部分风险，总承包商被免除了工期拖延的违约责任，但是由自然灾害给总承包商自身带来的损失却很难从业主方

获得全部赔偿，因此总承包企业仍然会面临较大损失。我国的总承包企业需要对自然灾害因素可能带来的影响足够重视，在总承包合同条款上进行明确的约定和体现，以规避自然灾害因素可能造成的损失。其二，社会政治风险一旦发生，对总承包项目的影响是巨大的。在国家"走出去"战略和"一带一路"倡议的号召下，我国越来越多的总承包企业走向海外，承接国际总承包项目。但是我国的大多数总承包企业缺乏国际总承包项目的历练，对政治信仰差别、语言障碍、文化隔阂等方面的认识不足，对国际政治形势了解不深入，难以预判工程所在地国家出现政局动乱、政权更迭、武力战争、政策变化、内乱骚动、罢工游行、恐怖主义、治安混乱、项目无偿没收、项目收为国有等情况的可能性。尤其是局势不稳定的国家和地区，经常会有我国总承包企业蒙受巨额经济损失的情况发生。其三，市场经济因素引发的风险会直接影响总承包商的项目收益。较一般工程项目而言，总承包项目通常体量规模大、合同金额高、材料设备昂贵，总承包企业需要承担较大数额、较长时间的资金滞留，因此若出现经济环境前景堪忧、商务环境恶劣、经济低落、通货膨胀、汇率波动、外汇管制等情况，总承包商会蒙受重大的经济损失。总承包合同大多属于固定总价合同，我国总承包商签署的国际工程合同也往往约定业主方支付给总承包商的货币为业主所在国货币，因此我国的总承包商就需承担项目进行期间业主所在国货币贬值造成的收入减少的风险。

当前我国的总承包项目实践中，风险管理仍然非常薄弱，尚未达到规范管理的程度。一些具备风险管理流程的企业，在实际的风险识别、风险分析、风险管理方案和应对措施制定的过程中大多仅从形式上执行，少有从内容上结合项目具体情况进行深入分析，这导致我国总承包项目风险管理的功能严重不足，直接影响了项目中的多种决策，以及项目决策的合理性、可靠性和有效性。特别是前期项目风险的识别不足和项目决策考虑不全面，会对整个项目实施过程产生重大影响。我国总承包企业要解决风险管理和前期决策质量低的问题，有必要在项目前期进行策划的过程中进行项目的系统分析，将管理重心前移，通过提升前期决策质量来保障项目全生命周期的运行过程。

2.4.2 协调问题

1）干系人复杂，项目协调困难

总承包项目是多个干系人通过合同关系集合在一起的商业化的运作项目，而总承包商处在协调各方关系和利益的中心节点上，总承包商需要做的协调工作量是一般项目管理单位的数倍。总承包项目的实施包括可行性研究、招投标、合同谈判、方案设计、融资、施工建设、设备营运、所有权转让等诸多环节。在整个项目运作过程中，从前期决策到最终移交给业主，每个环节都涉及不同的干系人，如业主、政府部门、银行、担保公司、保险公司、施工承包单位、设备供应商、监理、电力公司、设计合作单位等。每一个参与其中的干系人都有自身的利益诉求，干系人的利益之间可能存在重叠、交叉，甚至是冲突。总承包企业处于项目推进的关键节点上，需要协调各方关系，在保证各个干系人应得利益的前提下，争取项目利益的最大化。而以上目标在现实项目的实施过程中并不容易做到，由于各参与方来自不同的利益经济主体，各方会因为各自的短期利益目标而产生矛盾和冲突。例如，工期紧张时，施工分包商着重追求进度，而监理单位更加注重质量，双方很容易在此时产生矛盾。又如，在总承包商内部各专业施工组之间，有时需要在同一场地进行交叉施工，各施工专业组为完成各自的施工任务，经常在进场时间的安排上发生争执。因此，在我国的总承包项目实践中，工程行业历史遗留的主体间复杂关系及不同地域的文化特点，导致项目中利益相关者协调的问题特别突出，利益相关者的诉求和冲突管理难度较大，对总承包商的协调能力提出很高的要求。

2）工作接口多，界面管理难

总承包项目的界面管理既包括总承包商内部各环节、各部门之间的界面管理，同时也包括总承包商与干系人间的界面管理。总承包项目主要包括设计、采购、施工三个环节的工作。在总承包项目推进过程中，设计、采购、施工三个环节的工作并非简单地按时间排列，而是会出现设计与采购、设计与施工、采购与施工并行或交叉进行的情况，使总承包项目工作接口的数量大大超过一般工程项目，给界面管理增加了很大的难度。专业化的分工有利于工作效率的提升，但是在项目实施中也存在一些问题，一是不同业务之间接口衔接存在障碍，如在总承包商的采购实施阶段，详细设计对采购工作具有重要的指导作用，采购与设计之间接口工作复杂，一旦设计环节出现详细设计深度不够、专业协调疏漏、出图时间延迟、技术参数不明确等问题，就会对采购活动的及时性、准确性、全面性产生负面影响；二是不同干系人有不同的诉求，如设计部门希望达到设备机组整体性能最优、设计合理耐用，而设备供应商希望在保证质量、进度的前提下尽可能地控制成本，双方诉求存在偏差，彼此之间互不了解、缺乏共同语言，给双方之间界面的接口管理增加了障碍。如果总承包方设计的工作接口不明确或者工作界面管理不当，就容易产生矛盾。矛盾主要产生在空间管理、设计变更、工作包界面划分、工序调整穿插、资源争夺等方面。在工作任务不紧张时，总承包方通过例行协调会可以解决绝大部分矛盾；但当任务繁重、工期紧张时，项目中的每个人（或者部门）最关注的是自己的绩效，对其他人（或者部门）的协调要求则能推则推，置自己（或者本部门）的利益于整个组织的利益之上。因此，在总承包项目中，由于工作接口较多和管理与协调难度较大，项目管理过程很容易陷入内耗，影响项目的整体绩效。如何有效管理项目中的多种界面和接口成为总承包企业急需解决的问题。

2.4.3 沟通相关问题

1）利益相关者众多，交流难度大

与一般工程项目相比，总承包项目涉及的利益相关者众多，不仅包括总承包商的内部团队成员，也包括业主、分包商、供应商等利益相关者。总承包项目的利益相关者可能来自不同的国家和地区，在价值取向、伦理道德、观念立场、宗教信仰、风俗习惯、原则底线、沟通模式等方面存在差异。这种差异，导致各利益相关者对同样信息的理解出现偏差，进而造成沟通障碍。除信仰差别、语言障碍、文化隔阂外，技术专业的不同也会增大沟通难度。由于总承包项目的复杂性，总承包项目内部划分了很多不同的专业，不同专业的员工对其他专业领域的知识往往了解有限，专业术语、专业技能和专业习惯的不同给不同专业员工间的交流造成了障碍，这种专业知识之间的壁垒妨碍了员工之间的沟通交流。除此之外，立场的不同也会增加沟通难度。总承包项目中有众多利益相关者，各个利益体相关者总是基于自身利益考虑问题。利益诉求的不同，同样会造成各个利益体相关者沟通上的障碍。总承包项目利益相关者众多的特点决定了总承包商需要比一般工程项目管理单位具有更强大的沟通和协调工作能力。

2）信息传递难度大，知识组织面临很大挑战

与一般工程项目类似，总承包项目通常采用项目部的形式管理项目，而项目部属于项目型组织结构，人员的构成是临时性的，项目团队的人员流动性很大，这样会给信息传递带来很大困难，特别是海外总承包的项目。在项目启动初期，项目员工处于调入和招聘期，人际关系薄弱，共享文化正在建立，信息共享会受到很大影响。在项目尾期，项目的员工存在撤离和离职的情况，容易影响资料的归档和分类处理，因此这种人员的混乱和工作量的增加会对项目的知识集成和信息传递产生很大的不利影响。与一般工程项目不同的是，总承包项目的信息传递更加困难。首先，总承包项目本身涉及的信息量要比一般工程项目更多，因为总承包项目涉及多个参与主体和组织边界，要解决项目中的问题、优化项目决策，需要大量有效信息的支持；其次，总承包项目的沟通和协调工作量更大，导致信息传递的需求更大，信息传递的流向更多；最后，总承包项目信息的组织难度大，信息冗余多，信息的分析、及时传递存在多种界面的障碍，包括语言、语义、阶段、组织、形式等多种边界，所以总承包项目信息的传递更加困难。

另外，由于横跨设计、采购、施工三大领域，总承包项目具有知识密集、技术密集、资金密集的特点。高端市场、国际市场对总承包商的能力提出了新的挑

战，不仅要求总承包商具有一流的施工技术、设计能力和管理能力，同时还要有强大的融资能力、采购议价能力、资源整合能力等。顺应现实的需求，近年来知识管理、知识型组织日益成为总承包企业关注的管理热点。当前总承包项目知识管理实践中的问题和障碍，主要体现在项目中知识获取、知识共享、知识集成和知识积累机制的缺失，项目知识组织面临严峻挑战。从总承包商内部来看，其对知识管理的重视度仍不够，较少从知识视角来制定总承包项目的决策，也没有从企业层面构建企业的知识库和知识地图，在总承包项目执行过程中难以快速、有效地获取所需的信息、知识和技术。同时，跨部门共享知识和信息，由于受部门壁垒和权限管理规定的影响也存在很多障碍，缺乏支撑的渠道、氛围和制度。而总承包企业对于项目知识积累，企业知识体系的构建、更新，以及学习型组织的构建也缺乏认识和实践，使总承包项目中的问题和优秀管理实践难以在总承包企业内部得到共享和扩散，阻碍了总承包企业具有一致性的核心竞争力的构建和维持，影响了我国总承包企业在总承包市场中的表现。因此，总承包企业中的知识组织是项目沟通和信息传递的核心。

2.5　总承包项目管理的研究进展

基于本书的研究问题，为更系统地理解以总承包项目为对象的相关项目管理研究现状，本章基于共词分析的方法绘制了国内外相关研究领域的科学知识图谱，以可视化的方式来辅助分析总承包项目管理的研究进展和现状。

1）国外研究进展

为探索总承包项目管理的国外研究现状，本章以"general contracting project management" or "turnkey project management" or "EPC project management"为主题检索式在 Web of Science 数据库中共检索到 595 篇文献，表明当前以总承包项目管理实践为研究对象的研究仍相对较少。从研究数量上看，自 2003 年以来呈现逐步上升趋势，2010 年以后文献数量增加的趋势明显，说明近期总承包项目管理问题的关注度呈显著上升趋势。为进一步分析总承包项目管理的研究现状与趋势，本节使用 CiteSpace 软件对上述所有研究领域内的关键词进行了共词分析和聚类分析，结果如图 2.17 所示。

从关键词出现时间来看，turnkey 项目的相关研究首次出现在 1995 年，而 EPC 项目的首次研究出现在 1998 年。从内容上看，已有研究对于总承包项目管理的关注点主要在项目绩效、项目风险管理、项目成本、质量管理、项目设计、项目工程建设及项目的合同管理等方面。从已有研究的聚类结果看（图 2.17 中的#号标

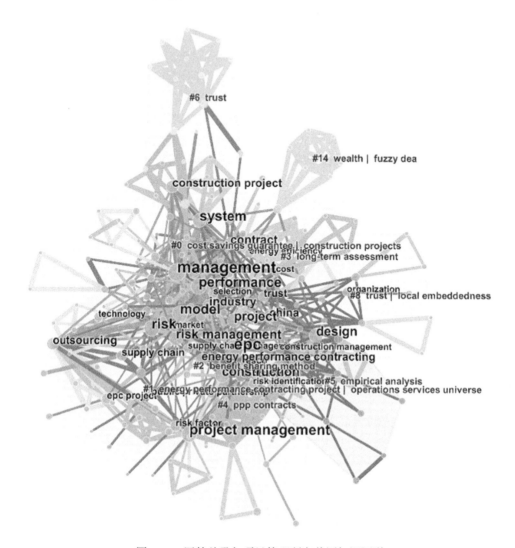

图 2.17　国外总承包项目管理研究共词知识图谱

识），现有研究主要聚焦在建设项目的总承包项目，主要关注项目成本、绩效、收益共享机制及项目中的影响因素，尤其突出了主体信任在总承包项目中的作用。其中，早期总承包研究的主要关注点是总承包项目管理及其内部的风险、质量、成本等问题，项目的设计采购与施工业务以及项目的计划与监控问题。而在近期研究中，利益相关者的合作、沟通、信任与协调，总承包项目管理系统，关键成功因素，项目运营管理与边界分析，项目的组织与绩效，等等总承包项目内部运行的细节问题成了总承包项目的新研究点。特别是总承包项目的知识管理问题，自 2004 年 Leseure 和 Brookes[15]提出项目管理的知识管理基准后也开始受到集中关注。

因此，结合整体的研究脉络和典型代表性文献来看，国外以总承包项目为对象进行的项目管理相关研究多聚焦于项目实践中的问题，研究导向则从影响项目整体绩效的项目风险管理、沟通协调等基本项目管理问题逐渐向项目的各类集成管理和内部知识管理等系统性管理问题过渡。其中，近期 Wang 等[16]特别关注了 EPC 项目中的设计管理与项目资源整合的问题，以期从设计业务的计划与执行、优化设计、提升工具的方面来解决 EPC 总承包项目中的集成管理问题；Xiao 等[17]还针对水力发电 EPC 项目进行了项目管理成熟度的评价。这表明总承包项目管理研究已经开始从更深层次进行系统研究和布局。而作为总承包项目管理中的一个新兴研究点，知识管理问题也日益受到关注。越来越多的研究者意识到总承包研究不能仅停留在项目的业务层，应该深入知识层面解决业务层面出现的各种问题。其中，Wen 等[18]探讨了 EPC 项目中的组织知识扩散的问题；Chou 和 Yang[19]在建筑工程领域探讨了项目管理知识体系的适用性；Oluwoye[20]则为支持 EPC 项目过程中的决策而开发了一个以知识为基础的专家系统。总承包项目管理相关研究对知识管理问题的关注表明，知识管理将为实现总承包项目绩效提供一种新的视角。然而，虽然现有国外研究已逐步认识到总承包项目的业务层和知识层之间的密切关系，但仍相对缺少关于如何组织总承包项目知识层以实现对项目业务层系统支撑的系统性研究[21]，工程总承包项目情境下的系统探索尚存在很多研究空间。因此，还需要进一步深入知识管理和项目情境，对基于知识管理视角的总承包项目管理进行系统研究。

2）国内研究进展

本节以"总承包"和"项目管理"为主题检索式在中国知网（CNKI）的七个学术数据库中进行高级检索，共获得 3228 篇文献，其中以 EPC 项目为研究对象的文献占据大半。文献数量趋势显示，2003 年后相关的研究数量较之前呈现出了大幅度的增长，这与我国 2003 年颁布《关于培育发展工程总承包和工程项目管理企业的指导意见》相关，自此之后总承包项目在国内开始受到实践和理论的双重重视。通过对所有文献进行共词分析和关键词的突现分析，形成如图 2.18 所示的共词知识图谱。

从整体情况来看，总承包相关研究中项目管理和工程总承包模式是以总承包为对象的两类主要的研究类别，即分别探讨总承包项目内部的管理和总承包模式的发展与演进。从关键词出现频率来看，项目管理、EPC 总承包模式、管理模式，以及风险管理、合同管理、成本控制等成为现有文献与总承包项目管理相关的研究要点。从研究对象来看，研究从总承包商、设计企业、施工企业、分包商、监理等多个主体出发探讨了各自在项目中的角色和管理要点，也反映了总承包项目实践中各主体对总承包模式的相关需求。从研究的时期来看，研究早期主要以介

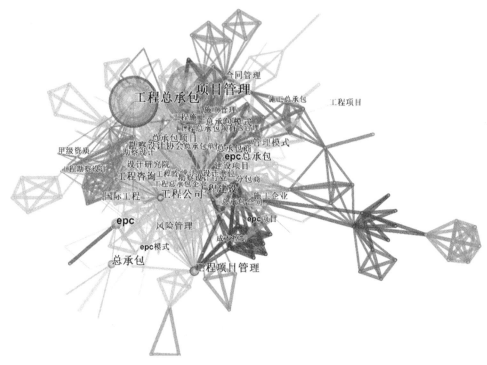

图 2.18　国内总承包项目管理研究共词知识图谱

绍和引入总承包模式为主，总承包项目中涉及的各个主体都得到了关注。从研究内容来看，相关研究主要针对某些特定行业总承包项目计划和控制的相关问题。近几年，对总承包管理的研究得到进一步深化，从进度、质量、管理和合同管理、项目管理模式与体系、项目集成管理与协调管理、并行工程与信息化等更加细化的角度进行探讨，特别是突出关注国际工程项目，反映了我国总承包项目的发展情况。

　　从整体上来看，现有国内研究强调了总承包项目作为研究对象的重要性，并分别对总承包模式和项目内部管理进行了针对性研究。国内总承包项目管理的相关研究主要可以划分为三大类。第一类关注总承包的项目管理模式[22]，即以总承包项目为对象，从项目管理整体视角探索总承包项目的体系、机制和管理重点。第二类关注总承包项目管理内部的管理领域[23]，包括进度管理、质量管理、采购管理、成本管理等具体领域的详细发展，特别是对总承包项目计划管理的研究也相对较多[24]，但多是从计划编制的角度进行研究，鲜有探讨项目计划对项目绩效作用机理的研究。第三类关注近年来的研究热点，即总承包项目中的设计、采购、施工业务之间的协调与协同问题[25]、项目中存在的界面管理问题[26]，以及项目中的集成管理问题[27]。目前国内的研究重心已经逐渐从前两类的基础研究逐渐转向第三类的研究，更深入地探讨知识集成的本质问题。项目总承包模式出现的一大目的就是解决设计采购施工等环节中存在的突出矛盾。总承包模式被期待能够通过总承包商的管理充分发挥设计人员的主导作用，发挥采购的规模优势，在保证工程质量的前提下降低造价、缩短周期[28]。然而由于总承包项目规模普遍较大，项目利益相关者众多，涉及的知识领域非常广泛，总承包项目中的界面管理问题、协调问题和集成问题成为影响项目绩效的直接障碍。因此，现有国内研究也对总承包项目中存在的阶段界面、业务界面等进行了分析和探讨[26]，并对总承包的协调模式和集成方式，如信息集成、技术集成等进行了探索[29]。而对于总承包项目中的知识管理问题，国内学者对 EPC 项目中的知识转移问题[30]、知识共享问题[31]和知识管理模式[32]进行了分别的研究，这说明总承包项目中的知识管理问题已经越来越受到国内学者的关注，成为影响总承包项目绩效的另一个重要因素。但是国内对于总承包项目的知识集成问题却鲜有研究，尚未实现从知识集成视角解释总承包项目集成管理现象。

因此，对比国内外关于总承包项目管理的相关研究可知，总承包项目已经愈发成为项目管理领域的重点研究对象。而从整体上看，现有研究多从项目实践问题出发，虽然对项目中突出的计划、协调、集成和知识管理的问题进行了一定探讨，但仍然缺乏深入性和系统化的研究，这在很大程度上不利于总承包项目管理问题的解决和项目绩效的保障。其中，对总承包项目中的知识集成问题鲜有关注。因此，基于总承包项目的特性，总承包项目中突出的集成管理问题与边界管理问题仍有待从知识集成的视角进行深入探讨。

第 3 章

项目知识集成理论

针对本书的研究问题，本章对知识集成和项目知识集成的相关理论，以及项目知识集成的研究进展进行了系统分析，以奠定总承包项目知识集成的研究基础。

3.1 知识集成

3.1.1 知识集成的理论基础

知识集成的理论基础主要包括企业内生成长理论、资源基础理论和能力理论以及知识基础理论和知识管理理论。

1）企业内生成长理论

企业内生成长理论是由剧烈震荡的经济环境所催生的，源自于理论界和实业界对企业本质和企业成长源泉的探索。20 世纪 30 年代的经济大萧条后，以科斯为代表的经济学家通过产权理论、交易成本理论和委托代理理论等解释了企业交易层面的活动，从经济学视角对企业存在的原因进行了解剖。波特的五种竞争力模型也从产业层面对企业的运行环境进行了竞争战略的制定研究。总体而言，工业经济时期的企业经济活动被认为是以物质资产管理为基础，着眼于实物和资本的配置与优化，经济的增长是由资源的投入驱动的。然而这些解释并不涉及企业内部的生产活动，其将所有的经济增长归因于外部因素，尚无法解释企业生产实践活动的本质，即企业开展生产经营活动的内在动力以及内在收益机制仍不明确，经济增长的外部驱动性理论具有一定的局限性。

因此，理论界的焦点开始从企业外部转向内部，试图从内部寻找企业成长的源泉。基于 1776 年亚当·斯密《国富论》中提出的分工思想，内生成长理论认为企业的成长源于对组织内部的专业化分工与协调。Marshall[33]基于劳动分工思想提出了企业内部经济的论点，对企业中的生产职能进行分解，最终分解为不同的专门技能和知识。伴随专业化分工的另一个问题是各职能之间的协调，马歇尔认为这种协调问题的出现和解决会促使知识不断累积，推动企业不断进化。因此，他最早从知识视角探讨了企业本质。随后，经济学家 Chamberlin[34]从获得经济租金的角度出发，认为企业的异质性，即企业的特有资产和能力能够使企业处于不完全竞争的状态，进而获得企业的垄断租金，推动企业成长。企业异质性的提出不仅解释了企业持续成长的原因和动力，也为后续的资源基础理论和企业能力理论的产生和发展奠定了基础。正式提出企业内生增长理论的是 Penrose[35]，他进一步发展了马歇尔的企业内部经济理论，认为企业是一个生产型资源的集合体，企业的发展就是通过资源集合和知识积累来不断拓展生产范围的过程。这种知识积累表现为企业的内部化运作过程和结果，促进了企业对稀缺决策资源的有效利用。企业的知识积累预示着企业能力的增长路径，同时也预示着企业成长的动力和源泉。所以，这也解释了在有限理性和专业化分工收益的条件下，企业作为很好的协调机制而存在的必要性。除去经济成本的考虑，企业的存在也反映了知识经济学中的一个基本的不对称性，即知识获取比知识应用要求更高的专业化，因此，企业作为一个多种知识获取的机制而存在是企业持续发展的内在要求。企业内生成长理论将为企业带来经济租金的资源和能力作为企业成长的基本源泉，并突出了能力的知识累积本质和互补性知识和能力的协调，进一步解释了企业生产运作的内在动力和机制。随后，企业内生成长理论逐步发展为企业资源基础理论和能力理论两个互补的学派。虽然资源和能力两个概念的范围存在一定的重叠和交叉，但是随着研究的不断深入，两个学派的关注点出现较大的差异，从不同侧面奠定了知识集成的理论基础。

2）资源基础理论和能力理论

资源基础理论是战略管理理论的一个重要分支。Wernerfelt[36]发表的《企业资源基础论》标志着资源基础论的诞生。资源基础论将企业视为生产资源的集合，认为资源的独特性和基于资源的能力是企业成长的本质驱动力。同时，企业的异质性也集中体现为企业拥有资源的差异，因此企业保持竞争优势的基本条件就是保持资源的独特性。这种以资源为基础的视角使对企业内部的分析由产品结构转向内部资源。对于资源的分类，Baum[37]认为企业的资源包括有形的和无形的资源和能力，即认为能力与资源是等同的。随后 Drucker[38]认为，知识已经逐渐超越土地、劳动力和资本资源成为新经济中的第一类资源。Grant[39]也从战略视角认为企业战略的发展方向会由企业内部资源引导，并且这种内部独特的资源会创造更多的利润。Baum[37]认为资源的独特性体现在"有价值、稀缺、难以模仿和难以替代"，Peteraf[40]则进一步强调了企业的异质性和资源的不完全流动性的重要性。

资源基础理论在内生增长理论基础上进一步对企业成长的动力进行了聚焦，从资源的分类、管理、协同、发展等角度出发更进一步地探索了企业内部运行的机制，为知识资源的管理奠定了理论基础。

能力理论同样是在内生成长理论的基础上衍生出来的、与资源基础理论同步发展的又一主流管理理论。基于内生成长理论所强调的差异化能力，Prahalad 和 Hamel[41]提出了企业核心能力的概念，他们认为相较于企业短期竞争力的产品质量和性能的关注点，企业的长期发展要依靠的是企业的核心能力，这种核心能力内在表现为组织中的累积性知识，它是企业中具有协调和整合功能，受大家普遍认可的知识，能够协调不同生产机能的不同专业知识。他们所提出的核心能力概念，主要针对物质资源的配置和整合，尚未完全聚焦到知识的层面。因此，能力理论一方面强调企业竞争优势的核心能力本质，另一方面又分析了核心能力的构成基础。他们认为并不是所有的资源、知识和相应的能力都能够形成并保持企业的竞争优势，只有当资源具有异质性、稀缺性、难以替代性和不可模仿性时才能够形成企业的核心能力。其中，特别突出了无形资源在避免外部竞争者模仿上的核心地位。此后，核心能力理论在解释企业间绩效差异方面得到了广泛应用。

在核心能力基础上，能力理论又向基础能力和动态能力进行了延伸。Teece 等[42]在产品创新背景下提出了动态能力的概念。在企业外部环境剧烈变化的背景下，企业必须通过不断地创新来保证企业竞争优势，这就需要企业拥有快速建立、整合和重新分配组织内外部资源的能力。因此，"动态能力"使企业"整合、构建和重构企业内部和外部能力来适应快速变化的环境"[42]，反映了企业运行过程中的动态性和一致性。其中动态性反映的是组织能够及时根据外部环境变化，更新自身的内部运营体系来适应环境变化，一致性反映的是管理和组织程序、组织惯例和组织学习共同推动的企业能力与环境的匹配。这种能力是通过不断获取、整合和重组组织的内外部知识、资源、功能性能力实现的，在提出阶段，动态能力着重体现在对物的资源吸收、整合和重构的过程中。伴随知识经济的产生，动态能力理论对于能力本质的研究也逐渐向知识层次延伸。动态能力开始逐渐被视作企业知识的集合[43]，其基础是知识集成，企业发展能力的过程就是新知识获取的过程，动态能力的发展就表现为新知识结构的形成。Nielsen[44]特别将企业能力的知识基础分为特殊性知识、整合性知识及配置型知识，他认为动态能力的形成和发展需要三种知识的调用和协调。因此，动态能力理论逐渐形成了动态能力的知识观：难以交易的知识资源是竞争优势的主要来源，以知识资源为基础的资源集成和重构能够形成企业的动态能力；企业动态能力强调组织构建、适应、扩大、发展组织知识库的范围和结构，通过知识库的调用形成对企业有价值的能力；动态能力演化的重点是如何将新的知识整合进现有的能力，或者如何通过现有知识的重新配置形成新的应对环境变化的能力。

在核心能力研究的基础上，Sanchez[45]提出了企业能力的综合性、系统性的整体概念。这在核心能力对知识的核心地位确认的基础上，进一步肯定了知识在企业能力发展中的基础性地位。基础能力理论从系统视角认为企业是一个有自我组织能力的系统，对于能力的强化一方面要不断地进行知识的吸收和重组，另一方面要结合市场机会实现知识的有效配置。基础能力理论将企业的所有能力都看作是一个开放的知识系统，强调通过内外部资源实现知识系统的不断良性演化，进而带动企业整体能力的提升和保持竞争优势。因此，资源基础理论和能力理论的发展为知识集成理论的构建奠定了坚实的理论基础，知识基础理论和知识管理理论也应运而生。

3）知识基础理论和知识管理理论

20世纪90年代以来，随着工业经济向知识经济的转变，知识在经济发展中的地位越来越受到认可。以 Romer[46]为代表的新经济增长理论打破了新古典经济理论将知识作为外生变量的模式，认为特殊的知识和专业化的人力资本是经济增长的主要因素，其自身不仅存在着收益递增优势，同时还能够使资本和劳动要素等其他资源投入也产生递增收益，进而从整体上促进增长。新经济增长理论对宏观经济发展中知识要素的重视，对企业中的生产活动研究具有积极引导作用。在知识经济环境下，资源基础理论和能力理论均转向了对知识资源的关注。Wernerfelt[47]和 Barney[48]在企业的资源基础理论的基础上提出了企业的知识基础理论。知识基础理论认为企业内部最有价值、最独特、最不可替代的资源是企业所拥有的知识，知识资产、资源和能力是组织的根本战略资源。企业本质上是一个知识系统，企业的异质性根本上是知识存量、知识结构和知识特征及外界环境导致知识变化的频度和幅度的差异[49]。知识基础理论解释了知识在帮助企业赚取李嘉图租金、张伯伦租金和熊彼特租金上的优势。同时，知识基础理论也推动了企业能力理论对知识基础的关注，其强调能力的培育有赖于最具战略意义的独特的知识资源，尤其是企业具有稀缺性、难转移性的默会知识。因此，企业能力理论将企业的竞争优势建立在知识要素的基础上。通过对企业能力知识本质的进一步研究，Leonard-Barton[50]认为企业能力是异质性的，能够为企业带来竞争优势的相互作用和依赖的知识束，Grant[51]认为组织的能力并不是只依赖于个人所拥有的专业知识，而更依赖于组织集成这些知识的能力，即组织能力建立在整合知识的基础上。

随着知识基础理论的不断延伸和扩展，企业意识到了知识资源管理的重要性，知识管理理论也逐渐形成和发展。知识管理理论认为企业通过知识的一系列管理活动为企业创造价值并形成具有竞争优势的不可模仿的资源和能力。其中，Wiig[52]提出了知识管理的框架，包括知识的创造和来源、编辑和转化、扩散和应用及价值的实现等。Marquardt[53]认为知识管理的内容包括知识获取、存储、识别和共享。Davenport 和 Prusak[54]将知识管理的内容划分成两个显著的部分，即知识创造和知识应用。知识管理理论随后对知识的获取、共享、吸收、学习和利用分别进行了更深层次的分析和探讨，不断从知识生命周期视角完善知识管理理论。在知识管理理论中，对知识的定义、分类及知识运动过程的探索，对解释知识在组织内部的产生与流动过程非常有意义，其中，对知识创造、知识共享、知识转移等过程的探索也为知识集成的产生进行铺垫。另外，组织学习理论也探讨了组织在获取、处理、储存和应用知识过程中的作用[55]，为企业知识的管理提供了参考和借鉴。在企业战略发展视角下，能力理论和知识管理理论的结合共同推动了知识集成概念的产生，其开始将知识集成视为知识创新或增长的机制，认为企业发展的基础是知识集成，企业维持竞争优势的持续动力是独特性知识的集成。因此，知识基础理论和知识管理理论更进一步地促成了知识集成理论的产生和发展。

3.1.2 知识集成的提出与界定

对于知识集成的界定，主要从知识集成的概念、知识集成的内涵和相关概念辨析三个方面展开。

1）知识集成的概念

知识集成的概念最早是在新产品开发情境下提出的，源自于产品开发创新策略、克服组织系统管理界面障碍，以及提升用户服务价值的需要。1990 年 Henderson 和 Clark 在探讨产品创新实践时认为，企业的产品开发需要两种知识，即组分知识和架构知识[56]。而具有问题导向的组分知识在外部市场需求拉动下促使面向解决方案的架构知识产生的过程就是知识集成。此后，知识集成的概念在产品开发和技术创新领域得到了广泛探讨。一方面，产品开发和技术创新领域的知识集成表现出了对知识的重新组合和配置的关注。Kogut 和 Zander[57]认为组织层面的知识集成包含"对既有知识的新组合"和"潜在知识的开发利用"。Iansiti 和 Clark[58]对知识集成的范围进行了一定程度的延展，认为组织的知识集成包括市场不确定环境下的客户知识集成和技术不确定环境下的技术知识集成。Boer 等[59]延续了组分知识和架构知识的概念，认为知识集成是重新配置现存的组分知识、使之成为结构性知识的过程。这种结构性知识是组织通过组合不同种类组分知识，使之重新配置而创造的新知识。另外，创新观的知识集成还突出强调了知识集成在新知识创造上的作用。他们认为知识集成是结合通用知识与企业专有知识在原有知识的基础上产生新知识的过程，这种新知识能够被有效地传播、利用，进而提升产品的竞争力。但是，产品开发和技术创新视角下的知识集成主要在产品开发范畴内，在解释一般组织知识集成上存在一定的局限性。

基于能力理论的发展，很多学者开始从组织能力的视角来研究知识集成，认为需要将知识集成的概念提升至构建和发展组织能力的战略高度，强调知识集成的基础性和一般性。Iansiti 和 Clark[58] 提出企业能力可以通过外部集成和内部集成两种方式形成。正式提出知识集成是组织的基本职能和组织能力本质的是 Grant[39] 和 Teece 等[60]。Grant 提出，在知识占据组织价值获取的很大部分及知识转移和复用赋予知识战略重要性的前提下，组织的能力表现为集成知识的能力而非知识本身。这种组织能力观强调专业知识的经济价值及知识集成的效益。Grant 从知识视角将组织能力分解为五个层次，即单一任务的处理能力、专有的能力、与活动相关的能力、职能能力和跨职能能力。而组织能力的最底层支撑是组织内部个体成员所拥有的专业化知识。基于分化和整合的需要[61]，这些多种类型的专业知识是所有生产的重要输入，Teece 认为从动态能力角度来看，组织的基本职能是知识集成，知识集成是保持企业动态能力和确保战略实现的关键。组织能力确认了知识集成的目标导向，其目的在于利用存在于拥有不同知识基础的个体的知识互补性优势[62]。因此，组织能力视角下对知识集成的界定赋予了知识集成在组织中的一般性，扩展了知识集成的范围，从更深层次解释了知识集成的概念。随着知识集成研究的进一步深入，衍生出了界定知识集成的新视角。学者们开始从微观层次解释知识集成的概念。表 3.1 中交互视角下的知识集成界定反映了知识集成研究对主体间交往的关注，这也是当前知识集成研究的一个重点[63]。

表 3.1　知识集成的界定

知识集成的界定	参考文献	研究视角
知识集成是指企业有选择地吸收外部知识并运用到企业的生产中为其创造价值的一种能力	[64]	组织能力观
知识集成是企业为了加强企业内部的一致性，包括价值、文化的一致性，以及为提升系统运作和工作效率所做的所有的协调活动	[59]	
知识集成是指在知识存量增长有限的条件下通过知识结构的改善来提升知识的价值，并借以提升组织的核心能力	[65]	
知识集成被看作是允许个体将其专业知识用于产品和服务的产生，同时还能够保证知识专业化效率的手段	[66]	
知识集成即知识连接，是个人与组织间通过正式或非正式关系促进知识的分享与沟通，使个人知识转变为组织知识的过程	[67]	交互观
知识集成是将个体知识合成为特定情景下的系统知识的过程	[68]	
知识集成是通过组织成员间的社会交往形成的构建、清晰化、重塑共享信念的不间断集合过程	[69]	
对组织内部和外部的知识进行有效的识别、利用和提升，促进不同主体维度上知识的彼此互动并产生新知识的能力	[70]	
知识集成是将原有知识加以合并创造出新的知识的过程	[71]	

知识集成的界定	参考文献	研究视角
知识集成是指人们通过脑力劳动将不同来源、不同载体、不同内容、不同形式和形态的现有知识,通过新的排列组合、交叉和创造产生新的知识	[72]	知识过程观
知识集成包括知识挖掘、知识整理和摒弃、知识融合三个过程	[73]	
知识集成就是筛选和融合不同领域、不同渠道的知识,把单独分散的新旧知识有机组合后变成全新的知识架构的能力	[74]	
广义的知识集成是一个互补知识的协作和有目的组合的过程,由专业和核心的个体、团队及组织能力支持	[75]	

相较于国外学者,国内学者对知识集成的研究存在一定的滞后性,但由于具有后发优势,其对知识集成的界定更倾向于系统观、整体观。例如,顾新建和祁国宁[76]认为知识集成就是把企业各部门和各部门员工的知识进行合并的过程。任皓和邓三鸿[77]在知识管理研究中提出知识整合的概念,认为知识整合是运用科学的方法对不同来源、不同层次、不同结构、不同内容的知识进行综合和集成,实施再建构,使单一知识、零散知识、新旧知识、显隐性知识经过整合提升形成新的知识体系。王娟茹等[78]认为知识集成是知识元素成为结构化的、有市场价值的组织知识的过程。刘兴城和安小米[79]认为知识集成是通过对不同层次的知识与知识、知识与人、知识与过程的整合,实现知识创新,最终提升组织核心竞争力的动态过程。张庆普和单伟[80]则认为知识整合是企业知识转化过程中的一种客观存在的核心机制,通过知识要素间复杂的相互作用,实现企业知识的有序化、系统化、转化、集成和融合。叶春森等[81]从协同视角提出知识集成就是研究知识载体、知识内容和知识规则之间的相同、相异、相反知识的聚集与合并、取代与衍生的协调过程。因此,从整体上看,国内学者的研究更倾向于系统整合观点,强调知识的结构化。

2)知识集成的内涵

现有研究对知识集成概念的界定具有各自的情境适用性和研究出发点,为了更清晰、准确地确定知识集成概念,有必要从知识集成的内涵方面进行剖析。

知识集成在组织内部具有层次性。由于组织内部设计本身存在着横向和纵向的分工,因此组织内的知识集成也具有不同的层次。Nonaka[82]在研究知识创造时就提出了知识载体的层次,即个人知识、群体知识、组织知识和跨组织知识;Grant[39]则认为组织内的知识集成表现为专业层次、跨专业层次、职能层次和跨职能层次四个层次。因此,知识集成也是具有层次性的,目前受到相对一致认可的、具有实际操作意义的纵向层次划分为组织层面、团队层面和个人层面。组织层面的知识集成是组织战略发展和竞争力构建的需要,是对组织知识的有效配置、利用和开发。团队层面的知识集成是在群体视角下团队成员个体知识与团队目标结合的结果，是特定能力和组织层面知识集成实现的重要支撑。个人层面的知识集成是在个体内部发生的知识内化、重组的过程，是新知识创造的动力和源泉，也是组织知识集成的基础。知识在不同层次的转移、集成构成了组织知识系统循环的路径，因此理解知识集成概念需要考虑知识集成的层次性。

知识集成是具有目标导向的。从战略管理及能力理论出发，知识集成是保持组织竞争优势的关键。而知识集成之所以能够推动组织能力的提升，主要是因为分工和协作发挥了效应。企业提供了一种高度规则化的组织原则，在此环境下，为实现特定的目标知识得以产生、学习和商业化。传统理论忽视了事前对个体生产活动进行整合的协调机制，仅关注组织成员目标的不一致性。实际上企业协调中的目标互依性、接序互依性、交互互依性、团队互依性的协调过程也是知识集成的过程。由于成员间知识具有分散性、专业性、默示性和情境嵌入性等特征，因此，要实现有价值的专业知识的利用，企业就要考虑如何通过多种知识集成机制来实现组织的良性运作，促进不同专业化知识之间的协调。所以组织层面的知识集成具有整体战略导向，知识集成并不是自发的。而特定活动中的知识集成，如研发项目，同样也是围绕特定的目标所组织和实现的，具有任务引导特征，这种层次的知识集成目的性更强。个体层面的知识集成是知识在单一主体内的重构和整合，源自于对新知识结构和新知识的需要。因此，知识集成具有目标导向，并不是知识的自组织过程。

知识集成是对知识的组织。由于组织内部的专业知识具有离散性、默示性、异质性等特征，企业要实现组织内知识的有效利用，必须要实现对知识的整体协调和组织。这种由整体知识配置、由专业知识引导的结构知识的产生过程就是知识集成的过程。因此，知识集成首先需要考虑所要集成知识的形态、类别及来源等知识本身的因素。其次，组织集成知识过程，还伴随一系列知识活动，如知识识别、知识利用、知识共享与转移和知识重构等。这些活动对知识集成的实现存在显著影响，有助于实现知识的整合、共享、协同和倍增效应[83]。尤其是组织内的知识活动需要大量的主体参与，这使得主体之间的知识利用与知识交互活动非常频繁。知识的显隐性状态及其集成过程也会导致知识集成过程的混沌状态和有序状态的反复，因此，对知识集成中所涉及的知识活动也必须考虑到主体因素。

知识集成是认知与实践的结合。从知识集成的发生过程来看，知识集成不仅仅是思维领域内认知能力的集成，组织内的知识集成更加注重知识与实践的集成、知识与业务的集成[79]，具有实践引导特征，即知识集成需要知识要素与实践要素的共同作用，是一个动态的认知中整合实践、实践中整合认知的过程。这表明知识集成的目标源自组织实践的需求，知识集成的实现同样需要在组织实践中实现认知与实践的统一。情境特征也是知识集成的重要组成要素，这一特性表明，在组织情境下探讨知识集成的概念不能单从认识视角讨论知识的内在变化，还必须与组织实践、任务和业务等过程相结合，更好地探究组织知识集成。

知识集成具有过程与结果的双维表现。一方面，从概念上看，过程视角下的知识集成涉及组织成员的一系列行动，通过这些行动，他们在组织内共享各自的知识，并结合知识来创造新知识。另一方面，结果视角下的知识集成是这个过程的产出，它包含个体共享的知识和通过成员间交互所形成的组合的知识[84]。因此，在界定知识集成概念时，需要考虑过程视角下和结果视角下知识集成的不同界定。知识集成的过程具有动态性，知识集成的结果则具有相对静态评价特征。二者在知识集成的相关研究中均具有非常重要的意义，是知识集成研究的重要基础。

综上可知，知识集成是一个具有目标导向的、体现在组织不同层次上的、认知与实践相结合的各种知识重新融合成为一体的知识运动过程，其结果将表现为组织内部各层次的能力提升。

3）相关概念辨析

知识集成与知识整合。知识集成与知识整合都是由英文"knowledge integration"译成中文的，在英文词源上是相同的。英文中"integration"表达的是集成的过程或状态，其动词"integrate"具有两个含义：一是通过增加或者合并所有组成部分使其成为一个整体，二是把所有部分放在一起进行联合统一。而从字面意义上看，中文的知识集成和知识整合的侧重点存在一定的差异。其中，知识整合侧重于将知识汇集在一起并进行联结，而知识集成则更加注重知识集合之后的重新配置或新知识创造的复杂过程，知识集成会存在一个清晰的结果。从国外学者对"knowledge integration"的定义来看，其过程并不是一个简单的要素叠加，其目的在于更大程度地提升集成体的整体功能。而国内学者对于知识整合的研究，虽然与知识集成的研究属于同源，但是在研究的过程中仍存在一定侧重点的不同。因此，由于本书侧重于知识的组合、重组和优化的内部过程，所以选用知识集成的概念。

知识集成与信息集成。信息集成是通过不同来源信息资源和信息过程的整合，实现信息的优化配置和共享。信息集成和知识集成过程都是优化的动态过程，但知识集成相较于信息集成更加深刻，是不同层次的知识与知识、知识与过程、知识与人的集成。从集成对象上看，信息集成集成的是信息（结构化的数据），对象均表现为显性；知识集成集成的是知识（信息的应用），对象存在多种表现形态。从集成过程上看，信息集成过程往往是数据密集型、确定性、结构化的过程；知识集成过程则大多是知识密集型、非确定性、非结构化的过程。因此，二者在集成的内容、过程和方法上均存在显著差别。信息集成与知识集成之间并不矛盾，各自拥有其需要的环境。二者之间也存在相互促进的关系。知识集成的过程无不伴随着信息资源的集成，信息资源是知识集成的要素，同时，知识集成也能削弱信息资源的相互冲突，引导信息集成的方向。

知识集成与知识创造。知识集成和知识创造是知识的两个典型活动，二者存在一定的区别和联系。从区别上看，知识创造和知识集成的出发点不同。从大的活动上看，组织内部的知识活动可分为知识产生和知识应用两大类。知识创造源自为保证知识获取效率对个体进行特定领域知识专门研究的需要，注重新知识的产生。而知识集成则源自组织生产产品和服务过程中对各领域专业知识集合的需要，属于知识应用的领域，强调的是知识的组合、协调和有效配置，并不强调是否一定要产生特定领域的创新知识。当探讨产品开发领域和技术创新领域时，由于知识集成也包括对潜在知识的开发，在此情境下知识集成与知识创造之间存在一定的交叉。

知识集成与知识转化。知识集成与知识转化之间也存在着概念的重叠。从过程上看，知识转化强调的是依托主体的知识之间的交互作用，突出知识在各主体之间的共享、流动、吸收和内化。特别具有代表性的是 Nonaka 等在探究知识创造螺旋时提出的社会化、显性化、组合化和内在化的知识转化模式。这种知识在不同主体、不同形式间的转化也是知识管理理论的基础。而知识集成则不只强调知识形式和主体的变化，其更加关注不同知识如何进行融合和重组以发挥最大效用，具有明确的目的性和系统性。同时，知识转化是知识集成的重要基础和途径[85]，知识集成需要知识转移和转化所产生的共有知识的支持，知识集成的成果也可以再通过知识转化过程得以共享并创造新的知识。

3.1.3　组织知识的特性与分类

为了更深入理解知识集成，本节从组织知识本身出发，对知识的定义、特性、分类与载体进行了系统的理论回顾。

1）知识的定义

对于知识的定义，当前存在多种不同角度的说法。知识的定义最早是以认识论的视角出现在哲学领域中，其中，希腊哲学家柏拉图将其定义为"被认同的正确的信念"，弗朗西斯·培根认为知识是"经验的成果"。在管理学领域，知识管理之父彼得·德鲁克首先将知识定义为一种能够改变某些人或者某些事物的信息，它既包括信息成为行动基础的方式，也包括通过信息的运用使个体或机构有能力进行改变或进行更为有效的行为的方式。Woolf[86]也认为知识是可以用于完成任务的组织过的信息，Carlsson 等[87]在此基础上直接将知识定义为信息使用的能力。这些定义突出了知识的目的性及知识和信息的关系。为确定知识的概念，学者们对数据、信息和知识的关系也进行了反复的研究和区分，其中，布鲁金[88]认为数据是事实、图片和数字，没有特定的环境；信息是编好的数据，有一定的环境；知识是有一定环境的信息，加上对怎样运用信息的理解。

Bell[89]则认为数据是既定事件的有次序的排列；信息是以情境为基础的事项的组合，它显示了这些事项之间的关系；而知识是关于事件或者事项的意义的判断，它来自于一个特别的情境或理论。数据需要最小化的个人判断，而知识则需要最大化的个人判断。个人运用判断的能力是以对情境的理解为基础的，也可以建立在对理论的理解上。Frey[90]认为数据必须要转变成信息，然后信息再转化成知识，才能够实现真正的理解。因此，知识是一种比信息更广、更深、更丰富的概念。

从知识本身出发，Nonaka[91]认为知识是从不相关或相关的信息中变化、重构、创造而得到的一种被确认的信念，通过知识持有者和接收者的信念模式和约束来创造、组织和传递。Spek 和 Spijkervet[92]提出知识是一个集合，它包含了指导行动的被认为正确且被视为真理的洞察、经验和信息。Davenport 和 Prusak[54]也认为知识是信仰、经验、被验证的信息及常识的集合。王众托[93]则将知识界定为一种有组织的经验、价值观、相关信息及洞察力的动态组合，它构成的框架可以不断地评价和吸收新的经验和信息，它起源于并且作用于有知识的人们的头脑。因此，从内容上看，知识是一个具有多种表现形式的集合。以上对知识的界定突出了知识具有经过验证的/正确的、有行动指导作用的、建立在实践和信息基础上的特质。我们认为，知识是在实践基础上，通过对信息的加工、提炼、联想、验证之后产生的，反映客观世界并用于指导客观世界的思想、经验、信念的集合。它具有认识论和建构主义的内在统一性，且与能力具有内在一致性。

2）知识的特性

知识具有分散性。知识的分散性是由知识本身的产生发展过程所决定的。企业本身就是为集成所有个体知识而存在的，其直接目的也是解决知识分散性的问题。Hayek[94]认为除了具有逻辑的科学知识，还有很多背景知识也都不是以集中或整合的方式存在，而是以不完全的、经常是相互矛盾的知识片段，分散地为分开的人所占有。在组织环境下，组织的知识要通过所从事的活动进行不断的重构，因此组织中的知识也并不是集中的，组织本质上是一个分散的知识系统。这种分散性会导致知识的复杂性、不透明性、不对称性和不确定性的增加[49]。组织内部知识的分散性也为知识集成带来了挑战，因此在组织集成知识的过程中必须要考虑、了解知识的分布及知识分散的程度、形式，才能够有效地进行知识集成。

知识具有情境嵌入性。从知识的结构来看，Polanyi[95]认为知识作为一个整体，包含三个成分，即附带的细节、焦点目标和将二者联系起来的个人。其中，这些附带的觉知就表现出很强的情境性，即表明知识是处于特定情境和系统中的，任何知识的产生都依赖于特定的物理和社会的情境，这种情境嵌入性是由社会实践的结构所界定的。情境嵌入性要求知识在表示、转移和集成的过程中均考虑到附带情境的问题，充分利用情境因素推动知识的创造、利用和组织。

知识具有默示性。Polanyi[95]认为知识的默示性是个人知识的基本特征，任何知识都是存在默示成分的，其外部表现就是没有表达出来的或者无法清晰表达的部分。这种知识的模式成分包括两个方面，一是认知层面上的心智模式，二是技术层面上应用于特定情境的具体诀窍、工艺和技能。知识并不能明确区分为默示性知识和明晰性知识，只能够说明某一种知识的默示性程度更高或者更低，是否更易于表达和言传。因此，知识的默示性也是组织知识的一个重要特征，且这种默示性知识的价值更高。因此，组织在利用知识的过程中必须要考虑到知识的这一特性，选取合适的方式、方法来组织和利用这一类型的知识。

除以上的知识核心特性之外，知识还存在其他的外在表现，如复杂性/简单性、可观察性/不可观察性、可编码性/不可编码性、可转移性/不可转移性等[96]。这些外在表现从根本上都是由核心特性所决定的，表明了知识的内在倾向性。因此，知识的特性是组织进行知识集成的内在基础。

3）知识的分类

（1）按照知识的内容分类。

哲学上，亚里士多德将人类的知识分为纯粹理性、实践理性和技艺。其中，纯粹理性是指几何、代数及逻辑之类可以精密研究的学科；实践理性则是指人们在实践活动中用来做出选择的方法；技艺是指"只可意会不可言传"的知识，如工匠的手艺等。罗素把人类知识分为直接经验、间接经验及内省的经验。其中，直接经验是指通过实践活动直接得到的知识；间接经验是从他人那里继承的知识；内省的经验则是"悟"出的知识，接近于智慧。

基于知识的默示性成分，很多学者将知识划分为明晰性知识/可以编码的知识及默示性知识/不可编码的知识。这种分类并不是完全的二分法，而是具有相对程度的分类方法。其中，明晰性知识是指能够通过文字、语言、符号等清晰表达的知识，可以编码及大范围的传播，也被称为显性知识[82]。默示性知识是指难以编码、记录、用语言表达的知识，如信仰、经验、诀窍、思维模式、知觉等，即 Polanyi所描述的"人们知道的比他们能说出来的多"，也被称为隐性知识。Blackler[97]指出，默示性知识在组织中可能是具体化的（如个人的 know-how）、嵌入性的（如根植于公司的管理、文化或者高层管理计划中），或者脑化的（如被个体所拥有的不能够清晰表达的）。虽然组织对默示性知识利用的难度更大，但是其对于维持竞争优势更有潜力。

基于知识的具象内容，经济合作与发展组织（Organization for Economic Co-operation and Development，OECD）[98]将知识划分为四个类型，即 know-what（事实知识，即知道是什么的知识）、know-why（原理知识，即知道为什么的知识）、know-how（技能知识，即知道怎么做的知识）和 know-who（人际知识，即知道谁有知识的知识）。查尔斯·M. 萨维奇[99]在此基础上增加了 know-where（空间感，即知道做事的最佳场合的知识）和 know-when（节奏感，即知道何时把握时机的知识）两种知识分类作为补充。know-who、know-when、know-where 共同构成了"知道情境的知识"（know-context），即能够协调不同组织和个人的知识。相比较而言，know-what 和 know-why 知识的编码性程度相对较高，know-how 和 know-context 知识的默示性和情境嵌入性程度较高。

（2）按照知识的范围分类。

从组织内部范围出发，本体论视角下的知识可以划分为个人知识、群体知识和组织知识[100, 101]。个体知识是知识产生的来源，是由个体所拥有的知识。群体知识和组织知识，均表达的是集体性的知识，包含集体共享的知识、集体互补的知识，以及已经外化的具有知识嵌入性的工具类人工制品[102]。群体知识和组织知识的区别在于群体层次的差异，群体知识可以是组织内部的正式或非正式团体所拥有的知识；组织知识则是整个组织层面所拥有的知识，表现为组织的专利、生产和管理规程、惯例等外显性或内隐性知识形式。个体知识是知识产生和创造过程需要的知识，组织知识是知识利用过程中提高效率必需的知识。

从组织内外部范围出发，知识还可以分为内部知识和外部知识。外部知识是公司外部的具有价值的知识，可以通过市场交易而获得。外部知识更倾向于技术性和外显性，相对容易获取，且并不会导致差异化和竞争优势。相反，内部知识是具有特质性的，而且是与特定公司代表性相关的、蕴含在组织情境下的知识。相比而言，它更有价值，也更难模仿，因此是竞争优势的关键来源。

（3）按照知识的用途分类。

一个典型的按照知识用途的分类是 Leonard-Barton[50]将组织知识分成了雇员的知识和技能、技术系统、管理系统、价值和规范四类，是从知识系统中的不同功能子系统视角对组织知识进行的分类。

另一个按照知识用途的分类是专业知识与情境知识的分类。其中，专业知识是特定科学或者理论学科的知识，包括因果规则、工具技术等。情境知识则是指与工作执行的时间、地点等特定情况相关的知识[101]。其与工作环境之外的更广阔的环境相关[103]，由重复的集体行动所开发，呈现于成员在一个社会共同体合作的规律中。还存在一种专业情境知识，它是执行对特定情境和专业科学知识均需要高度理解的任务时所需要的知识[5]。这种专业知识和情境知识的分类有助于理解知识的异质性及共有性，为知识集成方法的选择提供参考。

（4）根据复合维度分类。

还有部分学者从复合维度对知识进行了分类。其中 Spender 和 Grant[104]将显性/隐性维度和个人/社会维度相结合，将知识分为了有意识的知识、客观化的知识、无意识的知识及集体的知识。Birkinshaw 等[105]从知识的可观察性高低和系统嵌入性高低将知识划分为明晰的知识、隔离的知识、集成的知识及模糊的知识，并认为系统嵌入性低、知识可观察性低的集成知识组织能够进行转移和整合，且竞争者难以模仿，组织能够通过集成这类知识来建立竞争优势。Andreu 和 Sieber[106]将内/外部维度、显性/隐性维度和个人/集体维度结合进行了知识分类，并探讨了不同类型知识的集成方式。复合维度的分类进一步细化了知识的类别，有助于满足特定研究情境下的需求。

4）知识的载体

知识依附于载体而存在。知识的初始载体是人脑，Nonaka[91]认为知识的一些部分是明晰的，可以被编码在计划、报告、蓝图等中，而另一些部分则是默示的，仍是属于个人拥有的。Walsh 和 Ungson[107]认为组织中的知识存在于个人成员、职责与组织结构、组织的标准操作程序与实践、组织文化和工作地点的物理结构等五类知识载体。Zack[108]提出知识在组织内主要存在于人的头脑中，嵌入于行为、程序、软件和设备中，记录在各种文件或存储于数据库和在线仓库里。王众托[93]则认为知识不但存在于文件或档案之中，还存在于组织机构的程序、过程、实践与惯例之中。Argote 和 Ingram[109]从知识载体的角度认为组织内的知识存在于成员、工具和任务三个最基本的组织要素中，以上述三个基本要素为基础，组织系统形成了更为复杂的组织知识网络。在此基础上关涛等[110]也梳理了知识嵌入性的构成要素，它们分别是嵌入人员的知识、嵌入工具的知识、嵌入惯例的知识、复合嵌入（包括嵌入人员-工具的知识、嵌入人员-惯例的知识、嵌入工具-惯例的知识）、协作关系嵌入（嵌入人员-工具-惯例的知识，即嵌入关系网络的知识）。朱方伟和于淼[111]认为企业知识载体系统可分为物化系统、人员系统和管理系统，其中，人员系统体现的是个人知识载体，管理系统体现的是群体载体和组织载体。因此，基于现有研究可以看出，组织内的知识载体主要包含三种类型，第一种是代表员工的个人知识载体，知识以隐形的形态而存在。当员工知识进行书面的、物理化的编码表达后，知识就会在组织中以物化的形式而存在，形成第二种物化知识载体。这种物化知识载体表现为组织的数据库、文档、软件、专利等，有助于组织的调用和更新。当员工知识难于以编码化的形式而存在时，组织内部知识的社会化过程也会通过互动的方式形成知识的交流和共享[112]，进而形成群体层面乃至组织层面的流程、制度、管理、价值观等知识载体，嵌入组织的日常活动成为第三种组织内的知识载体。因此，知识的编码化过程和社会化过程[113]丰富了知识的载体，为知识的开发和利用提供了更多的机会。

3.1.4　知识集成的过程

现有对知识集成过程的研究，主要围绕知识集成主体与客体、知识集成模式、知识集成机制与知识集成过程而展开。

1）知识集成主体与客体

基于知识的分散性和知识的多层次性，组织知识集成也需要整合和协调多层次的不同专业领域和职能领域的相互依赖的知识。组织中最基础的知识集成体现在个体成员心智中的独立整合，是个体在自身知识体系基础上将外部的新的知识进行消化、吸收，或者对自身内部知识成分进行再思考和组合，来重构自己的知识体系。在此过程中，知识集成的主体是个体成员本身，客体是个体所拥有的知识及外部所接触到的知识，如其他个体的隐性知识、已经被编码化的组织知识及组织惯例等。个体进行集成后的知识，会储存在个体的心智中，当存在需求和达到条件时会通过一些方式与其他个体的知识进行交互。

为实现专业化知识的协调，组织内部的团队层面也会通过专业任务实现多个个体知识的整合，通过集体智慧的发挥优化决策目标。此过程中知识集成主体是全体团队成员，但是团队中的核心成员拥有主要集成作用，在高复杂性项目中，以团队为基础的知识集成需要不等量的参与[114]，即在团队知识集成时，并不需要所有人主动设计知识集成机制来实现团队知识集成，团队核心成员，如职能经理或者项目经理会利用组织内已形成的模板、流程与例会制度等工具来组织团队任务，实现团队知识集成。此过程中知识集成客体是围绕团队任务所需的所有知识，包括团队中个体的知识、组织层面的相关知识乃至外部与业务相关的信息。集成后的知识可能以编码化的形式如方案、蓝图而存在，也可能形成团队的惯例共享于所有团队成员的心智中。

组织层面的知识集成体现为跨职能团队的知识集成，要实现组织的结构性知识。为了提高知识创造和知识利用的效率，组织需要对个体和团队层次所实现的知识集成结果进行进一步集成、重组、抽象化和结构化，以更好地指导后续的企业实践。此层次的知识集成主体是公司的高层管理人员和职能经理，知识集成的客体是组织原有的知识体系和各职能内部不断更新的知识体系，集成后的知识储存在组织知识体系中，可能以编码化的公司流程、制度、数据库等形式存在，也可能以组织结构、组织文化、惯例等内隐性的形式而存在。组织层面的知识集成结果将会反过来指导团队层面的知识集成和个体层面的知识集成，为其提供工具和环境。当内部知识资源匮乏时，组织层面的知识集成还包括外部知识与内部现有知识的集成[50, 115]，以实现组织的战略目标。

2）知识集成模式

为解释组织内知识集成的过程，学者们对于知识集成的模式进行了探索，其中具有基础性和典型性的知识集成模式主要为如下几种。

（1）SECI模式。

SECI（socialization，即社会化；externalizaiton，即外部化；combination，即

组合化；internalization，即内在化）是由 Nonaka[100]在探讨组织内知识创造时提出来的组织内部之间的交互模式。这是从认识论的角度对组织内部知识运动的解释，其在解释知识集成规律时也具有很强的借鉴意义。其中，个体隐性知识向其他主体的隐性知识的转换称为社会化过程，即通过观察、模仿、练习和经验的传递和分享等来学习隐性知识与技能。个体的内隐性知识向明晰知识的转化称为外部化过程，个体运用隐喻、类比和假想等方式来协助其将难以表达的知识表述出来以便于交流。个体明晰知识向其他个体明晰知识的转化称为组合化过程，主要表现为个体在自身知识基础上对其他个体明晰知识进行吸收、储存、整理，使其成为自身内部的系统化显性知识。个体将从外部学习到的明晰知识转化为自身的内隐性知识的过程是内部化过程，是个体对外部明晰知识的吸收过程。SECI 模式最开始用于解释个体层次的知识产生和创造过程，随着研究的深入，也被用来解释组织内多层次知识之间的转化。其中，SECI 模式对于个体层面的知识集成的解释主要体现在个体知识集成过程中的社会化过程、组合化过程、内部化过程，即个体如何对外部的知识进行吸收、重组重构自己的知识体系乃至创造新的知识。而外部化过程可以用于个体知识集成过程的前端或者后端，即个体对外部知识的吸收过程中，若其他个体进行了知识的外部化，则集成的个体可以通过具有高效率的组合化过程及内部化过程进行知识的集成；若其他个体没有经过外部化过程，则集成的个体就需要通过社会化过程来实现知识集成，这将存在更多的困难和挑战。当个体实现外部知识的集成后，企业可以继续通过外部化过程或者社会化过程将集成的知识扩散到更大的范围，扩大个体知识集成的效果。

（2）ITOI 模式。

ITOI（individual，即个体知识；team，即团队知识；organization，即组织知识；interorganization，即组织间知识）模式是从个体层面延伸而来，从本体论角度提出的知识集成模式。ITOI 模式是在 Nonaka、Grant 对知识集成的层次性分析的基础上提出来的，其认为组织知识集成涉及个体知识、团队知识、组织知识及组织间知识在同一层面和不同层面的集成。因此，组织内的知识集成过程需要考虑到各个层次之间的交互。个体层面的知识集成是个体对外部知识的集成，这些外部知识可能来自团队知识、组织知识，即可能是团队知识集成、组织知识集成和跨组织知识集成扩散的结果。团队层面知识集成通常也是个体知识和组织知识的双向吸收过程，在组织知识的指导下完成个体知识在团队层面的集成，集成的结果也将进一步被组织集成到组织层的知识库中。组织层次的知识集成则是个体知识集成和团队知识集成基础上的知识集成，是知识的组织化过程。组织间知识集成则是跨组织的知识集成，这种跨组织知识集成的实现需要两个组织之间的个体知识集成、团队知识集成和组织知识集成的支持。因此，ITOI 模式表明，组织内的知识集成可能同时发生在同一层次和不同层次内，受其他层次知识集成过程和结果的影响。

（3）三维模式。

三维模式则是王娟茹等[116]在认识论、本体论基础上加入了知识内外部范围，形成的解释知识集成的三维模式。其加入的内外部知识范围将个人或组织的内部知识和外部知识进行了区分，更系统地对各个层次的知识交互进行了解释。三维模式组合了前两种模式，对知识集成的解释更加系统，进一步完善了知识集成模式，能够更有效地解释知识集成过程和推进知识集成实践。

（4）MSSI模式。

MSSI（mining，即知识挖掘；sorting，即知识整理；sharing，即知识共享；innovation，即知识创新）是在Holsapple和Singh[117]对知识链活动的分解基础上提出来的。在知识管理中，知识链被认为是知识投入、知识转化和知识创新的一个循环的链条，这个链条上的典型知识活动包括知识挖掘、知识整理、知识共享和知识创新。这些基本的知识活动也会发生在知识集成的过程中，对知识集成的效果产生影响。这一模式在知识集成上的应用表明，在知识集成过程中需要考虑到知识链条上的这些活动，广义知识集成也需要从多个知识活动的开展来考虑知识集成的实践过程。

除了以上几种基本知识集成模式，很多学者基于不同研究视角提出了多种聚焦点不同的知识集成模式。Lang[118]在社交情境视角下提出了社会情境、社会资本与知识集成模式之间的匹配模型，提出了前沿知识集成、增量知识集成、工具性知识集成和组合知识集成四种不同聚焦点的知识集成类型。Sabherwal和Becerra-Fernandez[5]建立了不同类型的知识和知识集成机制之间匹配的知识集成模型。Andreu和Sieber[106]在分析知识类型和个体间交互关系匹配基础上提出了跨单元知识集成的由简到易、由中心到外围，以及由内到外的三种知识集成路径。很多学者还从本体研究的技术视角探索了知识集成的技术模式。现有知识集成模式的研究在从整体层面解释组织内部的知识集成方面具有突出的贡献，为知识集成现象的解释和规律的挖掘奠定了基础。但现有知识集成模式多为基础模式，需要结合不同研究情境，展开进一步研究。

3）知识集成机制

知识集成机制是指知识集成实现的方法，现有学者提出了不同背景的多种知识集成机制。Nonaka[100]基于SECI模型的四种与社会化、内部化、外部化和组合化过程匹配的工具方法被认为是知识集成过程中的基础机制。Grant在多个研究基础上提出了指示、惯例、知识传递、序列化、团队决策等多种机制，受到了广泛认可。Boer等[59]分别从协调化、系统化、社会化几个层次对知识集成机制进行了研究。Volberda和Rutges[119]继续从系统能力、协调能力和社会化能力出发，认为三种知识集成能力通过不同的知识集成机制而实现。其中，系统能力侧重于依赖代码计划、程序等正式的系统；协调能力强调运用培训、联络、参与等管理工具；

社会化能力通过价值和制度等文化手段来促进知识集成。Grandori[120]从企业的知识基础观出发，提出并对比了组织惯例、知识表述与知识编码三种机制。Berends 等[121]认为知识集成是一个认知活动，从认知的角度提出了"共同思考"的思想，来研究个体之间隐性知识集成的机制。Sabherwal 和 Becerra-Fernandez[5]等则在关注专业知识集成，基于文献提出了指示、交换、社会化和内在化，并分析了不同机制的效率和丰富程度。陈力和宣国良[122]从如何跨职能边界的角度提出扩展个人和部门的范式来赢得共识、跨功能职位轮换、构建跨功能的产品团队、构建基于对等知识联网的柔性组织、重新配置组织记忆来创造新的组织例规五种跨职能知识集成机制。Zhou 和 Li[123]则是在检验现有知识基础（知识的广度和深度）如何作用于知识集成机制时，提出了外部市场知识获取和内部知识共享两种知识集成机制。

所有现有的知识集成机制表现出的共同特点是，知识集成机制可以划分为正式集成或者非正式集成机制，正式集成机制偏重依靠知识的编码来实现，非正式集成机制偏重依靠知识的人际交互等来实现。对应到上述的具体机制中，规则、指示、序列化、知识编码、传递等机制均是依托编码化的机制；共同思考、团队决策、惯例等机制是偏重依托社会化过程的机制。本书认为 Grant 提出的如下几种机制是知识集成的基础机制，能够较好地解释组织内知识集成的实现。

（1）指示。

指示是一种知识并没有通过深层转移而直接指导其他个体行为的机制[51]。其本质上是非个人性的协调方式，包括计划、日程安排、预估、规则、政策和程序，以及标准化的信息和沟通系统、操作规范，可以被认为是管制个体间互动行为的标准。指示建立在将尽可能多的隐性知识编码为显性知识的基础上，通过编码化的显性知识来组织其他人员的活动和工作并实现知识的集成。这种协调机制的效率在于减少了沟通成本，同时这种指导性的规则也为高度默会性知识转化为可以理解的外显的知识提供了一种有效的手段。指示机制会涉及指令的转移而非知识的转移，即存在一定程度的知识替代。例如，项目的控制工程师向项目中所有人员尤其是进行底层活动的工人传授所有关于项目控制的知识是非常低效率的，其可以通过建立一系列的控制程序和规则在完成任务的过程中集成自己的知识和其他人的知识。这种机制使用的关键是在起点完成指令的有效设置，这需要相关知识拥有者的参与。同时，这种机制需要规则的传递，可能仅对特殊环境的特殊任务具有适用性。

（2）传递。

传递是一种很基本的个体知识集成所需的知识聚合机制，它建立在知识集成需要知识传递的假设基础上。传递机制能够转移个体间的明晰知识，其依赖于外部化，即默示知识向显性形式的转变。通过书写或者电子化等工具的沟通能够保证传递机制的效率。与指示相比，指示和传递都包括信息沟通的过程，但是指示主要沟通解决方案和指令，传递则要转移说明性的知识。传递机制的实现也具有一定的条件，首先，其要求传递者的知识必须能够以一种可以传递的形式来表达。这种被传递的知识可以通过传递者的外部化或者观察、模拟等社会化方式来协助传递。其次，成功的传递要求被传递的知识对于传递者和被传递者都是可以理解的，即若传递专业知识，则应具有知识的交叉点，并以书面语言、口头语言、信息技术和技能以及文化等"普通知识"的形式来表达。最后，为了保证个体知识集成的实现，传递的知识本身要具有集合性，即传递的知识应可以作为其他知识的补充，与知识接受者所拥有的其他知识能够较容易地融合和重组，形成新的知识。因此，传递特别适用于外显的知识和能够被集合的知识，其进行传递时能够实现高效率。而形式更复杂及需要更长学习周期的知识，通过传递方式来集成是相对低效的。另外，传递机制也具有其战略适用性，即它并不利于知识的保护，同时默示性知识的表达困难也会造成传递过程中大量知识的缺失，因此核心知识不适于采用这种机制。

（3）序列化。

序列化，即把组织的生产活动划分为一个时间序列来进行组织，形成一个单独活动的链条，不同成员在合理的活动顺序里分别应用自己的技能和知识，每个成员的输入都相对独立。这种序列化机制的提出和应用源于组织活动的顺序相依性[124]，这是由技术决定的，当需要在同一个场所进行各种不同活动时就需要一个时间表来进行组织和协调。这种序列化将生产活动以一种时间序列的模式组织起来，在每个既定时间里专业人员的知识能够独立地投入，也就减少了沟通和协调的成本，因此其是利用专家知识最简便的方式。这种序列化会受产品特性、物理投入和生产技术的影响，序列化可以选取的程度也有差别，如可以选择完全序列化或者并行的方式进行。与指示机制类似的一点是，序列化机制的有效实现对于序列化的设置有较高的要求，需要在机制设置之初进行所需知识的集成，才能够保证序列化设置的准确性和高效性。

（4）惯例。

惯例是一种由相对少量的初始信号或者选择所触发的，在一个相对自动模式下作为一个可识别的单元运行的相对复杂的行为模式[125]。其主要特征为个人之间的紧密相互作用，包括经过一段时间的相互调整而混合起来的复杂的调整模式。惯例能够为协调提供一种不需要通过显性/明晰化知识进行沟通的机制，进而提高知识应用的效率。它能够支持多种环境下的知识集成，克服规则、指示、传递等集成机制下的隐性知识缺失问题。这种刺激和相应的形式能够引导更复杂的、多变模式下的自组织行为，通过行为的序列自动实现知识的调整。组织中的惯例的本质是个体开发的一种交互序列模式，这种模式允许在集成专业知识之时不需要沟通这种知识，不需要通过昂贵的交叉学习方式去调整知识。这种协调更加依赖于形成共同理解的非正式程序及通过训练和持续重复建立起的交互，它由一系列明晰化和模式化的信号、符号所支持[126]。

（5）团队面对面交互。

除去正式的编码化相关机制，组织内的知识集成还需要以人员交互为核心的社会化机制。这是因为组织的很多任务需要更个人的和强化沟通式的集成。在组织协调方式上，客观化的协调还需要补充"个人"和"团队"的协调方式。虽然客观化的知识集成机制能够减少沟通和学习成本来提高知识集成效率，但是组织内部的很多活动要求沟通密集型的交流，非标准化的协调机制则能够更好地满足高度互动依赖、任务复杂性和不确定性较高情况下组织活动的需要。团队面对面交互的机制通常被用来解决特殊、复杂和重要任务中的问题，主要以会议的形式来展开，通过频繁交流促进成员的知识表述和集体对话[127]。这种机制的成本相对较高，效率相对较低，但是能够解决复杂问题和复杂知识的集成，因此在使用的过程中需要考虑其适用性。

对于以上五种基本机制，不同环境下需要选择不同的集成机制，对比情况如表 3.2 所示。整体上看，相对成本较低的机制是指示、显性知识传递、惯例、序列化，成本较高的机制是沟通紧密型的机制，如偏重社会化的隐性知识外化和传递、团队面对面交互的问题解决会议和决策制定会议等。从效果和效率上看，指示、传递、序列化到惯例、隐性知识传递、面对面交互的效果在不断增加，效率在不断下降。从环境应对上看，指示、序列化、显性知识传递、惯例的知识集成机制比较适用于相对稳定的环境，而隐性知识的传递（表述和编码）、面对面交互、团队会议机制在应对变化环境方面更灵活、更能有效利用沟通方式。具体而言，当某项活动的复杂性增加、活动复用的次数增加，以及活动产出绩效的要求越严格，就会越依赖指示机制。当存在隐性知识时，传递机制的要求较高，知识缺失的概率较大，但外部化后集成效果较好。当需要并行执行相互联系任务时，序列化的作用会相对减弱，且阻碍新知识的稳定产生。当面对复杂、新颖、不确定的任务时，团队机制就能更好地发挥作用，其中包括成员隐性知识的挖掘、编码和表述，即当一个任务包含可以编码化的复杂知识时，它会通过编码的程序、行动、规则和指令等知识集成机制和行动导向控制机制来保证协调互补行动的有效性和知识集成的有效性。当知识具有技术复杂性的时候，可以通过绩效报告等知识集成机制和结果导向控制机制来保证知识集成效率。而当知识具有认知的复杂性时，则更倾向于通过非正式的、面对面沟通的知识集成机制和人际的、文化的控制机制来协调和集成知识。

表 3.2   知识集成机制的对比

基本机制	环境适用性	成本	效率	效果	隐性知识集成
指示	稳定	低	高	一般	不适用
传递（显性）	稳定	低	高	一般	不适用
序列化	稳定	低	较高	一般	不适用
惯例	稳定	低	较高	较好	适用
传递（隐性）	不确定	较高	低	较好	适用
团队面对面交互	不确定	高	低	好	适用

4）知识集成过程

对于知识集成过程，现有研究从知识集成的过程活动出发，进行了不同研究情境下的探讨。Pinto 和 Martins[128]从集成过程出发，认为集成是一个利用至少两个以上的实体来构建新实体的过程，包括寻找和选择组分实体、选择足够的实体来源以便于集成、运用集成的操作方法进行知识的集成和分析实体构建结果几个过程。这种集成过程是一种哲学意义上的流程，这个过程强调了集成来源、集成方法和集成的后续评价，是一种相对全面的过程观。陈力和鲁若愚[73]从动态的角度研究了组织知识集成的过程和知识能力的形成过程。魏江等[129]提出了自主性创新中从无知阶段、感知和描述、控制和解释、全知阶段进而到扩散阶段的知识集成过程的动态管理模型。胡婉丽[130]认为知识集成过程是由知识搜索、知识过滤、知识诊断、知识编码及最终建立新的知识体系的一系列过程组成。叶春森等[81]在协同论基础上提出了知识集成的三个过程，即知识载体聚集、知识内容协调和知识系统协同。王彦博和和金生[131]以知识增长观点为相应的理论基础，对知识有机整合的过程进行了深入探讨，认为知识整合的过程分为受激、认知、融知、重构和扩散五个阶段。姜大鹏等[132]研究了知识链成员之间的知识整合过程，认为知识整合包括明确知识整合目标、进行知识获取、筛选共享知识、完成知识综合、实现知识创造、知识内化运用、知识整合评估七个多循环过程。

从现有研究来看，知识集成过程是一个经过多个知识活动以实现知识集成效果的过程。这些知识活动从一般性上表现为知识的聚集（包含有目的的知识搜寻、诊断、获取的过程）、知识的协调和交互（包括知识的编码，知识接口的确定，知识的共享、综合，知识集成机制的应用等过程）、知识系统的重构与应用（包括新知识的创造、知识的重新配置和问题的解决、集成知识扩散等过程）。知识的聚合过程，在集成目标的指导下，对所需知识及其依附的载体进行识别，按照知识关联进行相同、相似载体的聚集，并根据载体的特征与知识的内容和表现形式进行合理的组合、处理，完成知识的分类和累积。这个过程是面向知识实体和对象的集成，通过具体的活动和项目凝聚其所需的资源，并为下一阶段的知识处理做好准备。在知识载体物理聚集后，需要结合所需知识的特点分析建立知识集成的规则，确定知识结构和集成接口，运用知识集成的机制、工具和方法，通过知识集成主体的融合和作用完成知识协调。这个过程需要将个体知识和无序知识转化为共有知识和有序知识，明确知识之间的关系和交互过程。最后是知识集成效果的产生，即新知识的创造或者现有知识的重组和升级配置，这体现为新的方案的制订或者问题的解决，完成组织内不同层次的知识集成，并延伸至知识集成结果在多个层次的扩散。这种知识集成的基本过程在组织中的各层次、时间、空间中发生，各知识集成过程也将表现出各自的特性，且彼此之间存在一定交互，共同形成组织整体的知识集成。

3.1.5 知识集成的评价

对于知识集成的评价，目前存在两种评价方式。一种是从知识集成能力出发展开评价，另一种是关于知识集成结果的评价。

1）知识集成能力

知识集成能力是对企业进行知识集成可能性的评价。Boer 等[59]从知识集成要素出发将知识集成能力解构为系统化能力、协作能力和社会化能力。其中，系统化能力是指按照工作程序和作业规则对信息设备的操作能力；社会化能力是指企业文化、价值和信念的推动将隐性知识整合成新知识的能力；合作化能力是指组织内成员与内外部团队通过互动、沟通了解、彼此支持将现行复杂或者隐性知识整合成新知识的能力。他们认为，在组织知识集成过程中，只有达到了硬件相关的系统化程度、软件相关的社会化程度及团队成员的合作化程度才能增进知识集成的效果。这种知识集成能力是由组织形式及组织组合能力所支持的，且要实现三者之间的匹配。Volberda 和 Rutges[119]也将知识集成能力分为系统化、合作化、社会化三种能力。Boer 等[59]、Volberda 和 Rutges[119]对于知识集成能力的解构和评价对后续知识集成能力的研究产生了很大影响，后续很多知识集成能力的测量和评价都基于这三个维度。王娟茹和杨瑾[133]在此基础上从社会化能力、外部化能力、组合化能力和内部化能力四个方面设计了知识集成能力评价指标体系。

还有一些学者从其他层面对知识集成能力进行了测量和评价。Farrell 等[71]认为检验知识集成能力的维度为感知集成与交换的动机和感知集成于交换的能力。Huang 和 Newell[69]从知识整合的效率、范围和灵活性三个方面评价了特定组织内部的知识集成能力。另外，Kahn 和 McDonough[134]、Leenders 和 Wierenga[135]还特别关注了不同知识集成机制的知识集成能力，并且发现组织的知识集成能力对组织绩效有着显著影响。

目前对于知识集成能力的研究主要关注组织能够进行知识集成的内在储备能力，即知识集成实现的前期储备，较少关注知识集成发生的过程。本书对项目知识集成的研究更加关注项目知识集成的过程和结果，因此更需要借鉴知识集成结果评价的研究。

2）知识集成结果

针对知识集成结果，Grant[39]确定了组织能力的本质是知识集成，并认为知识集成的效果取决于知识集成的范围、知识集成的效率及知识集成的柔性。这三个知识集成的特征决定了企业的竞争优势和这种优势带来的企业租金。知识集成范围决定集成的内容，知识集成效率决定了组织如何进行有效的整合，而知识集成的弹性则反映随着环境和目标的变化而动态地适应、保持和调整知识集成的水平。这种评价维度也被广泛用于知识集成过程和结果的评价，在知识集成研究中得到了广泛认可[69, 136]。

分别来看，知识集成的范围是指组织能力利用专业知识的广度，表现为集成不同专业知识的数量，即知识集成过程中能够包容和吸纳多少不同的专业知识。知识集成范围的增加会通过两种来源增加建立和保持竞争优势的潜力：一是不同类型的专业知识在生产过程中互相补充而不是替代；二是在一种能力基础上集成的知识范围越大，竞争者对这种能力复用的困难越大，原因是增加了"因果模糊性"和重复的时间不经济性。因此知识集成的范围体现了不同知识集成的复杂程度。

知识集成的效率是指组织能够获取和使用个体组织成员所拥有的专业知识的程度，表现为知识集成过程的效率，是一个投入产出比的概念。知识集成的效率会受到共有知识的水平、任务的变化程度及组织结构、过去的集成经验等因素的直接影响，反映的是组织有效进行知识集成的能力及其知识体系的储备。

知识集成的柔性是指组织能够获取额外知识和重置现有知识的程度，即扩展现存能力以探索额外新知识的程度和重新配置现有知识以形成新的能力的程度，用来衡量知识集成过程中的适应能力和自我调整能力，以此来保持企业竞争优势。现有知识通过新的集成方式得到重新配置是更加复杂的，但是在创造竞争优势方面也是至关重要的。这种知识的重新配置类似于 Abernathy 和 Clark[137]的架构创新概念和 Henderson 和 Clark[56]的架构知识的概念。由于集成隐性知识的内在困难及知识集成对长期以来管理和沟通模式开发的依赖性，组织安排的建立需要实现柔性的集成和变化的灵活性。要实现柔性集成，需要持续集成新的隐性知识，或者不断地重新配置现有知识。从组织学习的视角看，知识集成的柔性是通过主动的生成式学习，并非被动的适应性学习而发展的。

知识集成范围、效率、柔性之间存在一定的关系，但是三者之间的关系尚未形成共识。Grant[39]指出了知识集成范围与知识集成效率之间的关系，认为知识集成的范围越宽广，知识之间的共同知识基础就越少，沟通就越难以进行，知识集成的效率就越低。Huang 和 Newell[138]也认为知识集成的范围越大，知识集成效率的层次可能会越低，由于集成范围的增加，共有知识的充足程度可能较少得到满足。同时，当知识集成范围扩大时，需要更高程度的协调。因此，如果没有协调经验，组织可能会遭遇知识集成的低效率。魏江和王铜安[136]也认为知识集成范围与知识集成效率是一对相互制约的指标，即知识集成的范围增大可能导致知识集成的效率降低。但是，Huang 等[139]认为知识集成的范围和柔性会正向影响知识集成的效率，因为知识集成范围越大，知识间关联的可能性越高，知识集成的效率也会越高，同时知识集成的柔性也能够提升知识集成的效率。不过知识集成范围与柔性之间的关系相对较弱。相反，Huang 和 Newell[138]则认为知识集成的效率和范围决定了知识集成的柔性。我们认为，知识集成的范围、效率和柔性共同确定了知识集成的效果，缺乏所需集成的知识量，知识集成效率和柔性的实现并不能保证知识集成目标的实现，缺乏集成的效率也会增加知识集成的成本和损失，缺乏知识集成的柔性则会影响到知识集成的目标实现程度。虽然，知识集成范围的增大会对知识集成效率的实现产生一定的阻碍，但是组织仍然可以通过以往的知识集成经验保证效率，且知识集成范围的增大也会为知识集成柔性的实现提供更多的机会。因此，虽然三者之间存在一定的相互影响关系，但是三者在知识集成的过程中是缺一不可的，需要协同考虑三者的共同实现。

3.2　项目知识集成

3.2.1　项目的知识管理

由于不断增加的技术和产品复杂化、上市时间缩短的要求，以及跨职能集成和快速响应客户变化的需求，项目和项目管理成为国际化商业的潮流。以项目为基础的组织能够处理生产中的性能问题及对变化的客户需求实现快速反应。这种组织在集成不同种类的知识和技能上也是有效的，还能够有效处理项目中的风险和不确定性[140]。然而，项目管理领域虽然已形成了比较完整的学科体系，但多偏重于实践操作层面，由于缺乏对项目知识的认识及项目管理的理念而导致项目失败的比例非常高。最早关注项目中知识问题的是 Srikanth[141]，其认为知识在项目活动中具有重要的传承作用，并建议用知识战略来进行项目管理，以便控制项目中知识"孤岛"的问题。随后，项目知识的积累及项目经验总结对于项目管理的作用开始得到了进一步的探讨，项目管理中的知识管理问题也受到了重视。

Disterer[142]从组织学习的视角提出项目过程中会获得多种知识和经验，但是由于项目的临时性特性，必须要对项目中的知识进行管理才能充分发挥其优势。王众托[143]也提出，项目知识是组织知识的重要组成部分，通过有效的知识管理手段进行项目知识识别、准备和传递，可以避免组织后续项目中的重复犯错和重复劳动。李蕾[144]则明确提出项目知识管理的概念，认为其包含项目知识获取、共享、运用和创新等基础环节，并通过知识生成、积累、交流和应用管理来复合作用于项目活动，以实现项目价值最大化，继而实现项目知识向组织知识的演化。因此，从项目管理与知识管理的关系来看，一方面由于知识的嵌入性，项目为知识的管理提供了平台，推动了知识与业务的结合，为知识管理提供了一个理想的框架；另一方面，从知识管理的层次进行项目管理，也为项目提供了更深层次的管理机制，对于项目管理的发展至关重要。

　　作为项目管理与知识管理的交叉领域，项目中的知识管理表现出以下典型特征。第一，项目的知识管理是面向过程的管理。项目生命周期中的各个阶段，其知识需求和知识特性存在差异，因此需要实现知识流程与项目进程的匹配[143]。第二，项目的知识管理具有层次性。项目知识管理是面向个人、项目组织和企业的层次管理，最重要的是它是个人知识向组织知识演化的桥梁。第三，项目的知识管理需要考虑项目不同参与主体的不同知识需求。项目会涉及多个不同的利益相关者和不同的管理层级，其各自的利益取向、知识内容和结构及知识需求存在很大差异，因此，在知识管理的过程中需要考虑不同的知识需求和知识管理策略。第四，项目知识管理要考虑项目类型和组织战略。不同的项目类型有其自身的特点、组织中的战略地位及所涉及知识的特性，因此需要针对不同的项目类型、目标来进行管理。工程类项目相对更注重知识的组织和应用，会更依赖显性知识提高效率。第五，项目中的知识管理是涉及多个知识活动的。其中，项目知识共享是项目知识管理领域首先关注的活动，主要表现为对项目中知识经验的分享障碍、隐性知识的共享及跨职能、跨组织的项目知识分享问题[145]。项目知识的获取和积累则关注如何获取项目所需的知识，以及如何实现在项目开展过程中及项目完成后实现知识和经验的积累[146]。项目知识转移主要是指项目之间的知识学习和转移，是通过人员流动、正式与非正式交流实现的直接转移[147]。项目知识集成则关注项目开展过程中如何充分利用所有可用的项目所需的知识，实现知识的有效组织和应用[148]。

　　在项目环境下，由于项目知识的复杂与超载、项目完工的时间压力、未能将知识融入项目流程、项目成员的流动性及显性知识载体的缺乏等，项目管理知识的总结和积累存在很多障碍。作为临时性组织，项目过程中存在大量的非连续性，如人员、材料和信息的变化，因此很难形成利于知识获取的稳定工作程序[149]。特别是工程项目，各参与方拥有不同的项目团队、专业知识背景和专业语言，这种分隔的组织模式阻碍了知识的流动，同时各方的不合作和利益冲突也会造成知识管理的矛盾，即项目环境下的知识获取、分享、集成和应用还要受到社会关系形式的影响。

3.2.2　项目知识集成的界定

对于项目知识集成的界定，大部分的学者是在知识集成界定基础上结合项目情境来进行概念化的。其中，Tiwana[150]在探讨项目团队知识集成时认为，项目知识集成是团队将个体特有的隐性和显性知识合成为新的、团队层面的特定项目的知识。这种合成的过程也是项目团队通过实践将他们的组分知识集成为项目执行中的高层次体系知识的过程。Huang 和 Newell[138]则从社会交往角度出发，认为项目知识集成是通过组织成员的社会交往持续进行共享信念的构建、积累和提炼的集体过程，表现为获得知识和支持边界渗透，为取得共同理解而突破各种范式，为创造新的组织知识和程序而重构组织记忆。他们认为在项目知识集成中成员间的关系和交互是知识集成的关键。Janczak[151]则认为项目知识集成也是项目团队对组织内现有知识的开发利用与新知识创造的过程。Farrell等[71]更是直接从创新角度认为项目知识集成是将原有知识加以合并创造出新知识的过程。马彪[152]在进行知识集成综述时认为，项目团队的知识集成将团队成员所掌握的个体知识与团队目标相结合，使每个成员在最大程度上贡献知识并享用其他成员的知识，同时形成面向具体任务的综合知识并在团队内部进行共享和应用，从而高效、优质地完成项目任务。Baiden 和 Price[148]从集成目的视角认为项目中的知识集成表现为合并拥有不同目标的不同的组织、学科知识为一个单一的单元知识来完成项目。

从现有项目知识集成的界定看，项目知识集成相较于知识集成具有更加突出的内涵。首先，项目知识集成具有更明确的目的性，它是在项目目标指导下知识的有目的集成。目的是通过知识的共享提高知识的利用率，最大限度地协调和集成完成项目所需的知识，无论是来自团队内部成员的知识还是项目组外部的知识。其次，项目情境下的知识集成，是与项目流程紧密相关的。它在分析工作流程基础上探究知识的流动，通过知识的获取、提炼，促进项目成员之间的知识共享，将个体知识结构化为项目知识，并将知识融入项目流程和企业流程，实现知识的复用。再次，项目知识集成会涉及多个利益相关者，包括项目组内部的项目成员和项目组外部的供应商、分包商、业主等，其通过项目收益吸引组织成员参加知识集成并对项目社会网络进行管理，因此，项目知识集成本质上也是一个通过社会资本推进不同利益相关者团队联结、分离、再联结的持续过程。最后，项目知识集成的战略和目的与企业战略和项目类型密切相关，即对于创新型项目和常规工程项目而言，知识集成导向更加倾向于新知识的创造和知识的高效组织利用。同时，项目知识集成还是组织知识集成与个人知识集成间的桥梁。项目团队在组织提供的环境下对个体创建和储存的知识进行集成[150]。项目知识集成有益于团队隐性知识的逐步显性化，形成知识沉淀并进一步转化为组织知识。

因此，本书认为项目知识集成是一个为完成项目目标而展开，以项目团队成员为主体，在项目过程中集合、重组项目所需知识的过程，它的实现需要项目知识网络与利益相关者网络的有效融合。

3.2.3 项目知识集成的过程

对于项目知识集成的过程，主要围绕项目知识集成特点、项目知识中的边界、项目知识集成活动及项目知识集成机制展开回顾。

1）项目知识集成特点

项目的知识集成是与项目的类型和项目本身的特点密切相关的。就工程项目而言，其本身具有一次性、功能性、长期性、投资大、不确定性大的特点。而总承包项目更突出地表现出以下特点：项目投资大、周期长、参与方众多，协调与沟通需要多方配合；项目对专业技术水平要求高，项目知识需求量较大，项目实施难度较高；项目参与方分散，项目管理复杂，组织协调困难，需要实现知识的共享与统一管理[31]。因此，总承包项目的开展总体上是一个在混沌环境下包含不确定的工作方案、特定的项目设计及跨职能的临时性组织团队的复杂过程[153]，相较于产品创新型项目，总承包项目的知识集成更注重知识应用。而作为典型的跨部门、跨职能的项目，总承包项目是组织内专业知识协调的有效组织形式。从组织协调上看，各职能工作间的关系被 Thompson 划分为目标相依性、接序相依性和交互相依性，Ven 和 Koening[154]又增加了第四种相依，即团队相依性。当某一组织任务特别复杂且职能间的多种相依性均较高时，跨职能团队的项目就能通过多种协调方式更好地处理这些相依性。因此，总承包模式下的跨职能特征有助于组织聚集来自组织多个单元的专业知识，进而完成一个单元单一完成的复杂项目[155]。同时，其能够更好地获得各职能部门具有代表性的参与项目的利益相关者的充分支持，而且还能够通过多个视角的参与显著提升项目整体决策的质量。而总承包项目中的跨职能团队成员拥有高度差异化的知识，项目的有效协调和组织需要集成团队内部知识、影响团队工作的外部利益相关者的知识和其他可利用的知识，即跨职能的项目团队并不难建立，团队如何识别和获取项目所需的具有广度和深度的知识[156]，以及如何集成这些知识才是核心的问题。

因此，项目中的知识集成的最大特点是要识别和集成来自不同职能及不同组织的异质知识[157]，其重点关注的是项目层面的知识集成。由于项目是临时性的组织且临时性工作实践的记忆主要是一种网络记忆，在此过程中项目成员是大型知识集体的组成部分而不是一个特定的知识社群，其不像永久性工作实践一样拥有相同的支持结构和惯例，这使知识更加个人化，其并没有成为组织记忆的一部分。因此，这种项目中的临时性、目的性的专业化异质知识的集成特别需要共有知识的帮助。项目中共有知识的构建及作用的发挥可以通过聚焦嵌入在正式文档中的知识和嵌入在个体中的知识来进行管理[158]。其中，项目文档被定义为项目团队现有知识的明确陈述的集合。由于文档是编码化的知识，其内容能够很容易被沟通，甚至不需要个体的随同解释。而且特殊的文档还能够作为项目成员之间讨论的催化剂，成为不同学科之间的边界载体。当文档在项目团队内共享时，能够推动项目成员乃至外部合作方对项目文档内容的认同，进而形成基于文档的项目共识。当项目的多个职能组成间具有较多的共同知识时，他们的集成就会相对容易，仅仅是关于一些同样的程序或者 know-how 知识的运用，不需要过多的关系交互，也可以称为程序共享[106]。项目外部的知识集成，其相互之间是专业化的关系，因此也不需要过多的关系交互，是一种专业共享。另外，当项目内部集成的知识之间差异较大，很多知识更接近于职能的核心价值时，集成过程中各方就需要构建紧密的核心关系，且强调文化共享，因此就需要形成项目中的社会化共识[106]。项目社会化共识是关于项目过程和项目交付物的共享理解在项目团队内的发展。社会化共识是基于项目团队成员间的正式与非正式的社会交往而形成的。文档共识与社会化共识是相辅相成的，项目团队越想让项目文档全面和清晰，沟通发生频率就越高，共享的理解也就越多[112]。

　　2）项目知识集成边界

　　项目本身涉及多参与主体、多生命周期阶段、多职能，因此项目内存在主体边界、阶段边界、职能边界和组织边界等多种边界。由于面向全生命周期的项目知识本身具有高离散性、高异质性、高内隐性和载体独立性，项目知识的跨边界流动是个很大的挑战。在最典型的跨职能乃至跨组织的总承包项目中，知识碎片化的问题尤其突出[3]。这种碎片化产生的原因一方面是专业知识和情境知识的专业型和分散性，导致专业人员没有能力一起进行有效的工作，另一方面是项目生命周期中设计、采购、施工等阶段之间较大的分离。项目交付的效率也会受到这些大量分离的过程限制，加之专业个体在自己工作领域的最小化沟通，以及不同职能部门之间较少沟通协调、缺乏信任和利益相关者之间的临时性合作，实现知识的有效组织和项目的顺利完成的难度非常大。

　　很多学者对于项目知识层次的边界进行了探索。Star 和 Griesemer[159]提出了语法边界、语义边界及实际边界，同时提出了帮助克服边界障碍的边界物。其中，语法边界物是指实体的储存，如报告、数据库或者图书馆；而语义边界物是指标准化的形式；实际边界物则包括甘特图、里程碑图、PERT 图、工程设计图纸及项目进度表等。Maaninen-Olsson 等[160]解释语法边界时认为，团队间差异和依赖能够实现预知，知识仅仅需要依靠共有知识转移而不需要解释等过程，如拥有共同基础的进度知识；而语义边界反映的是团队间差异和依赖不清晰，他们需要一个"翻译"的过程，但是在此过程中不需要改变他们领域内的特定知识，如设计人员与采购人员之间的简单知识交流；而当实际边界出现时，仅仅理解不同的知识和情境是不够的，还需要对一个部分如何影响其他部分有更清晰的理解，即他们需要转化过程来协商和改变他们自身的专业领域的特定知识，如项目计划制订过程中的知识联动。陈力和宣国良[122]分析了组织中跨职能知识集成面临的边界障碍，包括结构性边界、亚文化边界和知识边界。Ratcheva[161]则识别了项目中具体的三种边界：项目行动边界、项目知识边界和项目社交边界。他认为项目行动边界是初始项目团队的主体边界，这些项目团队成员负责项目的计划、开发、监控、推进的完成，并识别需要寻求外部专业知识支持的时机。第二个边界是项目知识边界，是围绕项目所需的相关知识池所形成的，项目知识边界能够组合相关的专业知识和情境知识，完善项目知识储备。项目社交边界是围绕项目初始团队的个人社交关系的边界，它使项目团队成员能够充分利用他们的社会和专业网络来获取建议和对不同职能专业知识的解释。项目中存在的知识边界，可以采用直接识别、详细阐述和明确面对的方式来解决，也可以通过跨越的方式最小化成员的差异来解决[162]。

具体到总承包项目的阶段边界，各阶段的知识之间也存在着跨边界的流动，这是基于业务的组织过程而存在的。总承包项目中设计、采购、施工等阶段的工作虽然具有各自的专业性，但是三个阶段也是相互交融、依赖和支撑的。从业务上看，设计是采购工作和施工工作的输入，而采购为设计提供条件、为施工提供需要的设备材料；施工则是设计和采购的输出，施工方案是否可行会影响设计的效果、施工的进度安排会影响采购的进度等[31]。因此，在总承包项目的实施过程中会基于业务产生大量的数据、信息和知识，且这些信息和知识需要实现在各个阶段及各参与方之间进行充分、及时、准确地流动，以保证项目目标的顺利实现。

3）项目知识集成活动

分析项目知识集成过程中的活动，首先有必要对知识集成活动进行探讨。Pinto 和 Martins[128]从集成过程出发，认为知识集成包括寻找组分实体、选择实体来源、集成组分实体、分析实体构建结果几个步骤。胡婉丽[130]认为知识集成是由知识搜索、知识过滤、知识诊断、知识编码并最终建立新知识体系的一系列活动组成。叶春森等[81]在协同论基础上提出了知识集成的三个活动，即知识载体聚集、知识内容协调和知识系统协同。姜大鹏等[132]认为知识整合包括明确知识整合目标、进行知识获取、筛选共享知识、完成知识综合、实现知识创造、知识内化运用、知识整合评估七个多循环的活动。因此,现有研究整体上认为知识集成是一个经过多个知识活动以实现知识集成效果的过程。这些知识活动在一般性上表现为知识的聚集(包含有目的的知识搜寻、诊断、获取的过程)、知识的协调和交互(包括知识编码,知识接口确定,知识共享、综合以及知识集成机制的应用等过程)、知识系统的重构与应用(包括新知识的创造、知识的重新配置和问题解决及集成知识扩散等过程)。在知识的聚合过程中,首先,基于知识集成目标对所需知识及其依附的载体进行识别,按照知识关联进行相同、相似载体的聚集。其次,根据载体的特征与知识的内容和表现形式进行合理的组合、处理,完成知识的分类和累积。再次,结合所需知识的特点分析建立知识集成的规则,确定知识结构和集成接口,运用知识集成的机制、工具和方法,通过知识集成主体的融合和作用完成知识协调。最后是知识集成效果的产生,即新知识的创造或现有知识的重组和升级配置,这体现为新方案的制订或者问题的解决。

而对于项目知识集成的过程和活动,现有研究多从各自的研究目的出发进行局部研究,整体上仍然是一个黑箱。从过程上看,首先得到公认的是项目知识集成发生和开展的过程需要与项目的实施过程相关联。项目知识集成在项目全生命周期过程和项目管理知识要素统一规划、协调一致的基础上,使项目知识从工作流程出发得到有机的组织和关联,良好的利用、共享和重用,从而基于知识集成结果做出正确、适当的项目决策[2]。因此,首先就项目知识集成而言,为实现项目层面的有效集成,其框架设计、知识集成机制和路径均要与项目过程进行匹配。其次,关于项目知识集成的知识活动过程的研究,有从知识搜索、知识个性化、知识应用和反馈视角进行探索的[163],也有从知识集成系统视角将项目知识集成活动分为知识获取、知识传递、知识利用、知识交流和知识评价活动的[164]。最后,也有学者对项目知识集成内部团队的 SECI 过程进行分析[165],认为项目集成从知识集成过程来看是知识外显化、内部化、社会化和综合化的过程。因此,对于项目知识集成的过程和活动,现有研究多是从实践层面的简单归纳或对知识集成过程和活动在项目环境下的直接应用,且多是项目知识集成的概念框架,相对缺乏结合项目过程和项目情境,对项目知识集成整体过程和活动的剖析,对项目知识集成现象的解释力也相对较弱。

4)项目知识集成机制

从项目知识集成机制上看,目前探讨的知识集成机制大体分为两类。一类强调专业知识的共享和共享知识基础的建立,另一类关注为实现项目目标而选择的不同的客观化、结构化的知识集成机制,如汇报系统的标准化表格、工作陈述和过程规范[62]。这主要也是由于编码化知识可以通过信息和沟通技术工具进行更有效率的调用,而嵌入在大脑中的知识的传递就需要个体间相互作用及更深层次的理解。首先,Grant 的基础知识集成机制可以结合项目的实际情况应用到项目情境中，其中惯例、传递和团队交互倾向于第一类机制，指示、序列化倾向于第二类机制。Hislop[166]在研究创新项目时通过多案例对比、分析了项目知识集成的过程，提出项目知识集成的三种哲学——基于社交的知识集成、以教育为中心的正式沟通、以文档为中心的正式沟通。其中，基于社交的知识集成和以教育为中心的正式沟通倾向于第一类知识集成机制，基于社交的知识集成倾向于运用紧密的团队工作和个体间沟通的知识集成方法，基于教育的知识集成主要依赖正式的教育和培训来推动共识知识的共享和专业知识的集成；以文档为中心的正式沟通倾向于第二类知识集成机制，主要通过编码化文档的使用来实现项目知识集成。两类机制并不是完全分离的，而是互相补充和促进的。客观的结构化知识集成机制也有助于项目的共享理解。例如，工作陈述有助于团队成员处理不同的相互依赖关系，能够使他们对项目工作的过程产生共同理解。汇报系统的标准化形式形成了一种决定项目工作内容被共享的方式，其结构化以便在项目会议上讨论。标准化的形式允许项目成员形成对项目工作内容的个人感知，结构化的面对面沟通信息非常有效。基于标准化汇报形式的计划和过程规范的使用能够在项目过程中形成共享[6]。对于项目知识集成机制的选择，从相依性协调的角度看，工作间的目标相依性可以通过标准化机制进行集成，接序相依性可以通过计划和活动顺序安排进行集成，交互相依性需要反馈进行调节和集成，团队相依性则通过会议进行协调和集成。Boh[167]从显性化机制和隐性化机制的角度解释了这两类知识集成的分类，并认为程序化、共性多的工作适于采取显性化机制，而变化多的项目环境则更适合隐性化机制。因此，项目中的知识集成机制主要分为两大类，侧重于基于社会交往形成共享理解的偏隐性化机制和侧重于客观化、结构化的偏显性化机制。项目团队需要依照集成的知识类型及项目活动进行不同知识集成机制的选择。

3.2.4 项目知识集成的影响因素

对项目知识集成的影响因素的现有研究，主要聚焦于知识本身、任务性质、项目参与主体、共有知识、人际交往关系、干预与控制机制等方面，个别还从组织结构、文化、学习方式等角度进行探讨，本节主要围绕以下几个因素进行梳理。

1）知识本身的影响

基于知识本身的内隐性、嵌入性、复杂性等特征，项目知识集成过程中集成的知识之间也表现出明显的异质性，影响了知识集成的效果。Becker[168]指出，由于知识本身的特性，知识集成过程表现出典型的海量、知识不对称及不确定性，这导致了知识集成的困难。冯进路等[169]则认为，知识的价值，知识的模糊程度、复杂程度和系统程度均会影响知识集成。其中，知识的价值决定了知识集成的策略和范围，其他特性会影响知识集成的效率。另外，知识越内隐，越难进行编码，也越难共享，知识集成的柔性也相对较弱。因此，从整体上看，首先这种知识的异质性问题表现为由于内隐性和嵌入性的特征，知识的存在形式有结构化、半结构化和非结构化的差异，项目中当前被利用的知识仅仅是结构化表达的较少部分。其次，由于项目知识本身的专业性和领域性，各个专业人员可能采用不同的概念模型和知识表示方法，他们之间的交流也因为知识的不一致、不对称性存在较大困难。而且，知识源的不一致及其附带的知识的冗余和矛盾也会影响项目知识集成的有效性和问题解决的效果。因此，项目知识集成中的知识异质性问题的解决不但要通过知识源的聚集，而且要解决不同规范程度、表述方式的分散知识集成为统一知识的问题，建立统一的概念模型。这种统一概念模型的建立依赖于本体技术和知识管理系统[170, 171]，同时可以依靠知识集成的平台和机制实现知识的表达、识别、共享[73]。

2）任务性质的影响

现有研究对项目中任务的复杂性、任务本身的不确定性和任务的独立性对于项目知识集成的影响进行了探讨。当任务本身不复杂时，任务的完成取决于已经建立的知识体系，大部分项目工作需要参照明确定义的流程，知识集成的难度较低，效率也相对较高。当任务本身比较复杂、无惯例可循时，需要更为社会化的分布式知识网络，以及接收和解释来自其他成员和外部环境的一系列信息的能力，知识集成的难度较高、投入较大。当任务可变性和不确定性较高时，需要以更加灵活的沟通方式来应对不断涌现的新信息和新知识，知识集成效率较低。频繁和可变性小的任务则能降低成员共同的成本和难度，从而促进项目知识集成[39]。当任务可以由项目成员独立完成时，通常可以采用标准化的操作程序，而没有必要与同伴讨论具体的工作方法，能够较好保证效率。而当任务结构具有认知相依性时，特别是某一项目成员的产出是另一成员的输入时，多任务的融合、协调就需要团队成员高度合作，即需要知识集成过程中的成员交互和共同理解[172]。因此，任务越具有关联性，知识集成的难度越大。

3）项目参与主体的影响

很多学者认为知识集成主体的意愿和能力会对知识集成效果产生影响。项目持续时间是有限的，因此在建立深层次个体关系时会存在一定困难，也会部分影响个体和项目团队之间集成知识的意愿和可能性。第一，项目中的参与者具有多样性，项目各参与者携带大量的异质性知识，这本身扩大了项目知识集成范围，专业知识边界也会影响项目团队交换和集成知识的能力[173]。第二，由于各个参与者在项目实施过程中处于不同的角色地位，思维方式及阶段目标均存在不一致乃至冲突，这会影响利益相关者对项目价值的感知，进而影响共有知识的创造[69]，也会影响参与者之间的隐性知识挖掘和知识交互。第三，由于项目团队成员是项目知识集成的主体，其进行知识集成的能力、意愿和经验也是知识集成能否实现的重要影响因素。团队成员自身的专业知识和技能是知识集成的重要输入，决定了知识集成范围。集成主体的接受能力能够通过对专业知识的共同认识提高集成效率，同时减少转换、降低界面损失和时间损耗[68]。第四，其还能加大知识集成的跨度，并提升发现新知识、重组新知识的能力。而项目团队成员进行知识集成的经验是基于过去组织的项目实施经历的综合结果形成的，这对组织进行大范围的知识集成也是至关重要的。第五，项目团队成员的学习方式对知识集成的柔性也存在显著影响，相较于适应性学习，通过持续地评价解决方案创造的生成式学习方式更有助于提升知识集成的柔性。

4）共有知识的影响

由于知识的内隐性和嵌入性，知识集成主体间的交互对于知识集成而言非常重要，尤其是针对内隐性知识的集成。因此，缺乏成员间的互相了解、缺乏背景知识的共享及组织联系的非柔性都是知识集成的障碍[68]。知识集成本身需要成员间重复花费时间的对话[100]，这种紧密的交互，高层次的交感性、信任和内部凝聚力能够驱动知识集成[174]。知识集成过程中主体间的交互有赖于主体间共有知识的水平。Demsetz 提出的共有知识，或 Nonaka[100]表达的知识冗余，是一种参与沟通过程的组织成员间关于某一领域的共同理解，它包含所有组织成员的共同知识要素，是个体知识集合的交集。共有知识表现为沟通过程中的共有词汇、共享的概念知识和经验、共同的心智模式和共享的行为范式。这些共有知识能够促进沟通和理解，如果没有共同的认知框架，个体就无法发现、理解和交换独特的知识。其中，共同语言有助于成员间进行大量的、快速的显性知识转移[175]；共同愿景有助于成员间基于目标理解进行系统化、抽象化的隐性知识集成[176]。共有知识的程度越低，组织成员间的知识集成越难。

因此，项目知识集成的基础之一是创造共有知识的能力，成员间的共有知识在知识共享和集成上都是十分必要的。当共享的理解增加时，一个项目团队交付预期效益的可能性也会增加。这种共有知识依赖于共同的语言、对话符号的形式，专业知识的共性，共享的意义及个体知识领域的认知，有助于提升知识集成的效率和柔性。对于项目情境下的共有知识，首先，从内容上强调项目团队成员对于项目目标和愿景的共享理解。共同的目标是抽象的桥梁，能够提供团队成员建立共同情境的可能性，允许拥有不同视角的团队存在。而共同目标和愿景能够为个体提供一个顶层概念，有助于成员从目标角度理解知识结构，从而有能力识别特定知识对团队的价值[176]，促进隐性知识的交流和项目知识的集成。其次，项目知识集成并不是建立在项目工作内容相关的共享知识和共享理解的基础上，项目工作过程的共享理解更重要。这种共享过程可以通过过程规范和描述规则等机制来建立，约束知识交换的类型和结构化面对面交流时的讨论[62]。因此，项目中的共有知识更加强调项目过程和项目情境等相关知识的共享。

5）人际交往关系的影响

对于工程项目而言，其常常在执行工作的过程中存在一定程度的不确定性，这会导致源自其他项目成员的信息不充足，这种源自其他成员的信息的不充分会限制信息和显性知识共享。而伙伴关系、团队建设和有效的沟通是提升专业人员间关系的有效方式，人际关系使得知识在跨越边界时得到更好的共享。Alavi 和 Tiwana[68]从组织结构的角度认为项目组内成员间紧密的相互关系能够促成低成本的知识分享，同时还有助于得到互补性的知识、扩大知识集成范围和知识生产力。紧密的相互关系还能使项目成员接触到更多的新知识，扩大沟通跨度，强化重新配置的能力，保证知识集成的柔性。Newell 等[177]研究大型 IT 实施项目团队所面临的知识集成挑战时，认为社会网络活动能够促进具有生产力的知识集成活动的顺利进行，因此管理者应鼓励项目团队成员积极参与网络化知识交互活动。张可军[178]基于知识的离散性特征，从人际互动和知识组合两个方面研究了团队的知识集成途径，得出团队知识整合要从知识组合和人际互动两个方面进行的结论。Ghobadi 和 D'Ambra[179]在探讨跨职能项目的知识共享时也认为合作的人际关系对于知识共享行为存在显著影响。有效的知识集成需要有意义的社会交互来支撑。

这种人际关系在其他研究中被称为关系资本或者社会资本。关系资本是项目团队成员间的信任、互惠的程度和节点强度。较强的、信任的和积极的团队成员关系会降低项目层面沟通、协调和合并个体知识的成本，因此与知识集成紧密相关。Huang 和 Newell[69]认为对于项目所要求的大范围知识集成，其知识识别、获取、共享很大程度上由社会资本的潜力所决定。在跨职能项目情境下，项目成员调用其社会资本的方式及在不同利益相关者群体间通过创造共有知识来扩散项目意识的方式是非常重要的。社会资本会通过促进知识集成来产生更高层次的项目绩效[63]。Lang[118]则从社交情境和社会资本的不同组合出发，探讨其对知识集成的推动力。目前社会资本在项目知识集成领域受到广泛关注。另外，基于项目成员间的人际交往，还有学者对团队氛围[180]、团队信任[181]等因素对知识集成的影响进行了讨论，并得出其均对团队知识集成有正向影响的结论。

6）干预与控制机制的影响

关于项目知识集成的影响因素，还有学者对团队的干预、控制机制和知识集成机制进行了分析。Sicotte 和 Langley[182]发现过程规范及信息技术的使用等知识集成机制对高不确定性的、模糊的研发项目绩效有正向的影响。Okhuysen 和 Eisenhandt[183]对团队弹性的干预方面进行了研究，干预对弹性的作用通过以下三种途径实现：干预能够通过创造第二次的活动议程改变知识集成过程；干预可以导致对"机会窗口"的关注聚集，这些聚集促进了知识集成过程的改变、提高了知识集成的产出；有效的干预可以使个体的焦点转向其他成员，从而刺激成员间的交互行为。通过干预可以不断调整集成的过程，提高知识集成的弹性，进而提高知识集成的效率和效果。Canonico 等[184]在研究项目中的知识集成时，关注项目团队采用的组织控制机制如何影响知识集成的效果。结果显示，知识集成的主要控制机制是由不同形式的标准化提供的，基于计算方法的正式的控制机制能够通过明确任务和责任来推动知识集成。Cacciatori 等[185]在研究项目中的知识编码化时发现，系统集成者在驱动知识转移中使用编码化方法时扮演了重要的角色，项目中行政控制的使用程度有力地影响了通过编码化进行知识转移的可能性。

3.3 项目知识集成的研究进展

聚焦项目情境下的知识集成，系统分析当前项目知识集成的相关研究进展，本节还对国内外的项目知识集成研究进行了基于文献计量方法的系统分析。

1）国外研究进展

为探索国外项目知识集成的研究现状，本书以 "project knowledge integration" 为主题在 Web of Science 数据库中进行了检索，共检索到 3 346 篇英文文献。从 1992 年开始，文献的数量稳步上升，这与那一时期知识研究的繁荣直接相关。近几年内，文献数量也呈显著上升趋势，表明了项目知识集成研究目前的研究热度较高。如图 3.1 和表 3.3 所示，通过对所有相关文献进行共词分析和突现词分析发现，当前项目知识集成的相关研究中，集成、知识、创新、管理、系统、绩效、知识管理、技术和本体等关键词出现的频率相对较高。从研究时间来看，20 世纪 90 年代初期的研究多关注基于知识的系统、数据库、专家系统、决策系统、信息资源与系统等的形成、管理与应用，多从知识的表象入手，研究也多偏重技术操作层面。20 世纪 90 年代中期，随着对知识集成概念和框架的剖析，开始有越来越多的研究关注项目合作管理、项目并行工程和其他合作项目中的知识管理与知识集成问题，逐步将知识集成的概念引入项目情境。2000 年开始，由于知识管理研究的日益丰富及信息技术的快速发展，项目知识集成的相关研究更加深入，对知识集成的内部相关环节，如知识发现、知识工程、数据挖掘、知识本体的研究也进一步深入，同时，对项目情境下的知识集成框架、团队的知识集成、知识集成的影响因素与能力、项目协调和跨职能的知识集成均有一定探讨。而最近几年，项目中的知识共享、知识交换、知识转移成为新的研究重点，同时，项目知识集成中个体的社会资本、信任、态度等个体层面的影响和作用机制成为相关研究的一大热点。通过对所有研究进行聚类分析，得到如图 3.1 所示的#号标志的聚类结果，结果显示除了集成的聚类以外，新产品开发的知识管理、知识聚集、知识集成中的社会资本、知识集成的环境及实践都是项目知识集成相关研究的主要聚类表现。而国外项目知识集成相关研究的典型代表，也与文献的共词分析和聚类分析结果相一致。

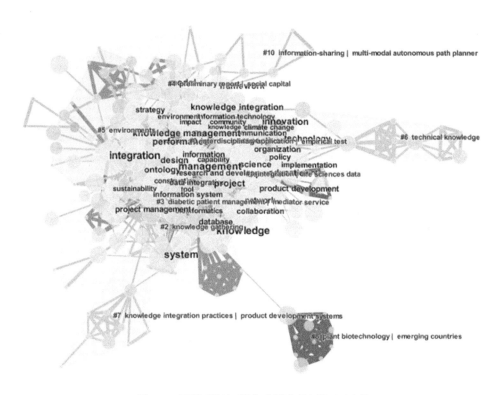

图 3.1　国外项目知识集成研究共词知识图谱

表 3.3　国外项目知识集成研究的突现词

频率	突现度	关键词	年份
26	8.72	expert system	1991
102	4.83	knowledge integration	2003
108	4.25	ontology	1999
81	4.06	product development	2004

因此，整体上国外的项目知识集成研究越来越趋于系统化，不仅从项目知识集成概念框架的构建视角进行了研究，也从知识集成的方法、边界、影响因素和评价等角度进行了基础性研究，重点关注知识本身的交互和项目人员间的交互。

而对于项目知识集成和项目绩效的关系，已有研究通过实证检验确认了项目知识集成对项目绩效的重要影响[186]。另外，国外的知识集成研究，已经在知识集成的干预控制机制和结构化的相关机制中提及项目计划[183]，这表明项目计划是项目知识集成的一种方法，但是对二者之间的作用机理却鲜有研究，这在很大程度上限制了项目知识集成现象的解释和项目计划机制的开发，如何通过成熟的项目计划来促进项目知识集成还有待研究。所以，由于知识集成在项目情境下的研究历史仍然相对较短，复杂项目的知识集成过程、机制和路径仍有待深入研究，尤其是如何面向特定项目情境实现整体的知识集成仍缺乏内在规律的剖析和有效路径的研究。

2）国内研究进展

由于国内对于"knowledge integration"的翻译和表述存在"知识集成"和"知识整合"两种方式，因此本节以"项目知识集成"或"项目知识整合"为主题的检索式在 CNKI 中进行了国内相关文献的检索，共检索到 341 篇文献。国内对知识集成和知识整合的文献已有 4 000 多篇，但是在项目情境下的研究则相对有限。首篇正式探讨项目知识集成的文献出现在 2002 年，是仇元福等[164]的《项目管理中的知识集成方法和系统》，其从整体框架出发探讨了项目管理过程与项目知识管理的匹配，在项目环境下引入了 SECI 的知识螺旋，将知识集成研究引入项目情境。

对所有相关文献进行共词分析，如图 3.2 所示，发现在项目知识集成/整合的相关研究中知识管理、知识集成、项目管理、集成管理、知识表示、知识共享等关键词出现的频率相对较高，即相关主题的研究相对较多。同时，从研究时间来看，在 2000 年左右，项目知识集成的研究多聚焦于协同开发、数据与信息平台、知识管理工具、知识获取、知识检索、知识建模及本体等，偏重于对知识集成实现方法和工具的研究。随着研究的逐渐增多，相关研究开始聚焦于项目群、新产品开发项目、科技创新项目、建设项目等对象的知识管理、集成管理的框架、体系与方法，同时基于本体和信息系统的相关技术类研究也在持续深入。近期的项目知识集成研究则开始对项目内部的知识集成过程、机制进行更进一步的剖析，开始关注项目中的隐性知识共享与集成，项目中知识体系的构建，项目质量、成本、进度等管理领域的知识集成，项目知识集成的过程和评价，项目中的信息协同体系与网络管理机制，以及项目本体集成、信息集成、界面集成的多种集成管理情况。

具体来说，国内的项目知识集成研究分为三大类，研究的基本假设均建立在项目知识集成会显著影响项目运行结果的基础上。其中，第一类研究关注项目知识集成过程中知识集成的实现路径，即从本体论、知识工程、知识表示等方面基

图 3.2　国内项目知识集成研究共词知识图谱

于知识本身的特征探讨知识集成的路径[187]。这一类的相关研究主要体现知识管理
中的方法和技术与项目情境的结合。第二类研究关注项目中的各类集成管理，多
从实践的研究目的出发，探讨项目管理中全生命周期的过程集成、要素集成、组
织集成、目标集成、信息系统集成等相关问题。项目中的过程集成，主要是表现
为并行工程的应用，通过其有效衔接消除界面损失。而作为要素集成的代表，威
安邦在"挣值管理"的基础上提出了三要素集成管理的思想和方法[188]，实现了
对工程项目的进度、质量、费用三要素的集成管理。还有很多学者提出了较为综
合的项目集成概念模型，特别是李红兵[189]还提出了建设项目中的知识集成。这些
研究为项目集成管理奠定了基础，但是多针对项目中的表象问题，尚未深入知识
集成层面解决项目集成管理和界面管理的问题。第三类研究则完全从项目知识集
成出发，目前这类研究关注项目知识集成概念框架的构建、项目知识集成体系和
模型的研究及项目知识集成的影响因素与评价。这类研究以朱方伟等[190]、仇元福
等[164]学者为代表，其均在项目管理的情境下探讨了项目中知识集成的整体框架、
基础模型、机制、方法的应用，建立了项目情境下知识集成的基本框架。

　　因此，国内对项目知识集成的研究相对处于从实践研究向理论研究过渡的阶
段，越来越重视项目知识集成研究的系统化，同时实现了项目知识集成能力与项
目绩效的关系检验[191]。但从整体上看，国内研究的数量仍相对较少，对项目情境

下知识集成规律的剖析仍不够深入，目前形成的模式、机制和方法大多只是知识集成研究的移植，尚不能有效解释和解决项目知识集成，尤其是总承包项目知识集成的现象和问题。而对于项目计划对项目知识集成的影响问题而言，也多为项目管理要素的集成和"挣值管理"等技术性解决办法的研究，相对缺乏组织行为视角下的研究。

　　从国内外研究的整体情况来看，项目作为一种特殊的知识集成情境正在受到越来越多学者的关注。目前从不同的研究层次、角度都形成了对项目知识集成的研究，逐渐建立起了项目知识集成的框架，但对于项目知识集成的实现路径和影响因素的研究还缺乏系统性。国内研究相较于国外研究，研究的深入程度和研究焦点的丰富程度还有待进一步提升，二者都还需要继续在典型的跨职能、跨组织的项目情境下进一步剖析和挖掘知识集成规律，实现对项目知识集成现象的解释和项目知识集成实践问题的解决。

第 4 章

总承包项目的项目知识集成机理

为探讨总承包项目知识集成的机理,本章将从项目计划入手,针对不同项目计划过程中的典型项目案例来分析探索项目知识集成的规律,分析比较不同项目计划对知识集成过程的影响,识别基于项目计划的项目知识集成机理。

4.1 典型案例研究

4.1.1 研究方法的选择

总承包项目的知识集成是一个涉及多主体、多知识领域、多过程的复杂过程,研究其内在规律需要深入的微观机制研究方法。项目计划本身的制订也是一个复杂的涉及多环节的过程,因此对不同项目计划背景下知识集成的探讨必须要考虑到情境的特殊性。作为通过剖析过程以探究现象背后规律的基本研究方法,案例研究特别适用于回答"如何"和"为什么"的问题[192],其有助于解释特定情境下各概念间的作用路径和机理,能够充分关注情境因素与概念间的复杂关系,是探究不同总承包项目计划情境下,项目计划作用于项目知识集成的过程与效果的有效方法,尤其是对知识集成的复杂过程与多概念的复杂关系进行研究时,案例研究方法更具有明显优势。因此,本章选择采用案例研究方法进行基于项目计划的项目知识集成机理研究。

4.1.2 研究样本的选择

研究样本,首先要求具有典型性。典型性要求是指出于研究主题的需要,要求样本总承包项目的项目计划过程和知识集成效果存在显著差异，同时单个样本项目的类型、规模均具有总承包项目的代表性，有助于探索项目计划作用于项目知识集成的一般规律及不同项目计划的独特影响。因此，基于样本项目的代表性、研究的便利性和研究成本的考虑，在判定项目是否完结、是否具有显著项目计划过程和显著项目绩效差异的基础上，从大样本调查的三个等级样本中各选取一个典型项目作为案例研究的对象（此处进行了匿名处理），分别为 A 工程建设有限公司（以下简称 A 公司）、B 工程技术有限公司（以下简称 B 公司）及 C 工程设计有限公司（以下简称 C 公司）三个样本企业的典型总承包项目，以探讨三个不同项目计划结果下的项目知识集成过程。

其中，A 公司的代表性项目是国际石油工程总承包哈法亚项目（以下简称哈法亚项目）；B 公司的代表性项目是其在某钢铁集团展开的新体系总承包项目（以下简称新体系项目）；C 公司的代表性项目是焦化脱硫废液预处理工程项目（以下简称焦化脱硫项目）。哈法亚项目、新体系项目及焦化脱硫项目分别代表高级、中级、低级计划成熟度项目，项目基本情况见表 4.1。三个项目均包含设计、采购、施工的 EPC 业务环节，有助于探索总承包项目基于项目计划的知识集成规律。同时三个项目样本的项目规模、项目计划成熟度和项目绩效也存在显著差异，因此有助于反映不同计划成熟度情境下的知识集成路径，有利于研究目的的实现。三个样本公司的基本情况如表 4.1 所示。

表 4.1　项目基本情况

项目名称	哈法亚项目	新体系项目	焦化脱硫项目
项目起始日期	2011 年 6 月~2014 年 8 月	2012 年 7 月~2015 年 12 月	2014 年 7 月~2015 年 4 月
项目规模	超大型	大型	小型
项目团队情况	项目经理与各职能经理有丰富经验和系统项目管理知识与专业知识，项目内有独立计划工程师	项目经理与职能经理有工程管理经验，但缺乏系统项目管理知识，项目内有独立进度控制工程师	项目经理与各职能经理经验相对有限，缺乏系统项目管理知识
业主方	业主委托监理方全权监督项目	业主提项目需求，部分参与项目监督	业主技术改革部协助监管项目设计、实施与验收
监理方	德国公司，专业度高	业主下属公司	业主下属公司，实际工作由技术改革部负责
分包方	设计分包方经验丰富，有高配合度；施工分包方经验丰富，有协调优势	施工分包方为公司长期合作伙伴，配合度较高	土建分包方属当地施工单位，首次合作
项目工期目标实现	提前完工	基本满足，局部超期	严重超期
项目技术目标实现	优秀	优秀	良好
项目成本目标实现	优秀	一般	较差

续表

项目名称	哈法亚项目	新体系项目	焦化脱硫项目
项目质量目标实现	优秀	优秀	良好
客户满意情况	非常满意	基本满意	一般
市场占有情况	优秀	良	一般

A 公司是专门从事石油工程设计、制造、施工和工程总承包的专业公司，现已发展成为国内外石油工程建设领域具有代表性的公司。按照 EPC 总承包业务链的内在要求，A 公司构建了工程设计、工程采购、工程制造、施工安装、技术服务五个业务板块，形成了完整的工程建设业务链。其先后在 50 多个国家和地区完成了一大批大型项目的可行性研究、设计、环评安评、施工、监理和 EPC 总承包，均实现了投产一次成功。改革开放以来，A 公司在国际承包市场从初始阶段的对外劳务合作一步步走向国际高端市场，多次入选"中国承包商企业 60 强"。

B 公司创建于 1953 年，是集研发、咨询、设计、建设工程总承包、建设工程监理、高新技术产品开发于一体的国内唯一从事焦化、耐火材料等工程设计与工程总承包的大型科技企业，是全国万余家工程勘察设计单位中的百强企业。2004年公司改制，由设计业务向总承包业务过渡，形成"以总承包为主业，以设计为主体"的发展思路。2004 年之前，合同额每年在几千万至一亿元。开展总承包项目之后，合同额每年在 50 亿元左右，总承包业务占公司主营业务的 95%以上。

C 公司是隶属 C 大学的集环境科学与工程技术研究、工程设计、工程建设于一体的环境保护专业研究机构与工程公司。1997 年正式成立有限公司，成为国家颁布的首批拥有甲级资质的企业之一。近年来，公司也从成立时只从事单一污水处理业务的公司发展成为横跨污水、大气、固体废弃物处理等多个领域，包括环境工程治理设计、环境工程施工、环境影响评价、环境工程总承包等多种形式的设计院工程公司。C 公司的组织模式经历了从初期的与单纯环境工程设计业务相匹配的传统职能化组织向适合多工程业务并存、工程总承包业务为主导的矩阵式组织结构的转变。公司于 2009 年开始转变发展战略，从传统环境工程设计院向系统化环境工程公司进行转变。在原有设计部的基础上，新增加了开发部、采购部与施工运行部，来配合公司发展战略的转变与业务的多元化，目前仍处于项目化转型阶段。

4.1.3　案例研究的框架

本章多案例研究旨在探索在不同项目计划过程和效果背景下总承包项目知识集成的规律，在此基础上归纳基于项目计划的项目知识集成的作用机理。因此，基于现有文献回顾，研究者在进行案例访谈调研之前确定了此次案例研究的草案设计与框架，如图 4.1 所示。

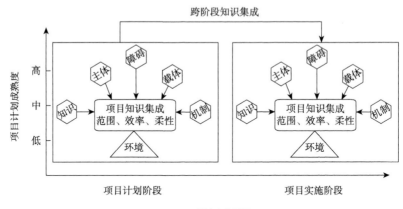

图 4.1 案例研究的草案设计与框架

项目计划贯穿于项目生命周期始终，特别是在项目计划阶段和项目实施阶段更加处于核心地位，因此案例研究首先选取项目生命周期中典型的项目计划阶段和项目实施阶段来展开分析。为分析总承包内部的项目知识集成过程和内在机理，研究将在现有项目知识集成相关研究的基础上，系统构建项目知识集成的分析框架，包括不同项目阶段内部的集成知识、主体、载体、机制、环境、边界与障碍等知识集成要素分析，以及跨越生命周期阶段的知识集成过程与要素演化分析。其中，项目知识集成的各个要素是案例分析的主要切入点，项目计划阶段和项目实施阶段的知识集成是偏重于阶段内的静态知识集成，因此研究应关注各生命周期内部的知识集成。在此基础上，研究将进一步关注两个主要生命周期阶段内知识集成模型的联系与差异，探讨跨阶段的动态项目知识集成。同时，为探索基于项目计划的总承包项目知识集成规律，研究还将从不同层次的项目计划效果出发，进行项目知识集成过程与结果的对比分析，剖析项目计划对项目知识集成的内在作用过程和规律，以指导总承包项目知识集成的实践。

4.1.4 研究数据的收集

为确保研究信度，研究在数据收集过程中采用了案例数据的三角验证与调查者三角验证。对于案例数据的获取，基于确定的案例研究框架草案，研究者首先确定了半结构访谈的访谈提纲，以保障一手访谈数据的获取。针对各个项目，研究的访谈对象均包括项目经理、项目计划制订与管理人员及职能经理和项目成员代表，访谈以面对面访谈为主，电话、电子邮件等方式为辅。案例调研的时间从

2015 年底持续到 2016 年 4 月，共调研 20 人，获得了相对丰富的调研数据。具体访谈情况如表 4.2 所示。

表 4.2　案例研究的访谈情况

访谈时间	访谈对象	访谈要点
2015 年 12 月	项目经理	关注项目整体情况、项目计划制订过程与要点、项目实施中的典型知识集成个例、项目职能层次知识集成过程
2016 年 1 月	项目经理，项目计划工程师/项目进度工程师	深入项目计划过程，关注项目计划阶段的知识集成要素情况及计划制订过程中的冲突及其解决方式
2016 年 2~3 月	项目设计、采购、施工等职能经理	关注各职能内部的计划制订过程、协调过程及与其他职能间的接口和冲突
2016 年 4 月	项目直属上司及底层项目成员	关注项目的外部表现、项目获取的外部支持；底层成员对项目计划制订与发布过程的参与与认识，聚焦底层成员的知识集成过程

　　为保证数据收集与分析的信度，研究者组成了多人调研小组，共同参与调研与数据整理分析工作，并在研究调研的过程中严格遵循访谈的要求和案例研究法所要求的数据整理分析的严谨性。另外，除案例访谈所获取的案例数据之外，研究还使用企业内部资料、网站报道及公开发表的文献等进一步补充了数据。例如，A 公司的哈法亚项目就已经获得了大量的正式报道，其中部分信息对案例研究具有重要价值。综上可知，研究形成了丰富的质性数据材料，以用于下一步的案例分析。

4.1.5　项目案例描述

　　1）A 工程建设有限公司的总承包项目

　　（1）项目背景。

　　项目名称为哈法亚地面工程总承包项目。项目源于 A 公司的母集团公司与其他集团组成的财团，在伊拉克战后第二轮石油招标中，赢得了哈法亚油田（Halfaya Oilfield）近 41 亿桶（1 桶≈158.99 升）储量石油的开采权。根据 2010 年 1 月 27 日签署的为期 20 年的《哈法亚油田开发生产服务合同》，由 A 公司的母集团担任作业者。作为主作业者，其可以主导油田开发生产的工程建设、技术服务、油田设备等几乎所有环节，引入自身的工程建设和技术服务队伍。因此，整个哈法亚项目的分包方中，包括诸多 A 公司的下属公司。

　　A 公司的伊拉克分公司负责完成哈法亚整体项目的地面工程总承包项目。其中标的一期年产能 500 万吨的 EPC 项目包括中心处理站 CPF 和 FSF 井口，项目规模约为 2 亿美元。一期项目于 2011 年 6 月 2 日开工，是油田建设初期最关键、最复杂的工程项目，最终项目提前合同工期 2 天实现投油，于 2012 年 6 月 16 日实现哈法亚项目一期项目的建成投产，一次焊接合格率为 99.7%，被誉为"国际水平和中国速度", 成为伊拉克战后公开招标油田中第一个投产的项目。二期项目中 A 公司的总承包合同内容包括哈法亚二期开发的中心处理站、泵站、电站三个核心部分, 项目规模约为 8 亿美元, 主要实现原油接收、处理、储存, 天然气处理、外输, 水处理等, 工艺更加复杂, 质量控制更加严格。项目于 2013 年 4 月 14 日奠基。与一期相比, 二期建设在工艺技术方面进行了多方面提升, 采用更加先进的工艺技术, 如控制系统、外输系统和安全系统等。二期年产能 1 000 万吨的 EPC 总承包项目于 2014 年 8 月成功投油, A 公司总承包的子项目比合同要求提前 2 天建成, 土建、钢结构等一次报检全部获得通过, 管线一次焊接合格率在 99.3%以上, 刷新了中国公司在伊拉克市场上一次性建成产能最大项目的记录。

（2）项目利益相关方。

项目管理团队。项目的管理团队隶属 A 公司的伊拉克分公司。从项目领导团队到中层干部均具有丰富的国际项目经历和项目管理经验, 熟悉国际合同模式, 参加过国际 PMC 项目经理培训, 具有系统知识, 管理队伍相对成熟。项目部在项目开始之前开展了多种培训活动和实际岗位锻炼, 完成了队伍的基本建设。项目的中层经理包括设计经理、采购经理、施工经理、试运经理、文档控制（document controller）经理（以下简称文控经理）、安全与质量经理、财务经理及计划工程师。其中, 项目的采购工作由 A 公司伊拉克分公司委派的采购经理负责, 管理各设备厂商, 采购的集中管理有助于保证采购质量和规模效应。试运工作也由 A 公司伊拉克分公司委派的试运团队负责。

设计分包方。项目的设计分包方为 A 公司母集团下属的北京设计分公司, 其设计经验丰富, 且与 A 公司属同一母集团, 有助于强化设计的配合度和协调度。

施工分包方。施工单位为 A 公司下属的建设一公司, 项目上约 1 500 人, 同属 A 公司内部, 项目具备协调优势。同时, 现场团队还包括其他建设集团、检测公司、技术服务公司、当地分包商和服务商等。

监理公司。项目的监理公司是全球知名的德国 ILF 公司, 采用 PMC 管理方式, 工作认真严谨, 对项目要求较高。

业主单位。项目初始业主为投资联合体, 哈法亚整体项目完成招标之后, 当地石油集团继承哈法亚的业主身份、开发权益和联合监管职能。

其他利益相关方。其包括伊拉克当地政府、当地石油公司及当地分包方和劳工。

（3）项目开展过程。

项目中标合同签订后会召开项目启动会（kick off meeting）, 启动会的参与方包括伊拉克政府代表、业主代表及其工程师代表、母集团代表、A 公司经理、A 公司伊拉克分公司经理、项目经理和核心子项目经理。会议的主要内容是国外案例经验分享、项目整体介绍与实施方案介绍, 以及项目的困难及风险讨论。启动会特殊的一点是会介绍项目方和监理方双方的文控经理形成对接，同时配套一个文控会议。项目涉及很多参与方，设计图纸会在设计方、总包方、监理方之间来回流转，因此需要在前期确定文件的编号，定期文档传输的主体、内容、时间和途径，以及与项目关键节点相匹配的传输要求。双方的文控经理会依照合同共同细化和敲定这些规定，详细到每个星期的汇报内容，每个星期双方的统计文件数量及文档延误报表。通过文控会议项目打通流程，是前期沟通计划的一个重要部分。项目团队内部还会在启动阶段对项目潜在风险进行分析，项目部会制定一个项目风险与概率统计表，识别整个项目将面临的潜在风险，对会不会发生地震及业主违约的可能性等进行讨论。A 公司项目部内部的项目启动会，会由项目团队成员及设计方和监理方共同参与，施工、采购和试运方不参与。在此会议上，项目团队能够形成对项目的基本概念和内容共识。

依据招标文件要求，项目基准计划要求在中标通知书下达之后的第 28 天提供。项目计划制订的第一步是设计方先做出整个项目的工程量，之后项目的四大板块设计、采购、施工、试运分别做出各自的专业计划，并提交给项目计划工程师。石油行业涉及的专业相较其他行业更为广泛，在 A 公司内部的专业就有 18 个，计划工程师无法对项目的所有专业及专业与专业间的接口均熟练掌控，因此初始各阶段板块计划由各专业工程师负责制订，再提交计划给工程师整合。此阶段中设计方非常重要，是各板块的引领者，每一个单体计划都源于设计。采购经理会根据设计要求的设备制订采购计划，施工经理会依据设计的工程量确定施工计划，并在确定施工单位之后将其细化。设计还确定了采购、施工和试运的接口，因此设计方的良好配合和引领，也保证了总承包项目的效率。

第二步是四个项目计划工程师依据业主的招标文件要求、项目整体资源等约束、项目以往计划编制的经验数据，共同讨论协商确定第一版项目整合计划。这一阶段计划工程师发挥主导作用，运用以往经验和项目计划的系统知识对活动工序、活动权重等进行编排。逻辑为正排工序、倒排计划。但是这个计划的逻辑性还有待进一步提升，关键路径还不甚明确，关于工作权重等需要进一步形成项目内部共识。

第三步是计划工程师同项目经理，项目设计、采购、施工、运行各阶段负责人连同关键专业工程师共同对第一版项目整合计划进行讨论，共同讨论三天，最终敲定项目部共同确认的项目计划。在此过程中，一方面需要确定各工作的工序和进度计划，另一方面也需要对工作的权重进行赋值。工序和进度计划确定的过程会存在各个板块之间的冲突，尤其是在工期上面，会存在协调和讨价还价的过程。这个过程需要项目经理进行协调，需要各个板块给出时间估计的依据。由于本项目上有很多具有相关经验的人，他们对于时间的估计是相当准确的，项目经理会征询专家的意见，之后再对所有板块进行协调，这样就会有相对准确的计划。

同时，不仅项目经理对各个板块都有基本了解，各个板块的成员也会对其他板块的工作有一定的了解，这样就能够相对合理地保证自身的工期。各个板块的负责人都有丰富的海外项目经验，对其他板块都有一定的认识，对于项目计划中前端受谁制约、后端制约谁都非常了解，因此对保证自己负责部分按计划执行的重要性认识深刻。此时形成的计划是详细的执行计划，详细到某一台设备的请购文件时间点，发放招标书时间点，标书返回及评标时间点，商务标评价时间点，图纸返还时间点，图纸审批及厂家备货、备料、出厂验收、包装与清关运输的时间点。尤其是清关运输在国际项目中的风险很大，项目团队会提前计算设备清关运输的时间，衡量和评价多种路径。在本项目中采购团队对某一设备的清关运输就从集装箱船和散货船两种情况出发进行考量，如果是用集装箱船，从天津港运到伊拉克的港口，需要 27 天；如果走散货船，就是非定期船，时间上就存在不确定性。因此这种设备项目组一般预计按照 35~40 天计算，保留一定的时间弹性。在权重计算方面，具体到某一台设备，项目团队会对这台设备在项目过程中的各个阶段赋予权重以确定付款计划。在设计阶段，请购文件的提交算作该设备设计阶段 75%的权重，设计图纸返还后设计阶段算作 100%的权重，类似的采购阶段的权重包括设备进场制造完成权重、出厂验收权重、包装到港权重，施工阶段和调试阶段也各自会被赋予权重。整个项目工作都会依此赋权重，根据整体权重完成情况能够非常准确地把控项目进度。业主也将按照计划阶段确定的权重和里程碑节点进行付款。

第四步是项目方的计划工程师需要提交给业主报批。提交给业主之后，项目方的四个计划工程师与监理方的计划工程师会继续沟通、协商与谈判。本次项目计划不仅涉及工序和时间，还涉及任务的权重和业主的付款计划，因此基准计划至关重要。业主方对计划编排和权重分配进行细致的检查，要求非常严格，对有异议的地方提出很多批复。在此阶段计划来回修改三次，最终确定双方认可和承诺的计划。

在基准计划确定之后，各板块间的接口及板块内的节点已经确定。之后各板块还会继续对板块内计划进行细化。在设计方面，设计方的内部计划与其他计划形式有所不同，其采用国际通用的技术文件注册表，里面会列入项目的所有图纸，相当于最底层的设计工作包，这种做法非常详细，且会确定每张图纸本身的权重和图纸完成情况的权重，进而保证在实施阶段通过每张图纸的权重分布衡量设计进度。采购经理会对每一台设备的采购计划进行进一步细化。而在施工单位确定后，项目团队还要向施工单位确认具体的施工计划。施工计划比在基准计划中的施工板块更加详细，且施工单位上报的计划是滚动计划，即三周向前看计划，每周需要报后三周的计划，用于项目团队对施工方的管理与监控。在此过程中，每个板块也会对各自面临的风险进行识别、分析和设定预案。具有代表性的是试运板块，由于试运工作危险性很大，在试运工作之前，试运团队会在质量安全保障部的组织下做工作安全分析，结合以前的工作经验分析进油开井的风险，如需要准备哪些措施、哪些人员应该旁站，最终形成一个风险分析与应对表，用于实施过程的监控。

在项目实施过程中，各阶段保持紧密交互。项目部采用联合办公的方式，在一个大办公室中，设计部、设计管理部、采购部、施工部都在一起，有问题随时沟通。而且项目经理及各阶段负责人也经常在业余时间沟通，在吃饭的时候解决工作的问题。首先，项目以设计为龙头，设计方会在项目过程中提供很多支持。对于设计方来说，其对设备的技术要求更加专业，因此项目方在合同中要求其提供采购支持，进而在采购阶段设计方开始帮助采购经理收集信息，为其提供厂家，给出评标结果。在招投标之后，厂家要报给项目方需要报批的计划，包括设备图纸的内容和提交的事件，由项目方联系设计院批复。同时设计方还会给项目方施工上的支持，即提供工程量清单，项目方发给施工单位，施工单位按照这个工程量清单报价。当出现需要大家一起解决的突发状况，如项目中业主的工期发生变更时，各个阶段负责人就会开会讨论如何能够缩短工期、解决问题。同时，项目中也会存在设计、采购与施工各板块间的冲突，尤其是工期上的冲突，当有一方如设计不能够按照计划的要求提交请购文件和图纸的时候，采购方和施工方就会与设计方之间存在矛盾，因为紧前工序会影响后续工序的开展。此时项目协调员会介入各方之间进行协调和讨论，化解执行过程中的冲突。

为保证项目的运行，项目严格按照之前确定的计划、流程及汇报规则等执行。对于项目进度的跟踪，首先项目层面以设计为龙头，组建了一支由设计出身的专业工程师组成的设计管理团队，按照设计业务前移和设计采购合署办公的模式，跟踪设计进度、协调设计问题、优化设计顺序、督促技术评标，有效推动设计进程。在设计阶段，设计师每周都会向项目经理和项目管理团队汇报设计周报，同时将其提交给计划工程师。周报包括每个专业本周的工作内容，图纸出图的数量、正在批复的数量、图纸冻结的数量均有一份详细的报告。在采购阶段，采购人员每天提交采购报表，对项目中涉及的请购文件的状态做汇报。同时对采购厂家还有监造日报，由驻场建造的人在设备制造厂内进行信息收集、统计和监督，然后提交报表给项目经理，施工阶段施工单位在施工前期每周开周会，每周提交自己的滚动施工计划，项目方对计划做批复，同时每周提交进度报告。施工后期每日都需要提交日报，用于跟踪每日施工进度。在此过程中，项目的计划工程师开始扮演监控的角色，会每天去现场督查，与计划进行对比，形成对比的登记表。当他发现出现问题时，就会上报项目经理，由项目经理组织处理。除了项目层面，各专业工程师也会去跟踪项目的实际进展情况，并定期与计划进行对比调整工作方式，信息也通过各个层次、各个接口得到传递。施工尾期时则每天开日会向项目方汇报。施工的最尾端会有一个与计划相对比的未完成项清单，每天都需要督导完成和消项。试运阶段试运单位也报周报日报。试运阶段比较典型的一点是试运前的风险计划，前期将试运中可能存在的风险列成风险统计表，并针对不同风险做了风险预案。在试运时，项目监理会在现场将各个环节与风险计划表对比，检查人员是否到位、灭火器是否到位等，之后监控项目的试运过程。业主方对汇报和监控的机制要求很全面，因此项目部在项目前期对汇报机制定制的比较规范，实施过程中的信息传递均比较及时。

项目中涉及的文档也依照计划进行传送。对外，文件传送包括项目方与业主、监理方、分包方的文件传送。由于前期启动的时候已经确定了文档传送的编码、定期的时间和内容，实施过程中也按照指定的要求执行。在项目执行过程中项目方会记录与计划相匹配的设计图提交时间、批复时间，若业主拖延批复时间同样也要记录在案以备后期索赔。当业主、监理等出现变更或其他通知时，由项目文控人员接收并做项目内分发处理。项目内部的文档沟通主要由文控人员主导。项目中有一个文控经理、一个设计文控、一个采购文控、一个施工文控，文控人员要了解项目的所有相关文件用途和文件传送对象，并按照提前设定好的文档分类依据和传递依据执行。项目中所有文件都由文控人员负责流转。当出现紧急情况或项目经理有特殊任务时，也会通知文控人员增加转发对象。当出现重要情况时，也需要文控人员打印会签单，由项目领导批示后经各个部门约办。

在项目收尾阶段，项目部会和设计方、厂家、施工单位一同召开总结会议。会议之前，由计划工程师和专业工程师对照项目计划和实际情况先列出项目中的问题清单和错误记录，然后由设计方、厂家及施工单位提前做好准备，并在会议上一同交流讨论，吸取经验教训、共同提升。项目最终提前计划工期两天完成，且实现了成本和质量目标，获取了监理单位和业主的肯定。项目监理公司经理延斯说："A 公司在哈法亚地区所有分包商中，进度最快、质量最好、安全管理最到位，是一支非常专业的管理团队。我们对其十分放心。"

2）B 工程技术有限公司的总承包项目

（1）项目背景。

项目名称为某钢铁新体系焦化项目干熄焦装置。新体系 300 万吨焦化项目是某钢铁集团"十二五"时期扩大产能，建设"大包钢"的重点项目。该项目位于某钢厂区新体系焦化区域内，主要新建 4 座 60 孔 JNX3-70-2 型复热式焦炉，生产规模为年产干全焦 300 万吨，小时焦炭产量 2×177.84 吨，配套干熄焦装置规模为 2×200 吨/小时。B 公司负责其中 2 套干熄焦项目的总包工程及 300 万吨焦化项目的设计工作。该项目是 B 公司设计并总承包的最大的干熄焦装置。项目按照合同约定为 turnkey 工程，工作范畴包括本项目上述工程内容范围内的所有设备采购及设备运至现场后承包方给予的技术服务等，承包方负责对界区内全部工程进行详细设计（包括非标设计）。承包商还负责设备成套供货、土建施工、设备安装、单机调试、冷态联调、烘炉（含热态工程）、开工、试生产、达标达产、完整的竣工资料交接等。项目规模为 4.3 亿元，计划工期 30 个月，项目实际实施时间为 2012 年 7 月~2015 年 12 月，工程质量优秀，安全生产及文明施工情况良好。

（2）项目利益相关者。

项目团队。项目管理团队由 B 公司组建，包括项目经理、设计经理、施工经理、采购经理、财务经理、费用控制经理、质量经理及进度控制工程师、信息管理工程师和安全环境工程师。其中，项目经理和进度控制工程师来自项目管理部，设计经理来自设计管理部，采购经理来自设备采购部。公司的设计业务和采购业务采取集中管理模式，项目的设计任务由公司设计管理部组建的涉及多专业的设计团队负责，采购任务由公司设备采购部采购人员负责，项目中的设计经理和采购经理仅是设计管理部、设备采购部与项目的连接口。项目正值公司项目管理部刚刚成立之际，项目管理规范和控制标准处于初步建立阶段。

业主单位。项目业主方为某钢铁股份有限公司。

监理公司。项目监理公司为某钢铁股份有限公司下属的监理公司，代表业主对项目进行监管，下设土建、电器、建筑、工艺等部门与项目各板块对接。

施工分包方。项目的土建施工单位为 B 公司的长期合作伙伴，负责项目的土建施工和钢结构施工部分，同时还是项目的设备安装单位。

其他利益相关方。其包括当地政府及项目设备供货单位等。项目设备供货单位是经过公司采购供应商系统审核的合作单位。

（3）项目开展过程。

在合同签订之后，公司任命项目经理协助组建项目团队。此后，项目内部召开项目启动会，所有的项目管理人员和主要设计人员一同参与。会议由项目经理主持，针对项目基本情况、潜在问题、时间节点等方面进行信息共享和初步讨论。

在项目启动之后、开工之前，项目部要完成项目的四大计划，即项目管理计划、项目设计计划、项目采购计划和项目施工计划。由设计经理、采购经理、施工经理依照总承包合同分别编制设计、采购、施工的初版进度计划，汇总到项目经理处之后编制项目总进度计划，根据工程的进展逐步细化。整体上项目采用倒排计划。设计经理会组织设计管理部的设计人员确定图纸内容和工程量。结合设计中的采购清单可以确定采购内容和施工内容。先由施工经理确定项目总体的施工网络计划，确定施工的关键路径、核心事件和里程碑事件、施工的周期，以及在施工安装过程中何时安装设备、需要到货，进而推出设备采购时间及设计提交请购规格书时间。采购计划由采购经理制订，其中，采购进度计划主要依据施工的要求制订，采购实施计划依据以往经验和公司的采购要求制订。设计部分会形成设计进度表，包括一次提资料、返回资料、二次提资料和发图的时间节点。各主体业务的计划会提交至公司的企业资源计划（enterprise resource planning，ERP）系统中。项目进度控制工程师会对各个分板块计划进行汇总。但是由于公司刚刚开始设立项目管理部，项目进度控制工程师经验有限，其只进行分板块计划的合并，基本不进行调整和修改。合并后的版本由项目经理组织及其他管理人员讨论确认。在该项目中，设计、采购、施工间的交叉和联系也相对较多。设计需要给采购提供非标产品的图纸，提供耐火砖等的砖型、数量的材料，便于采购经理联系厂家提出供货需求。如果设计方不能为采购方提供基础的采购技术要求和相关图纸材料，那么工作就不能向前推进。设计方必须对施工方进行设计交接，提醒施工人员注意哪些事项，施工过程中，设计需要进行跟踪服务，包括最后的调试。因此，在计划讨论时会讨论这些相应的接口，但是不会讨论到特别详细的程度。

项目管理计划主要根据项目实际情况，结合公司项目管理部刚设立的一些程序化的模板制订，主要包括项目的环境、质量、费用，进度管理目标，项目实施的基本原则，项目对外的沟通与协调程序，项目资源配置计划及项目风险分析与对策。但由于项目部制订项目管理计划的经验相对有限，在项目风险分析和沟通协调程序部分的管理计划都比较粗略，项目风险部分主要体现在对安全风险和资金风险的分析上，沟通协调程序的制订也仅处于项目部与分包商、业主和监理方的沟通原则层次上，其并没有建立在项目团队共同讨论的基础上。另外，项目上还有单独的质量实施计划，由项目质量经理制订，用于保障项目质量。质量实施计划会确定项目的质量目标、总承包项目质量管理组织及其职责并建立施工过程中的工序质量控制点和质量检查制度。

计划确定后，在公司内部和项目部有审批和发布计划的流程。其中，项目管理计划的发布需要项目经理签字、项目管理部经理审核、公司领导审批，项目设计计划、采购计划、施工计划则分别由设计经理、采购经理、职能经理制订，由项目经理和职能部门部长（设计管理部、设备采购部、施工开车部）审核并由公司领导审批。在此过程中，由于所有项目的设计工作均由设计部统一负责，职能部门的权力较大，从项目整体出发对设计任务的考量较少，项目部对本项目设计计划的审核和设计任务的管控机制相对薄弱。分配给该项目的设计人员的考核激励等政策均在职能部门，因此其对项目整体计划的关注度、认同度均有欠缺。在各板块计划确定后，设计经理、采购经理、施工经理还会继续深化各阶段的实施计划，确定计划控制的节点。尤其是在施工招标结束后，还要根据施工分包商提供的施工组织设计，由项目部与施工分包方一同将项目以月为单位的施工网络计划进行细化，细化到周。项目部提前制定了施工进度的考核流程，施工单位每周和每月要填写工程的周计划（周总结）、月计划（月总结），并到总包单位各专业负责人处签字确认，然后上报总包单位进度控制工程师处考核评定，再由施工经理确认签字并在每周工程例会上发布考核结果。

项目计划完成后，除了在系统中上传，所有计划文件连同图纸、管理体系文件、工程纪要及管理表单等资料均会放在项目部现场的文件柜中，方便项目现场人员查阅。设计经理、采购经理及下属设计人员和采购人员较少在现场，其他项目成员常驻现场。

项目的实施按照前期计划的路线进行。设计任务在公司本部的设计管理部完成，由项目设计经理组织监控各专业的设计，并与项目经理联络；采购经理按照计划提前联络潜在厂商，完成采买、催交、检验、运输和综合管理工作；施工经理进行施工单位和施工过程的管理。在项目的监控方面，项目在执行过程中首次尝试建立赢得值的分析系统，系统在项目过程中逐渐开发，用于协助项目部对项目进行监督和控制。项目下属的施工单位，每周会向项目施工经理汇报其负责装置的下周周计划及本周周总结，包括施工进度百分比数据，施工经理提交数据给进度控制工程师，以此来确定和检查项目的形象进度，但对施工单位工料机需求不做严格控制。在费用方面，每月施工单位向费用控制经理上报工程量，进行工程审批付款结算。同时每周还会召开工程例会，在工程例会上讨论处理项目施工总的安全质量等其他问题，会根据业主的意见和施工的进度等问题与施工方安排整改的任务、协调额外的工作量。项目进度工程师会每月根据项目施工过程中的计划值和实际值做赢得值分析，将分析结果呈现给项目经理，但是由于赢得值分析是初次尝试，项目经理仅以此作为参考，还是主要凭借经验进行相应问题的处理。而这种赢得值管理主要是针对施工和一部分的采购业务，目前项目无法通过赢得值对设计的进度进行分析，工程现场尚无法跟踪管理设计的进度，项目设计主要还是依靠项目经理和设计经理之间的沟通。除了项目部内部对项目进行监控之外，业主和监理方也会对项目进行监控。在工程现场业主有指挥部，统一指挥协调所有的总包方和施工单位，这个指挥部要求项目方上报施工进度计划，指挥部只监督现场的施工进度，不监督设计和采购进度，仅在出现突出问题时对其过问。由于项目方在合同中会向业主上报里程碑节点计划，业主在大型工程例会上会通过重要的里程碑节点来对应检查施工进度。监理单位作为包钢下属子公司，也会在工程例会上对项目的分部分项工程进行质量检查并提出相关建议，但是较少关注进度、成本等方面的情况。

虽然依照预先设定的项目监控手段进行项目实施过程的管理，但是项目仍在实施过程中出现了一些问题。2012 年 3 月~2013 年 3 月，项目主要进行全部的设计任务和采购与施工阶段的前期工作。在此阶段，由于项目经理对项目的设计任务无法全面地跟踪和监控，只能由设计经理对设计任务进行一定的协调，且项目的热力专业还被公司抽调到其他工程，造成项目的设计进度延误了近一个月。这个过程中，项目经理只能尽最大能力与项目设计经理和公司设计管理部进行沟通协调，确定解决办法，赶工催发图纸。这期间设计和施工业务衔接不畅，存在现场的设计变更和业主变更，导致原有图纸不断修改，设计任务进度延误，成本超支。这个阶段现场以土建施工为主，采购的设备材料刚刚开始签订合同制作。而施工方面，为了应对施工区域冬歇期过长对工程的影响，项目部集中人力物力与施工单位开展了"大干80天"行动，在冬歇期前完成了计划安排。2013年4月~2013年8月，项目的施工与安装工作十分繁重。在此阶段，业主推迟了第一座干熄焦的投产计划，加之设计进度的延误，施工进度也发生了变化。本来为保证设备材料准时到场，项目经理与采购经理协调派专人去设备制作厂家催货，使两座干熄焦的部分设备同时到达现场，这给现场设备管理造成了一定的困难。2013年9月~2015年6月，面对业主的变更，项目经理与采购经理和施工经理紧密协调，采购经理与部分设备厂家协调更改了原定的发货时间，推迟了设备到场时间，而施工部分为了将窝工的损失降到最低，重新协调安排了人力物力，逐渐将部分施工队伍撤场。通过项目经理和项目团队成员的共同努力，最终项目在2015年9月投产最后一座干熄焦装置，项目基本完成了原定的项目目标。整体上，虽然项目发图进度晚了一个月，施工部分由于业主的资金条件和现场条件问题也产生了一部分的工期拖延，但是得益于业主的调整，最终没有体现到项目完成指标上。项目中的另一突出问题表现在设计对于项目的配合力度不够。由于项目设计人员一开始对项目的归属感不强烈，且项目经理对于设计人员没有奖惩权，在项目实施过程中设计人员与其他板块的沟通不够，设计人员在现场的时间也相对较少，经常出现业主想与设计人员沟通但无法找到设计人员的情况，只能由项目经理与设计管理部协调，致使沟通效率较低、问题解决速度较慢。

另外，为了协调各专业人员、管理人员，尽量在其遇到问题时帮助解决接口问题，项目部也组织各专业人员交叉讲解，并对项目管理体系进行学习，积极构建学习型组织。在项目收尾的时候项目部也召开了总结大会对项目的实施情况进行经验总结和交流，而且通过赢得值对项目的全生命周期进行分析，强化了项目团队对赢得值管理的认识。

3）C工程设计有限公司的总承包项目

（1）项目背景。

项目名称为某钢铁企业焦化脱硫废液预处理工程。项目为包含400多立方米污水处理池、二层综合操作间和整套污水处理设备的设计、采购、施工、调试运行全过程总承包。本次项目为C公司首次与大型国企合作，相对缺乏经验。该项目的特点为整个项目工艺流程相对简单，但项目实施区域比较敏感，属于重点防火防爆区域，因而业主的安全施工管理非常严格。同时项目施工空间相对较小，变相增加了施工难度。项目的另一个典型特点是业主方相对强势，在场内施工时要求总承包方必须选熟悉施工现场的集团入围施工单位，且设备也必须要选集团入围产品。项目的合同工期为 5 个月，实际工期为 10 个月，成本上超过初始预算 10%，最终项目通过了业主的验收。

（2）项目利益相关方。

项目团队。项目由项目开发部人员担任项目经理，项目组成员包括设计经理、采购经理、施工和试运行经理及相关人员。由于公司近年刚增设采购部和施工运行部，采购经理和施工试运行经理的经验相对有限，且公司的项目管理制度也需要系统化。

业主单位。项目业主单位为某钢铁集团公司下属化工事业部，集团的技术改革部协助业主从设计、实施、验收方面整体监管项目。技术改革部下有设备室、土建室、电器室、安全室等与项目相对应。

监理方。项目监理为某钢铁集团下属子公司，实际监理工作由技术改革部负责。

分包方。项目分包方包括土建类分包方和设备分包方。其中，土建类分包内容包括土建施工、工艺管安装、电器安装、桩基础施工，具体分包方为土建分包方 D 和桩基础分包方 E；设备分包方包括定型设备和非标设备的厂家。此次是 C 公司与业主方的第一次合作，因此业主方要求的分包单位与项目团队的合作也均是第一次。

（3）项目开展过程。

在合同签订后，项目开发部人员一直作为项目前期联络人，且具有相关专业知识基础，因此公司任命其为本项目的项目经理。项目经理任命后，公司协助项目经理从设计部、采购部、施工运行部等部门分别抽调人员组建项目团队。并由项目经理在项目团队内部召开项目启动会，项目经理向项目团队成员介绍项目的具体情况，同时也介绍这个项目可能存在的困难，尤其是进入新的市场区域的困难。

由于项目工期相对较紧，且项目团队对于项目计划的内容和制订过程缺乏足够的认识，所以项目并没有形成整体的计划，仅针对不同板块做了粗略的估计。在合同签订时合同中有对于项目实施时间的预估，但是仅是里程碑计划。在设计板块，由于与业主签订合同时已经确定了初始的设计方案，所以设计经理主要针对后续的方案细化进行了时间的预估和人工的分配，作为项目的设计计划。在项目开工前并没有形成系统的采购实施计划，仅明确了一个原则，即依据施工计划提前一个月进行采购。而施工计划在计划阶段也仅由施工经理做了粗略的施工计划，详细的施工计划还需要确定施工单位后再进一步细化。项目总承包方在与业主签订合同一个月后确定了土建施工单位 D，由于时间紧张项目团队对施工单位也没有做前期的详细了解审查和工作预估，项目经理就通过施工经理督促施工单位 D 尽快提交施工计划。但是由于公司刚刚成立施工运行部，现场施工经理和人员对于土建施工方面的管理经验还不够丰富，对施工单位提交的施工计划的审核较为粗略，加上工期紧张，项目团队就决定尽快上报技术改革部通过初步审核。依照施工单位的施工计划，项目采购经理结合设计团队提出的设备要求和数量确定了采购的时间点和数量的基础计划。此过程中，虽然三个进度计划分别上报给了项目经理，但项目经理由于经验不足且缺乏项目管理体系的指导，并没有对分板块计划进行整合形成正式的文档，也没有将三个计划在项目团队内部共享，各个板块之间也没有再进行详细的讨论和协商，只有项目经理对各个部分"心中有数"。而对于成本计划，项目团队形成了一个相对粗略的付款计划和预算，但并不是与项目进度计划相对接的。对于项目风险，项目组有考虑过业主和分包商的风险，但是没有进行详细的分析，也没有形成具体的应对方案，仅提醒大家在项目实施过程中需要注意。在此阶段，各方经验相对不足，加上公司本身各部门缺乏相互沟通的意识，计划制订过程中衔接和沟通不够充分。

对于项目团队的项目计划的检查和监督，分为两个部分，首先，公司的业务主管经理会检查项目的施工进度计划并提出调整意见。其次，代表业主方的集团技术改革部也会要求项目方提交施工进度计划。但是这两方均没有对项目的设计计划和采购计划进行检查。在项目前期阶段，技术改革部要求每周四项目方要同施工方与技术改革部一起召开工程例会，便于业主方对项目的进度和实施情况进行把控。项目内部则确定每周二和周五召开项目现场工程例会，进行总承包方内部的协调。

在项目正式开始后，项目经理开始组织各板块工作的开展。项目设计复杂度较低，项目在合同签订时已经完成了基本的设计方案，因此，合同签订后设计经理制订了一个里程碑式的节点计划后就开始组织开展设计任务。在 C 公司中，设计部门比较强势，因此在本项目中项目经理也没有对设计任务进行参与管理，设计工作由设计经理组织开展，并在每个里程碑节点向项目经理汇报项目的设计进度，设计人员与项目的联系主要是通过设计经理与项目经理的沟通实现的。在本项目中，设计人员在初步考察项目现场后，依照以前的设计经验和要求的设计标准进行了设计，在合同签订后的半个月内完成了项目的详细设计。但是，在项目设计的过程中，由于业主单位在项目合同中附有技术协议，项目设计人员就主要按照所有的合同中的技术协议设计，并没有再与业主进行需求的识别和分析，这个过程为后续的设计变更埋下了隐患。并且由于公司设计部门比较强势，项目设计人员在设计的过程中也没有与施工现场人员进行沟通和协商，确认施工的要求和限制。在此期间，项目团队为进入施工现场办理相关手续，然而由于项目前期业主方的配合度欠佳，整个手续办理的过程超过了项目团队的预计，拖延了部分进度。这也导致虽然已经确定了土建分包商，但是分包商的施工计划无法按时实施。

由于项目初期时间紧迫，且项目设计人员现场勘察时认为地质条件对项目的影响不大，所以设计人员在进行设计项目的同时进行了项目地勘检测。然而，在项目相关手续办理完之后，地勘报告的结果显示项目在土建施工之前需要做桩基础施工。这时业主方也坚持做桩基础施工，因为厂区内的其他施工现场，也是需要做桩基础施工的，但是项目部在此之前并没有及时获取信息。经过与业主的反复确认后，项目确认增加桩基础施工部分。因此，设计人员必须重新调整图纸，且需要再增加桩基础的设计。这一前期风险预估和协调的失误不仅导致了设计的变更，还给项目增加了施工的工程量，且项目部并没有提前联系好桩基础施工的分包单位，而桩基础的施工还需要一个月的时间，因此，项目的进度被严重拖延。在这种情况下，项目经理一方面尽快协调设计人员重新调整设计图纸，另一方面开始动用所有资源寻找桩基础施工的分包单位。通过项目经理和项目部人员的努力，项目确定了相对可靠的桩基础分包商。通过项目经理和施工经理的协调、督促，桩基础施工单位加班加点地尽量追赶进度，但整体上仍然比原定土建施工时间晚了三个月。

在土建施工开始之前，项目的采购也尽早开始准备。在施工开始之前，项目的设备采购人员已经筛选确定了设备提供厂家，并与设备采购厂家签订了设备采购合同。由于此类项目的经验设备采购周期为一个月左右，所以合同中注明了项目方会提前一个月与采购厂家联系开始准备设备，按照规定的周期将其运输到设备安装现场。尤其是非标设备的加工，项目部采购经理在项目土建施工的中期就通知采购厂家生产，采购厂家在项目方提交采购申请后一个月内完成设备的生产和运输。非标设备的加工图纸由公司项目设计人员出图，采购厂家进行加工和运输。但是前期并没有明确项目部各成员在项目执行过程中的责任和与项目其他部分的关联，对于非标设备加工项目也没有进行技术交底，只是项目设计人员在设备加工的现场进行答疑，主要是针对业主单位的很多要求进行答疑。采购工程款的付款条件，是按照项目的进展情况进行支付。在采购合同签订时会预付20%设备款，当现场具备设备安装条件时，项目部将预付40%的工程款并要求设备采购厂家进行设备的加工，当加工完成后，项目方会累计支付设备采购总额的60%，届时设备厂家将设备运送到现场。标准设备的采购则是在土建开工一个月之后就开始支付采购进度款。

开始土建施工后，本以为项目会按照顺延的进度计划顺利展开，结果项目的施工阶段还是出现了很多问题。由于项目前期设计人员与业主的沟通不足，设计人员的需求识别存在很大问题，没有全面考虑到业主的要求，导致业主的需求变化很大。例如，在实际土建施工过程中，业主单位在现场工程例会上就提出要求在屋顶增加拉环等结构，方便业主的后期维修。这样的问题在前期的交流中业主并没有提到过，而项目设计人员在前期也没有充分与业主沟通，在图纸设计完成后业主单位没有识别被忽略的需求，项目设计人员也没有在此阶段对设计思路和图纸设计再进行更详细的设计思路的阐释。因此，业主在现场施工的时候才发现缺了一些东西，导致施工进行到一半的时候还需要变更修改设计。除了业主的变更，现场也存在设计图纸脱离施工现场情况而无法实现的情况，这就必须从施工现场向设计提出变更请求。而设计人员和施工现场人员之间也并没有建立稳定的沟通渠道，每次现场发现问题时都是施工人员先上报施工经理，施工经理再上报项目经理，由项目经理与设计经理沟通，严重拉长了沟通路径。在实际施工过程中，由于施工现场业主对于防火的要求比较严，所以项目在施工过程中受到很多限制，加上业主单位对现场施工的临时性停工要求和干预，导致施工的进度并没有按照计划的要求执行，项目施工计划在整个项目开展过程中调整了十余次。同时，施工单位自身的管理水平和劳务人员的素质较低，现场施工人员窝工的情况时有发生。虽然项目施工阶段后期项目经理和施工经理加大了监督力度和协调力度，但是项目的施工进度仍然被拖延了两个月。施工进度的拖延也导致了采购进度的顺延，增加了协调的工作量。

由于此项目中临时性问题经常发生，为了解决项目中发生的各种问题，项目经理在施工阶段始终处于救火的状态。现场施工人员每天会向项目经理汇报当前的进展和遇到的问题和情况，尤其是与土建分包方的矛盾问题，让项目经理及时了解项目的相关信息，尽快对问题进行沟通和协调。同时项目经理也加强了项目的监督和控制，每周二和周五项目团队内部和下属的各分包商召开工程例会，对施工和设备制作等进度进行交流。每周四项目部会向甲方实施监理职责的技术改革部进行工程进度的汇报。项目经理在整个项目中起协调员的作用，积极处理各种信息和问题。在项目经理的协调和努力下，在项目后期，总承包方与业主和分包方的关系均得到了改善，最终各利益相关方一同推动项目的完工。

到项目完结时，项目工期一共拖延了 5 个月，成本超支了 10%。在项目收尾阶段，项目经理组织项目团队召开了经验总结会议，大家均对项目的前期准备、计划和沟通的感触比较深刻。项目经理回顾整个项目时说道："项目计划制订过程中没有各方人员的参与，所以项目计划不完整也缺乏可行性，可能是实施过程中遭遇到很多问题的原因。"项目结束后，项目经理也将项目团队的建议反映给了公司，并引起了公司的重视。

4.1.6 案例内部分析

1）哈法亚项目

为对哈法亚项目的知识集成过程进行分析，本节首先对项目计划阶段及实施阶段的主要活动、详细要点进行了梳理，如表 4.3 和表 4.4 所示。同时我们发现在三个案例的计划与实施过程中均存在大量的文档输出，说明文档等编码化文件在项目管理过程中具有很重要的地位，因此我们也对项目主要活动的编码化输出进行了梳理。

表 4.3　哈法亚项目计划阶段的案例整理

主要活动	详细要点	典型编码化输出
大项目整体启动	国外案例经验分享、项目整体情况与实施方案介绍、项目困难及风险讨论、文档控制经理对接会议	项目会议备忘 项目实施方案 项目潜在风险清单 项目文档控制标准
项目内部启动会	项目范围与项目目标共享、各方职责明确及项目潜在风险分析	项目风险与概论统计表 项目责任矩阵 项目章程
项目各板块制订专业计划	设计确定项目工程量与各职能接口；18 个专业工程师制订内部专业计划；采购经理、施工经理、试运经理制订各自计划	项目工程量清单 项目各专业内计划 项目各板块计划
计划工程师计划整合	四个计划工程师依据招标文件要求、项目资源约束、项目以往计划编制经验及自身计划编制知识完成初版项目计划	项目整体计划（初版）
项目整体计划的团队内部讨论	项目经理、各职能经理及各专业工程师共同讨论整合计划、确定详细方案与时间和风险估计、项目经理协调矛盾	项目整体计划（更新） 详细实施方案
项目整体计划的团队外部谈判与审核	激烈讨论后反复修改三次，形成项目方与监理方共同认可的项目计划	项目整体计划（更新）
项目整体计划的发布与细化	项目基准计划发布；项目各板块内部的计划细化、板块内部的风险识别、分析预案设定	项目基准计划 项目职能计划（更新）

表 4.4　哈法亚项目实施阶段的案例整理

主要活动	详细要点	典型编码化输出
项目设计	项目设计管理团队跟踪设计分包方设计进度、协调设计问题、优化设计顺序、督促技术评标（文档通过文控经理交接）；设计经理每周向项目经理和项目管理团队汇报，汇报材料提交计划工程师	设计文档 图纸 设计周报
项目采购	设计方提供采购支持（帮助收集信息、提供厂家、出评标结果）；厂家向项目提供报批计划、设计方批复；采购团队按计划实施采购、采购汇报	采购报表 请购文件 监造时报
项目施工	设计方提供施工工程量清单；施工单位报价；施工滚动计划提交与审批；施工按计划实施；项目计划工程师的项目跟踪与上报；定期施工汇报	滚动施工计划 施工进度周报 未完成项清单 施工日报
项目试运	制订风险计划；按计划进行项目试运；定期试运汇报	风险计划检查表 试运周报 试运日报
项目协调	重大事件经理级以上会议讨论；每周进行各职能会议汇报、项目经理与项目协调员解决职能间冲突；项目非正式沟通解决问题	会议备忘 调整的方案
项目收尾	项目部与设计方、厂家、施工单位召开总结会议，列出问题清单与错误记录、交流讨论形成文档	问题清单 错误记录 总结文档

（1）项目计划阶段。

计划阶段体现为自上而下与自下而上的信息与知识传递过程，即通过自上而下的项目启动会，任务的发布，计划的发布，推广、扩散项目背景、概况、基本信息、计划信息、责任矩阵等项目情境信息，同时通过自下而上的计划制订过程由项目底层成员层次向项目板块层次及项目计划工程师层次乃至项目团项目层次逐步汇集重组，完成项目整体计划的制订。在此过程中，哈法亚项目产生了大量的编码化知识输出，如方案、风险清单、控制标准、板块分项计划、整体计划等。整体上，哈法亚项目的项目计划成熟度处于计划成熟度的高级层次，即管理与优化的层级，其不仅能够规范地制订项目计划、充分调动可利用的资源，还能够实现对项目计划的有效跟踪管理和优化，系统实现项目计划的引导与控制功能、风险应对功能和形成团队工作共识的功能。

从知识集成的视角来看，计划阶段各项活动集成的知识有所不同。例如，项目启动会过程中被集成的知识包括项目合同签订后的项目信息输入、以往的项目管理经验及项目管理程序、项目团队成员各自对项目的分析判断知识等；而计划整合活动中集成的知识则最主要是各个板块已经形成的分项计划输入、项目的要求与资源约束相关知识、计划工程师自身的计划编制经验及组织内部现有的计划编制工具方法等知识。特别的是，哈法亚项目中计划工程师对于各板块计划的整合不仅仅是简单的汇总，更是在考虑板块间衔接关系及项目成本、质量、工期等目标协调的基础上进行的，对项目专业知识、管理知识及约束等情境知识的同步集成。这些知识本身的载体与表现形式也存在差异，有些存在于项目文件如合同中，有些存在于个体的头脑中。因此，对于项目计划的每项活动所关注及所需要被集成的知识是存在差异的，这种差异会影响知识集成的过程。

通过对项目活动知识视角的解剖，项目明显地体现为不同层次的知识集成，其中，项目启动会活动主要关注项目个体层次的知识集成，板块计划制订则关注板块层次，计划整合活动关注项目管理者层次，而计划的讨论、审核与发布细化则关注项目整体层次。每个层次的主要知识集成主体也存在差异，如板块计划制订活动的知识集成主体，即组织知识集成活动的主体，主要是板块负责人及板块内部的专业负责人；而计划整合中的知识集成主体则主要是项目计划工程师。在项目知识集成层次上，某一集成层次集成知识的载体将成为下一集成层次的输入，构成项目知识集成层次间的衔接。

从知识集成的机制上看，项目启动会活动主要采用的是面对面交互的集成机制，同时也强调通过规则与指示、传递等方式实现的编码化的知识集成机制来结构化知识集成的过程。而在板块制订内部计划活动中，则应用了规则与指示、传递、序列化、组织惯例、面对面交互多种机制，一方面通过指令、序列化活动要求及结构文档的显性知识传递规范板块内部知识集成的路径，另一方面通过会议及非正式沟通等促成的组织惯例，通过面对面交互的知识集成方式强化知识集成个体的交互和社会化，推动了隐性知识的集成和应用。因此，哈法亚项目的启动与计划阶段的知识集成机制表现出的突出特点是充分利用编码化和社会化两种机制，双重保障项目知识集成。在此基础上，形成的知识一方面被储存在活动所形成的各类文档中，以便于知识集成结果的扩散、传递和进一步应用；另一方面则被储存在知识集成主体的头脑之中，以便于后续的调用。

（2）项目实施阶段。

在项目实施过程中，主要的活动为项目各板块职能的运行与汇报、项目过程中的协调与问题解决和项目收尾活动，见表4.4。在哈法亚项目中，项目的设计、采购、施工及试运活动的突出特点是按照各板块计划开展板块内的项目活动，形成板块内部及板块间衔接的专业编码化文档输出，同时定期地、正式地进行项目进展情况的汇报，形成项目进展情况的编码化输出。从知识集成视角看，实施阶段的知识集成主要体现在项目团队依照计划开展项目活动的过程中和对项目活动的定期反馈、讨论及突发问题的协调解决过程中。

其中，项目板块计划实施需集成的知识主要包括项目计划执行结果的相关知识、成员执行任务的专业知识和经验、项目情境知识、突发性信息等，集成层次也主要是板块内的个体和团队层次，这种知识集成依赖计划阶段所形成的规则与指令、指导文档传递及序列化的活动编排，同时也利用了组织惯例和面对面交互的机制，在利用编码化提升效率的同时也调动了项目团队的能动性。知识集成的成果为设计图纸、采购清单及施工方案等具体产物，在项目过程中继续作为其他知识集成活动的输入。同时知识集成的结果也部分存在于团队成员的个体头脑和团队惯例中，进入下一个知识集成的循环。

在项目信息的收集与汇报过程中，知识集成主体是项目板块的负责人，其负责跟踪、收集板块活动进展的信息，发现执行中的问题，形成进展报告和问题分析的相关文档以便进行进一步的问题讨论和解决。此知识集成过程依赖于项目计划阶段确定的项目汇报程序和规范，集成的知识主要是项目的进展信息、板块内集成的专业知识、项目计划中的监控相关知识及板块负责人的管理经验和组织知识支持。由于板块负责人跟踪过程的及时、全面、有效，知识集成的机制也相应表现为全面的规则与指示、传递、惯例和面对面交互机制，从而保证集成知识的完整性和有效性。

信息收集完成后更深入的知识集成过程，即对信息的集体分析、讨论与决策的过程。在哈法亚项目中，这一过程由项目经理、职能经理、计划工程师及项目团队成员共同作为知识集成的主体，为有效的项目决策开展知识集成。此过程主要以会议方式进行，通过面对面交互、惯例的机制，辅以显性知识及隐性知识的传递机制，实现跨职能、跨边界、跨组织的知识集成。集成知识表现为问题解决方案、更新项目计划，还表现为决策思路、分析逻辑、管理技能等储存在项目成员头脑中以便后续调用。在项目实施过程中，这些知识集成过程可能同时发生，且具有多次循环特征。但整体上其是围绕项目计划而展开的。在项目收尾时，也通过会议总结和文档总结方式再次从项目整体层次进行知识集成，集成的知识储存在团队成员头脑中及项目总结文档中，成为组织跨项目知识集成的重要输入。哈法亚项目也因项目整体过程中良好的知识集成而实现了较好的项目绩效。

哈法亚项目的知识集成表现出以下几个特点。第一，项目管理团队具有丰富的项目管理系统知识和集成项目内知识的经验，是进行良好知识集成的基础。第二，计划制订阶段设计方、计划工程师及项目经理在知识集成过程中发挥了较大的推动作用。第三，项目在计划阶段进行了丰富的讨论，构建了知识集成的平台，确定的基准计划可靠性高，提升了项目决策的质量。第四，在项目实施阶段，项目计划成为项目活动的指导，同时得到了及时、全面的跟踪，是实施阶段知识集成的有效工具。项目实施阶段该项目采用联合办公方式，加之频繁的业余沟通，项目内各板块间沟通及时，出现问题时项目协调员和项目经理也能够充分介入协调，进一步保障了知识集成的柔性。第五，对于项目中的文档，哈法亚项目也进行了高效管理和利用，以保障后续知识集成的效率。

2）新体系项目

（1）项目计划阶段。

新体系项目的计划制订过程与哈法亚项目相类似，也为自上而下和自下而上的过程，主要活动及详细情况见表 4.5。与哈法亚项目有突出不同的是，新体系项目对项目管理计划进行单独制订。该项目本身的项目管理体系相对完善，组织提供的程序与制度也相对丰富。但是由于项目管理体系尚未被项目团队成员有效吸收和全面认同，项目进度工程师本身的项目管理经验也相对有限，在项目计划阶段仍然将项目核心管理人员以往的管理经验作为主导。因此，从整个项目来看，新体系项目的项目计划成熟度处于中等层级，即规范的层级，由于组织的历史积累已经形成了项目内的过程管理规范与制度，特别是业务层次的，但是项目管理体系对于项目计划成熟度的支撑还存在一定不足，不能有效地保障项目计划的质量。项目过程中虽然有进行风险管理的流程，但是还相对缺乏深入度和措施保障。项目内虽然存在信息传递与沟通的渠道和程序，但是团队成员的项目集体意识还有待提升，项目成员对项目目标和计划过程的确认方面还存在不足。

表 4.5　新体系项目计划阶段的案例整理

主要活动	详细要点	典型编码化输出
项目启动会	项目管理人员与主要设计人员参会、项目基本情况介绍、时间节点共享、潜在问题分析	项目会议备忘与章程 项目实施方案 项目潜在风险清单
项目各板块制订各自计划	设计人员确定图纸内容和工程量、确定采购内容和施工内容；施工经理确定项目总体施工网络计划、采购经理依据施工要求和以往经验确定采购实施计划；设计经理形成设计进度表；质量经理制订质量实施计划	项目工程量清单 设计进度表 采购实施计划 施工网络计划 质量实施计划
项目进度控制工程师的计划整合	进度控制工程师对各板块计划进行简单汇总合并	项目整体计划（初版）
项目整体计划的团队内部讨论	项目经理、项目管理人员与各职能经理共同讨论整合计划、讨论设计、采购与施工的基本接口（粗略）	项目整体计划（更新） 详细实施方案
项目管理计划制订	参考项目管理部新开发的程序化模板，进度控制工程师制定粗略项目风险分析与对策及项目沟通与协调程序	风险分析与应对文档 项目对外沟通协调程序
项目整体计划的审核、发布与细化	项目管理计划由项目经理、项目管理部经理、公司领导审批并发布；项目职能计划由项目经理和职能部门部长、公司领导审核发布（设计计划审核较弱）；项目职能经理细化各自计划	项目管理计划（更新） 项目职能计划（更新）

这些特点在项目知识集成的过程中就表现为虽然新体系项目计划阶段的活动与哈法亚项目类似，但是活动中的知识集成效果却存在很大差异。在项目计划整合过程中，项目进度控制工程师仅对各板块计划进行了简单汇总合并，计划讨论过程也主要关注项目工期，对于项目成本、质量、风险等管理内容的考量相对较少，没有集成所需集成的知识，影响了项目计划编排的决策。另外，项目设计本应该成为跨职能、跨阶段整合的引领者，但由于项目经理对项目设计方的领导较弱，设计任务从项目整体出发的考量较少，与其他部门之间的联系与交往也较少，项目部对设计计划的审核和管控都相对薄弱，这进一步阻碍了计划阶段的知识集成。其体现在知识集成上首先表现为知识载体聚集的困难，其次表现为项目知识集成机制的不完善，相对缺乏交互的知识集成机制和集成知识的共识。

（2）项目实施阶段。

计划阶段的知识集成结果也将影响项目实施阶段的知识集成情况，具体见表 4.6。首先，对于项目计划执行过程，由于项目经理前期对于项目设计计划的审核力度较弱，即项目设计计划并不是通过合理的知识集成过程形成的，所以项目设计计划在执行过程中存在一定的问题，导致设计进度延误和成本超支。同时由于设计人员长期不在现场，对现场情况了解不充分，与其他职能之间的衔接不顺畅，产生了很多现场设计冲突与变更需求，项目设计计划的执行面临挑战，影响了板块知识集成效率。而设计问题也对采购和施工板块计划的执行造成了影响，导致采购冲突和现场管理困难。因此，在板块计划实施过程中，由于计划阶段集成知识载体的知识不准确性、项目知识集成主体的低积极性及计划阶段沟通程序设定的缺失，项目板块内知识集成及跨板块知识集成的效果受到很大影响。

表 4.6 新体系项目实施阶段的案例整理

主要活动	详细要点	典型编码化输出
项目设计	设计经理监控管理各专业设计；设计经理负责与项目经理联络汇报；设计给采购提供非标产品图纸及耐火砖型号和数量、与施工设计交接（设计人员参与度不高，与其他职能衔接不畅导致现场设计变更和图纸不断修改）	设计文档 图纸
项目采购	采购经理按照计划提前联络潜在厂商，完成采买、催交、检验、运输和综合管理工作	采购报表
项目施工	分包商提供施工组织设计；施工经理细化施工网络计划；分包商每周填写周计划（周总结）和月计划（月总结）；进度控制工程师考核评定	滚动施工计划 施工进度计划与总结 赢得值分析结果
项目协调	每周召开工程例会，主要针对施工环节；项目经理参考进度工程师的赢得值分析结果决策；业主和监理在大型工程例会检查里程碑节点运行情况（主要关注质量，较少关注进度和成本）；项目经理与公司协调设计资源和进度，协调实施中设计、采购与施工的诸多矛盾；项目部组织项目管理体系学习及各职能人员交叉讲解	会议备忘 赢得值分析文档
项目收尾	召开总结大会进行经验总结和交流	总结文档

而在项目进展信息收集与汇报的过程中，项目板块负责人和项目进度工程师进行信息的收集，但是项目所采用的赢得值分析仅针对施工工作及一部分采购业务，无法对设计进度进行分析，设计汇报也没有形成编码化文件，主要是项目设计经理的口头汇报，这阻碍了此知识集成阶段的知识获取和调用。在项目问题分析与讨论过程中，项目经理主要扮演协调员的角色，由于项目设计经理和设计人员不常驻现场，项目整体层面的协调和问题解决会议受到的一些影响，只能由项目经理分别进行协调，这降低了知识集成效率。同时，缺乏面对面交互机制也使问题解决方案的创造性有所降低。因此，项目实施阶段的知识集成过程在范围、效率和柔性方面均存在一定程度的障碍。

3）焦化脱硫项目

（1）项目计划阶段。

焦化脱硫项目，与其他两个项目相比，其在全生命周期活动的差异均较大。首先，从活动项来看，该项目在计划阶段弱化了项目计划的团队讨论过程。其次，从各个活动的执行情况来看，活动的内容与活动的编码化输出方面均相对较弱，如表 4.7 所示。整体上焦化脱硫项目的计划成熟度层级处于低级水平，项目团队多通过非正式的方式开展项目计划的制订与跟踪，项目计划制订的有效性和准确性严重不足，项目成员没有形成整体的项目意识，项目中的风险管理工作也非常不到位，这导致项目在实施过程中暴露出很多问题。

表 4.7　焦化脱硫项目计划阶段的案例整理

主要活动	详细要点	典型编码化输出
项目启动会	项目经理介绍项目基本情况、可能存在的困难、各职能经理的主要工作	项目会议备忘 项目实施方案
项目各板块制订各自计划	设计经理依据合同中的初始设计方案进行方案细化和时间预估与人工分配，形成里程碑计划；采购经理明确依据施工计划提前一个月进行采购；施工经理制订粗略施工计划；项目团队制订粗略的付款计划和预算	项目设计方案 设计里程碑计划 粗略施工进度计划
项目经理计划整合	项目经理对各板块计划进行简单汇总合并	项目整体计划 （初版）
项目整体计划的审核、发布与细化	项目施工进度计划提交职能经理和公司领导审查，同时提交集团技术改革部审查	施工进度计划 （更新）

从知识集成视角出发，焦化脱硫项目团队本身的项目管理知识和总承包项目管理经验相对较少，因此在启动会上相对缺乏会议的结构性指导来进行知识的充分调用，也没有形成较多的对后续知识集成有益的编码化输出。在计划制订过程中，由于启动会上对于各职能间需求的了解不充分，所以板块计划制订较少考虑与其他板块间的衔接。同时，板块内部计划制订也相对粗略，设计计划仅包括时间预估和人工分配的节点里程碑计划，采购板块则并未形成内部计划，施工计划也仅是粗略的施工进度计划，虽然在确定分包方后，施工计划得到了一定程度细化，采购计划也依据施工计划确定了时间节点，但是分包方施工计划并没有得到谨慎审核，因此各板块内部知识集成存在很多问题，知识集成的范围和效率均不高。而整合计划工作则是由项目经理独自进行的，项目知识集成主体是项目经理，然而项目经理由于缺乏计划整合和计划管理的经验，各板块计划仅简单合并在一起，没有从跨职能、跨组织的角度进行详细深入考量，也没有从项目成本、质量、工期的角度进行仔细推敲。更突出的问题是对于整合形成的正式项目计划，并没有进行进一步的详细讨论和协商，也没有在项目范围内进行发布，只有项目经理对各个板块计划有所了解，错失了项目计划阶段的重要知识集成机会。而关于项目计划的外部检查，公司内部和业主方均只针对施工进度计划进行检查并提出修改意见，因此项目计划对于外部利益相关者的知识集成也相对有限。

由于规则与指示和面对面交互的机制均相对匮乏，计划阶段能够集成的知识就相对有限，机制的不健全降低了已有知识集成的效率。各知识载体之间缺乏必要的交互，面向项目的共有情境知识没有得到很好的创造，计划阶段知识的跨职能边界、跨组织边界没有得到有效的跨越，计划阶段的创造性较低。从计划阶段的知识集成效果输出看，计划阶段形成的编码化输出相对较少，尤其缺乏沟通、风险等管理程序的构建，非编码化输出也主要体现在项目经理和各职能经理对项目的认识上，整体上对实施阶段的计划执行和突发问题解决的指导相对有限。

（2）项目实施阶段。

通过表 4.8 的案例梳理，焦化脱硫项目实施与收尾阶段的知识集成过程，大体上包括三项活动。首先，开展板块内部活动。项目设计任务主要由设计经理组织开展，项目经理对于设计任务的管理较弱。设计人员在设计之前没有进行业主的需求识别，也没有与施工方与采购方进行沟通以确认施工要求和限制。因此，设计过程相对独立，主要集成的是设计内部专业知识，对其他板块及项目情境知识的集成较少，内部主要采用传递、序列化等知识集成机制形成设计文档和图纸。采购内部则主要按照计划的采购时间节点信息和以往采购经验执行采购任务。在此过程中，采购存在与设计人员的交互，需要设计为非标设备提供图纸和现场答疑，但是设计并没有进行技术交底，缺少了采购板块的设计知识集成。施工工作则主要按照项目计划进行，但是由于分包商的审核和管理存在很多问题，施工进展也并不顺畅，项目计划对施工工作的指导非常有限。在施工过程中无法集成相关的设计知识，施工分包商的项目共识较弱，积极性不高。

表 4.8　焦化脱硫项目实施阶段的案例整理

主要活动	详细要点	典型编码化输出
项目设计	项目设计经理组织开展设计工作，在里程碑节点向项目经理汇报设计进度；设计人员与业主及施工人员沟通较少；前期沟通不足，图纸阐释不清，设计变更频繁，设计图纸多次调整	设计文档 图纸
项目采购	采购经理按照计划提前筛选设备厂家，签订采购合同提交采购申请，进行运输管理和材料设备检查；设计为非标设备提供图纸和现场答疑（没有技术交底）	采购报表
项目施工	分包商提供施工组织设计作为施工计划；分包商在项目现场施工，施工经理进行施工管理；每周二和周五召开现场工程例会，检查施工进度和问题；施工与设计脱节情况较多，施工方配合度差	施工组织设计 现场工程例会备忘
项目协调	现场问题施工人员上报施工经理，施工经理上报项目经理，项目经理与设计经理沟通，沟通效率低；每周四项目方、施工方、技改部共同召开工程例会协调解决问题；项目后期施工经理和项目经理加大监控和协调力度，扮演项目协调员角色，解决分包商矛盾	对外工程例会备忘
项目收尾	召开总结大会进行经验总结和交流	总结文档

其次，关于信息收集与汇报工作，在项目计划阶段并没有确定收集与汇报

机制，仍主要依赖项目经理与各职能经理的临时性沟通。在设计方面，设计经理主要在里程碑节点与项目经理沟通汇报，设计人员的问题需要通过设计经理进行反馈。采购业务也是采购经理与项目经理的直接口头沟通汇报。施工方面，一开始并没有确定定期的汇报方式，主要是现场施工人员每天跟项目经理汇报进展和问题，使项目经理了解项目相关信息，后来当问题与矛盾较多时，项目经理开始强化项目监督和控制，确定了例会制度和汇报制度以了解项目进展情况。此过程中，由于结构化、有序的机制在前期并没有建立起来，知识的集成主要依靠项目经理与各职能经理的交互，集成效率较低，也存在所需集成知识的缺失。同时，此阶段知识集成的编码化输出较弱，知识集成结果多储存在人脑中，扩散和应用效率较低，对于后续的讨论和问题解决无法提供较好的集成基础。

最后，项目实施过程中问题分析、讨论与解决过程的主要途径是由项目经理对各方的需求、问题进行分析和协调，即项目经理作为知识集成的主体来推动项目内跨边界知识的流动、重组和创造。在项目后期，施工方面的问题分析解决与协调也部分通过工程例会的制度来实现，此过程中的知识集成主要通过面对面交互的方式进行，这一机制部分促进了施工板块内部突发问题的解决，但设计与采购问题仍然通过项目经理解决。例如，施工中的设计问题的沟通要经过施工人员、施工经理、项目经理、设计经理多个环节，严重拉长了沟通路径，降低了协调和知识集成的效率。由于计划阶段埋下了工作隐患，所以项目中的大量知识集成都发生在问题解决过程中，虽然知识集成活动发生频率很高，但效率却相对较低。项目计划也因多方面的变更进行多次调整，未充分发挥其对项目实施过程的指导作用。整体来看，项目实施阶段的知识集成效果并不理想。

4.2　面向项目计划的项目知识集成模型构建

基于上述三个案例的归纳分析，研究发现总承包项目生命周期中的活动与知识集成框架中的知识、载体、机制、主体、障碍与边界等要素是相互匹配的。特别的是，项目计划贯穿整个项目生命周期，联结项目中个体知识集成、团体知识集成、项目知识集成。因此，基于对三个典型总承包项目的案例分析，本节构建了面向项目计划的项目知识集成模型，如图 4.2 所示。此模型划分为项目计划阶段与项目实施阶段两大阶段，包含两个阶段内部的静态知识集成模型及跨项目生命周期阶段的动态知识集成框架。

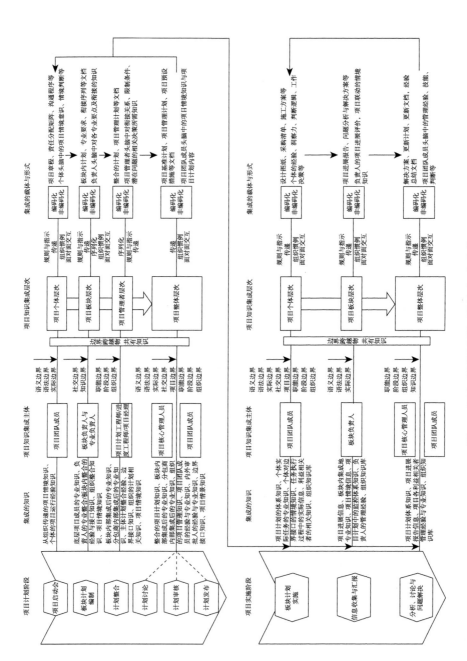

图4.2 面向项目计划的项目知识集成模型

1) 项目计划阶段内部的静态知识集成模型

为进一步解析项目计划阶段的知识集成,项目计划过程被拆解为六项活动,各活动分别匹配相应的知识集成发生层次。拥有不同的主要知识集成主体,其所集成的知识、集成机制以及面临的知识边界和集成的知识载体也存在差异。

初始活动是项目启动会,此活动是项目初始的正式全员会议,目的是传递和共享项目前期合同签订阶段的项目基本信息、项目初步方案、项目特殊要求及项目的内外部利益相关者等信息,同时,集成项目团队成员以往的项目经验和个人专业知识来实现项目沟通等程序的制定、项目风险识别及责任分配等。因此,此阶段进行项目知识集成的主体是项目成员,集成层次集中体现为项目个体层次。通过会议主导者预先确定的会议议程等规则进行信息传递和讨论,并通过合同技术条件、初步方案的编码化文档的传递完成知识载体的聚集,再通过组织惯例的引导和面对面的交互机制来推进讨论过程中的知识表达和传递,最终团队成员通过自身经验对项目启动会中调用的显性或隐性知识进行集成,一方面共同形成项目章程、责任分配矩阵、风险清单等编码化的知识集成后的载体,另一方面形成团队成员内隐化于个体头脑的项目情境知识与以往项目经验的重新组合,便于后续项目知识集成和知识应用时调用。此过程中,知识集成需要跨域的边界主要是交流过程中的语义边界、语法边界和实际边界,需要通过解释的过程实现知识的理解、吸收和集成。前期项目的相关文件也会作为团队共有的边界跨越物来形成交流基础,以提升集成效率。此活动中知识集成的主要影响因素为知识载体的调用程度、所需知识的储备情况、主体进行知识集成的意愿及共有情境知识的形成情况和知识集成机制的利用情况,这些均会影响知识集成的效果和质量。

板块计划编制活动是计划活动的正式开端,其目的是基于项目目标和要求进行设计、采购、施工、调试等板块内部项目计划的确定,需要充分调用板块内部的可利用资源来实现。这一过程中各板块内知识集成活动是同时进行的,在总承包项目中,设计板块通常是其他板块进行内部计划制订的先导。集成的知识主要为项目启动会上形成的编码化项目情境知识、技术要求,先前形成的团队成员头脑中关于项目过程、项目板块、项目边界、资源储备情况等内隐性的项目情境知识,以及底层项目团队成员拥有的板块内部的专业知识、项目管理知识、计划制订经验和组织原有的项目计划制订模板、经验等相关知识。此过程中若板块业务是外包出去的,则主要由外包单位进行板块计划制订和知识集成。因此,该知识集成过程主要体现在项目板块层次,项目知识集成主体包括项目板块负责人及涉及多专业的板块内部专业负责人,他们负责组织和管理知识集成过程,形成知识集成结果。每个板块内部的知识集成依赖的编码化知识集成机制包括启动会上及组织原有的项目计划制订的相关规则与指示机制、项目初步方案等编码化文档的传递机制及项目计划要求的序列化活动编排机制；社会化知识集成机制则体现为组织惯例对所需集成知识的组织及板块内部讨论交流所需的面对面交互机制。集成后的知识将主要以板块内的详细计划、具体专业要求、板块内项目管理计划及与其他板块衔接的需求文档等编码化形式存在，部分以负责人头脑中对板块内部各活动、各专业运行逻辑和可调空间的认识等内隐性形式存在。在该过程中，在知识基本边界基础上还需要跨越异质性知识的知识边界和个体之间的社交边界来集成其他个体专业知识。此活动中知识集成的主要影响因素是前期对于计划过程程序的设定、各方职责等正式干预是否到位，能否充分利用编码化的机制来提高效率，同时能否提升项目团队的参与度与认可度，强化主体进行知识调用、分享、集成和创造的意愿，考虑到项目各种可能性，并充分实现资源有效配置，以保证项目知识集成的效率和柔性。

此后，为进一步扩大知识集成范围，提升知识集成质量和决策准确性，需要在更高层次进行计划整合。这一总承包项目中的计划整合活动通常由项目计划工程师/项目进度工程师或项目经理等对各板块内容比较了解的、具有丰富计划制订知识与经验的知识集成主体来实现，活动中集成的知识包括板块集成后的专业知识、边界接口知识、主体的计划整合和项目管理的知识与经验、组织计划模板与工具等知识及项目情境知识。由于这一计划的初步整合主要是由少数的专业人员来完成的，因此活动的知识集成主要为项目计划管理者层次，所使用的知识集成机制主要是编码化机制，在板块计划传递的基础上利用先前确定的计划整合的规则与序列化的编排方式来实现各板块计划间的知识集成。此过程中的知识集成在知识语义、语法、实际边界基础上还要跨越项目中的职能边界、阶段边界乃至分包商的组织边界，不仅要实现业务上的设计、采购、施工、试运等环节的专业集成，还要实现项目管理中的工期、成本、质量、风险、沟通等方面的知识集成，形成合理准确的、考虑周全的项目计划。同时，集成后的项目板块衔接、潜在问题与矛盾等相关知识储存在集成主体的头脑中，以备后续知识集成过程调用。

项目计划阶段还包括计划的讨论、审核与发布活动，通过活动的知识集成框架分析，这三个过程的知识集成活动集中体现在项目的整体层次，是项目计划阶段最终的知识集成过程。其中，计划讨论是为集成项目业务相关人员所拥有的专业知识与情境知识，确定一个合理的得到认可的项目计划；计划的审核将进一步集成项目所在企业管理者的知识及业主方的知识；计划的发布则是通过自上而下的计划传递与共享，推动项目全体成员内部的知识集成，为项目实施阶段奠定基础。因此，计划讨论、审核与发布是项目整体层次的知识集成，集成的知识包括整合的项目计划知识、板块专业知识、项目团队成员的专业知识与经验、组织管理者和业主的有益知识及项目情境知识等。知识集成主体为项目核心管理人员和项目团队成员两大类，其中，核心管理人员主要是参与计划讨论的项目经理、板块负责人、计划管理人员等，活动中涉及的知识集成机制主要是会议与交流的过程中的面对面交互和组织惯例的社会化机制，同时辅以文档的显性知识传递和表达、描述等隐性知识外显化的传递机制。此过程中，知识需要跨越项目中多种边界得以集成，知识集成的主要影响因素为共有专业知识和情境知识的情况，这决定了知识集成的效率。集成后的知识以项目基准计划、项目管理计划、项目管理措施和程序等编码化文档形成存在，也会存在于项目团队成员的头脑中用于实施过程中知识集成的指导。

整个项目计划过程中，形成的共有项目情境知识和共有项目专业知识是项目计划阶段内部各边界跨越物的重要基础。

2）项目实施阶段内部的静态知识集成模型

基于三个典型案例分析，面向项目计划的项目实施阶段可以划分为三类活动，即板块计划实施，信息收集与汇报，分析、讨论与问题解决，如图 4.2 所示。实施阶段知识集成的突出特点是项目计划作为整个实施过程中的整体机制和边界跨越物，实施阶段知识集成主要是在计划指导下进行，计划阶段的集成知识载体将过渡到实施阶段，而实施阶段集成后的知识将用于项目执行决策。

首先板块计划实施表现为项目个体和团队的知识集成，在项目计划的序列化活动编排指导下开展板块活动，集成项目计划阶段编码化和非编码化的相关知识，同时集成个体任务相关的详细专业知识、边界接口的情境知识、执行过程中的实际信息及组织的可利用知识等。这一过程中项目计划既作为规则与指示机制中的指令，也作为序列化机制和传递机制的载体，实现实施过程中知识的组织和集成。同时，实施阶段还会涉及成员间的跨主体、跨职能、跨组织的交互，社会化知识集成机制也会进一步促进项目个体与团体层面的知识集成。集成后的知识以设计图纸、施工方案等形式存在，同时也会形成个体的经验、判断逻辑，用于项目实施过程中的个体活动决策。

信息收集与汇报，主要是由各板块负责人所主导的板块内部实施信息的收集及与计划信息的对比。这一过程集成的知识相对具有针对性，主要为项目的进展信息、项目计划执行与监控的相关知识、板块内的专业知识及组织的相关工具与方法的知识，主要目的是收集执行信息、与计划进行对比、确定潜在问题和预设解决方案。在这一知识集成过程中，板块负责人依靠项目计划中制定的项目汇报与沟通程序的指导、项目底层执行信息的传递及团队成员间交互过程中的表达与传递所展开的信息与知识获取，并利用组织的分析策略如赢得值分析及自身经验进行所有信息和知识的集成，形成知识集成后的编码化的项目进展报告、存在问题、原因及多种解决方案等和非编码化的个体判断逻辑、项目中的潜在联动关系等，用于进一步的知识集成与项目决策。

分析、讨论与问题解决，旨在解决项目实施中的矛盾和冲突，是项目实施阶段的又一典型知识集成过程，其本身需要集成项目团队成员高强度的信息处理知识。此活动是项目整体层次的知识集成，以项目核心管理人员为主导的集成主体、项目团队成员为参与的集成主体，共同推进知识集成，解决实际问题。此过程需要集成的知识主要包括项目计划体系的相关知识、项目进展报告等载体知识、各利益相关者的经验与知识及组织相关知识库的支持。这一过程主要依靠面对面交互和组织惯例的社会化机制来推动知识载体的聚集和知识的表述、吸收与集成，同时项目计划阶段制定的会议沟通机制和其他沟通机制也作为知识集成指令来结构化讨论过程，会议上的进展报告、项目计划等文档传递也会进一步提升知识集成效率。此活动集成的知识将直接以解决方案、更新的项目计划、问题记录等形式存在，用于后续项目执行和其他知识集成过程。同时团队成员集成的知识如某些问题的处理经验，也将储存在成员的头脑中用于后续调用。

在项目实施阶段，已形成的基准项目计划成为项目知识集成过程中最主要的边界跨越物，它帮助跨越各个边界实现实施阶段的有效项目知识集成。

3）跨项目生命周期阶段的动态知识集成框架

从整个生命周期的角度来看，总承包项目中的知识集成为一个动态跨阶段的知识集成过程。从整个知识集成的框架来看，项目计划阶段的知识集成要素和项目实施阶段的知识集成要素是相互衔接的，如图 4.3 所示。

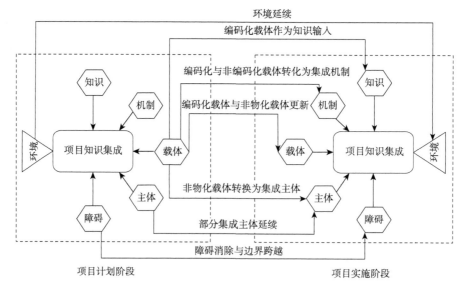

图 4.3　跨项目生命周期阶段的动态知识集成框架

项目计划阶段知识拥有主体、集成后的知识及其知识载体都以不同形式转移到了项目实施阶段的知识集成过程中，形成了实施阶段知识集成的实质输入，同时构成了实施阶段知识集成的机制和基础，最突出的表现是项目计划阶段的知识集成后的载体作为动态知识集成的桥梁，首先，其作为项目实施阶段的专业知识输入来引导项目实施阶段的知识集成；其次，其所确定的项目实施阶段的集成机制也将直接保障实施阶段的知识集成；再次，计划阶段的集成主体也将成为实施阶段的集成主体；最后，计划阶段的编码化载体与个体和团体载体也将在实施阶段得到进一步的更新。而最具代表性的计划阶段集成知识的载体项目计划，作为直接编码化产物成为实施阶段知识集成过程中的知识边界跨越物，且作为编码化机制引导和推动了实施阶段的多层次知识集成过程；同时项目计划阶段的知识集成过程也推动了共有知识，尤其是项目共有情境知识的形成，进一步促进了实施阶段主体间的知识交互，成为实施阶段知识集成的基础。所以，项目计划是项目内知识得以有效动态集成的关键，若离开了项目计划，各阶段的知识集成将由于缺乏衔接机制而很难得以延续。其他的要素如知识集成环境、主体，计划阶段的知识集成障碍及其边界跨越情况也将延续到实施阶段的知识集成过程中，形成跨阶段动态联结。因此，项目实施中的知识集成效果很大程度上取决于项目计划阶段知识集成的效果，计划阶段集成知识的数量、效率、程度、输出载体等情况都将影响项目后续阶段的动态知识集成。这同时也反映出项目计划贯穿项目知识集成始终，已经成为总承包项目动态知识集成框架的核心。

4.3　项目计划对项目知识集成的双重作用模型构建

1）双重作用模型

在上述面向项目计划的项目知识集成模型构建的基础上，进一步从知识集成内部出发，剖析项目计划对总承包项目知识集成的深层次作用机理。通过对三个案例的分析发现，项目计划的过程与项目知识集成的过程是相互匹配的，有效支撑项目计划的各项活动同时将有效推动总承包项目知识集成。经过更深层次的归纳总结发现，项目计划主要通过两条路径作用于项目的知识集成过程和效果，如项目计划对总承包项目知识集成的双重作用模型如图 4.4 所示。

第一条路径是编码化路径，即项目计划会通过内在的编码化过程来推动知识集成。首先，项目计划需要高效的编码化过程来充分调用和挖掘项目可利用的知识，并尽可能通过编码化过程来实现总承包项目各个板块之间的衔接，有效地形

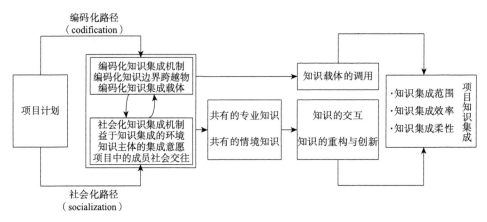

图 4.4 项目计划对总承包项目知识集成的双重作用模型

成合理、准确的项目计划。项目计划作为项目团队编码化活动的产物本身就是为了项目实施过程更好、更有效的正式管理和控制，项目计划中所包含的一系列沟通计划、管控程序也将作为一种正式干预机制成为项目实施过程管理的依据[184]。除了项目活动中的常规项，项目计划还要能对项目中的多种不确定性进行有效的管理。而在案例中，对于风险的管理，项目多采用编码化方式将项目中的潜在风险列成风险清单，并利用系统化的工具和方法对清单中的风险进行分析，同时形成风险管理的程序和解决方案并进行发布。整个过程中所形成的编码化输出不仅能够充分挖掘项目中潜在的风险，而且能够在项目实施过程中起到警示和引导的作用，帮助项目团队有效应对突发事件，最大限度地降低突发事件对项目的影响。有效的项目计划还体现在项目团队成员的工作共识上，已有文献指出项目团队成员对项目的共识不仅是对项目内容的共识，更重要的是对项目过程的共享理解[62]。因此，项目可以通过项目中编码化的项目计划活动编排文件、沟通程序等来推动项目团队对项目计划的接受和认可，提高项目计划被顺利执行的可能性。综上，可以发现，项目计划内在的编码化过程推动了项目中规则与指示、传递及序列化等编码化知识集成机制的形成，同时创造了编码化的知识边界跨越物及编码化的知识集成载体，提供了知识跨边界转移、翻译和转化的工具，奠定了项目知识集成的基础。这些编码化输出一方面将作为正式的干预，强化知识集成过程中知识载体的调用；另一方面将通过多种易于传递和理解的边界跨越物来推动专业接口、计划需求等共有专业知识的创造及"谁知道什么"和"到哪儿去寻找专业知识"的共有情境知识的创造[161]，进而促进分散知识在集成过程中的知识交互、重构与创新过程，扩大集成的知识范围，提升知识集成过程的投入产出比，保障知识集成过程中知识重新配置和知识创新的效果。

第二条路径是社会化路径，即总承包项目计划将通过社会化路径来推动项目的知识集成。社会化路径的出现是出于项目实践中项目主体能动性和项目成员交互的需要，也是为了强化和扩大项目计划的作用。项目计划本身作为一种相对正式的管理机制而提出，但是在案例分析的过程中，我们发现项目计划效果较好的项目还会充分利用项目计划过程中的多种平台来强化项目计划的"软"性作用，即项目计划还能够充分利用正式的会议及非正式的交流讨论等产生社会化的面对面交互及组织惯例等知识集成机制。通过提高主体参与度来提高主体进行知识交流和集成的积极性，强化成员间的社会交往和关系质量，进而形成有益于知识集成的环境，更深层次地挖掘和利用项目团队成员的知识。这一过程所产生的面向项目人员的知识集成要素，一方面将通过有益的集成环境和强化的主体集成意愿来实现知识载体的调用和聚集，充分挖掘项目团队成员头脑中的隐性知识；另一方面突出体现为共有情境知识和专业知识的创造[161]，社会化路径将促进总承包项目中跨主体、跨职能、跨组织的集体意会和理解的共同框架的创建，通过正式与非正式交互强化主体对其他主体所拥有知识的理解，充分推动项目计划阶段和项目实施阶段的知识交互与重构，并在基于社会化的问题解决过程中进一步推进知识的重新配置与新知识的创造。项目计划还将通过内在的社会化过程进一步扩大知识集成的范围，提升知识尤其是隐性知识集成的效率，并通过隐性知识的交互提升知识集成的质量和柔性。因此，从理论发展上看，这一社会化路径也进一步确认情境知识、主体交互等因素在知识集成过程中的重要作用，形成其在总承包项目情境下的系统化解释。

在双重作用模型中，编码化路径与社会化路径之间并不是完全独立的，二者之间还存在着一定的交互。其中，编码化路径中的编码化输出能够通过结构化会议等讨论过程、正式沟通程序指导团队的交互，通过编码化输出的传递与扩散推进社会化交往的进程，形成更多的共享理解，提升社会化路径中的知识集成效率[112]。而社会化路径中的多种机制和平台也能够通过主体的外显化表达意愿、隐性知识的进一步挖掘和交互等促进编码化产物的形成、提升编码化输出的质量和数量。所以，两条作用路径是相辅相成的，二者共同形成项目计划对于项目知识集成的双重驱动，具有好的项目计划的项目能够通过两条路径的协同推进项目知识集成进程。

2）多案例对比分析

在通用模型构建的基础上，本书进一步对三个典型项目进行知识集成过程和效果的对比分析，以解释不同案例的知识集成要点。

结合三个项目案例来看，项目计划制订较好的项目与较差的项目相比，更能够推进项目知识集成的过程。哈法亚项目突出表现为充分利用编码化和社会化两条路径来推动知识集成。其项目团队拥有丰富的管理经验，且组织能够提供程序、工具和方法支持，使该项目在制订计划时充分利用编码化的手段，控制项目计划制订过程的规范性与合理性，调动项目所需知识，降低突发事件发生的可能性，同时形成大量编码化输出。这些项目基准计划、项目管理方案等编码化的载体在项目实施阶段也发挥了重要的引导与控制作用，不仅对于项目计划中的项目活动有很好的指引作用，还保障了对突发事件的应对效率。另外，针对项目的利益相关者，项目团队为保障国际项目的各方支持，在项目计划制订过程中经过了大量交流、讨论与谈判的社会化过程，促进项目利益相关者之间的交互，充分推动知识挖掘和共识的形成，鼓励新知识的创造和原有知识的优化配置。因此，通过编码化路径与社会化路径，哈法亚项目形成了丰富的共有专业知识和共有情境知识，对项目各层次、各环节的知识集成提供了有力支持，进而保障了哈法亚项目整体的项目绩效，非常好地实现了项目目标。

对于新体系项目而言，虽然该项目也具有规范化管理程序，但在保障项目计划实现对项目的引导与控制、提升项目风险应对及形成项目共识方面仍有所欠缺。该项目计划整合环节十分薄弱，输出的基准计划知识嵌入性不足，导致项目计划缺乏一定的合理性和指导性。同时，项目计划中管理计划部分的沟通程序等编码化输出的质量存在不佳，尚不能对项目实施过程形成有效指导。项目对设计人员也缺乏把控力度，设计人员与项目其他板块之间的交互较弱，导致项目对社会化路径的利用也存在一定问题。因此，由于新体系项目本身的项目计划过程不够完善，其在利用编码化路径和社会化路径实现知识集成的双重驱动方面还存在一定困难，影响了项目知识集成的效果。这也反映在新体系项目的绩效上，虽然项目基本实现了变更后的目标，但是很多指标仍有待提升。

对于焦化脱硫项目而言，其项目计划能力更加有限，表现为粗略的项目计划、不充分的预先估计、不成体系的管控计划及较低的项目成员认同度。因此，该项目计划活动严重缺乏编码化、结构化、规范化的过程，更多地依靠项目经理个人的管理经验来开展。同时，编码化输出的缺失降低了社会化过程的质量，项目计划讨论与发布过程的缺失对项目情境知识的共享造成了阻碍。另外，项目计划阶段的编码化输出也影响了项目实施阶段的知识集成过程，导致实施阶段的知识集成缺乏有效的知识集成机制，项目边界跨越存在很多障碍，各板块间知识难以集成。大量依赖以项目经理为主的知识集成主体通过临时沟通和协调进行项目知识集成，导致知识集成效率较低，集成的知识也非常有限。因此，作为缺乏成熟计划的项目，焦化脱硫项目的知识集成难以采用编码化的有效路径，也无法单独依靠社会化路径实现良好的知识集成效果。这直接反映在焦化脱硫项目的项目绩效上（表4.1），该项目的成本、进度、客户满意与市场占有情况等指标均相对较差，难以保障 C 公司的总承包项目收益。

关于项目知识集成的范围，拥有成熟项目计划的项目在启动和计划阶段均能够通过有效的编码化和社会化过程调动、集聚潜在的知识载体，集成到比其他项目更多的知识。在项目实施阶段，计划较不成熟的项目会提升其集成知识的范围，但相比充分利用编码化和社会化路径的具有成熟项目计划的项目，仍无法实现同等水平。

关于项目知识集成的效率，拥有成熟项目计划的项目主要通过编码化路径维持全生命周期的知识集成的高效率。其在计划阶段会利用编码化的知识集成机制、编码化的知识集成边界跨越物来提升共有知识的创造，进而提升知识集成效率。而计划阶段的编码化输出载体将在实施阶段进一步发挥效用，通过项目计划、项目管控体系等预先设定的知识集成机制再次提升知识集成效率。甚至在项目收尾时，项目计划能力较高的项目也能够通过计划与实际情况对比分析的规则与程序继续保持集成效率。相较于计划制订较好的项目，计划制订较差的项目在项目启动和计划的过程中就由于缺乏知识集成有效机制而影响了整个计划阶段的知识集成效率。同时，项目计划阶段的知识集成质量和效果还将影响实施阶段的知识集成效率，使实施阶段的知识集成难以通过有效的项目计划来持续维持高效率。项目收尾的知识集成效率同样也会受到项目前期过程的影响。

项目知识集成的柔性，主要反映在现有知识有效利用与重新配置的情况及新知识的创造情况上。这一指标主要体现集成后知识的效用。计划制订较好的项目，能够通过编码化路径和社会化路径的有效交互，充分调动知识集成主体的积极性，创造知识集成的有益环境，进而优化知识的交互过程和重组过程。这在项目计划阶段表现为计划的优化、风险的规避、知识和资源的充分利用及新方案的创造；在项目实施阶段则表现为问题解决过程中的创新性和知识调用与重组的多种可能性，表现为突发事件处理的效果。计划制订较差的项目，其知识集成的柔性在实施阶段将由于基于主体的协调和沟通而存在一定程度的提升，但是由于集成知识的范围和使用的工具方法相对有限，集成的柔性仍然低于计划制订较好的项目。在项目收尾时由于知识集成活动相对较少，各类型项目的知识集成柔性均存在一定程度的下降，但计划制订较好的项目仍然能够通过系统化总结分析优化整个项目的知识组合，推动新知识的创造。通过以上整体分析，我们认为总承包项目的项目计划过程和结果与项目知识集成的效果是相互匹配的。

第 5 章

项目计划成熟度、项目知识集成
与项目绩效的关系

基于总承包项目知识集成机理的分析，本章将进一步探讨总承包项目情境下项目计划成熟度、项目知识集成和项目绩效之间的关系，进一步对总承包项目中项目计划的作用和影响进行探究和检验，为项目知识集成理论和实践提供借鉴。本章首先将针对项目计划的评价提出并开发项目计划成熟度的构念，其次，基于项目计划成熟度的构建进行大样本的统计检验，完成对总承包项目知识集成机理的系统检验。

5.1 项目计划成熟度的界定与开发

基于本书的关键研究问题，本节首先将对项目计划成熟度的相关理论进行回顾，一方面基于文献对项目计划的相关研究进展进行分析，理清项目计划的相关研究脉络，另一方面基于文献分析法对项目计划的概念、项目管理成熟度的理论、项目计划的过程与功能及对项目计划的相关评价进行回顾与分析。理论回顾表明，现有项目计划成熟度的相关文献尚未清晰界定项目计划成熟度的内涵，也未能较好地对项目计划成熟度进行系统评价和测量。因此，本章在理论分析基础上对总承包项目情境下的计划成熟度进行了内涵界定与结构识别，形成了项目计划成熟度的测量量表与评价体系，奠定了研究基础。

5.1.1 项目计划成熟度的相关理论

1）项目计划的相关研究进展

（1）国外研究进展。对于项目计划的国外研究情况，本书首先通过在 Web of

Science 数据库中检索"Project Plan*（包含 plan 和 planning）"的主题词，共获得 1 805 篇英文文献。通过共词分析和聚类分析得到国外项目计划研究的共词知识图谱和聚类的结果，如图 5.1 所示。本书使用了软件的自动调整功能使高频词的关键词和各个聚类显示得更加清晰，其中，图 5.1 中弧形箭头的末端所指的就是各个关键词的节点。从研究的各关键词的出现频率来看，项目计划领域的研究主要关注项目计划的过程、项目管理、项目绩效、风险与不确定性管理、调度与优化及技术等，项目的对象主要为建设项目、产品开发项目和软件项目。从研究的时期上来看，20 世纪 90 年代早期的国外项目计划研究主要关注计划与监控、概率树与决策分析等方法、项目管理的技术与软件、项目计划中的模糊估计与优化方法、项目的调度、预算与质量。随着项目计划技术与方法的进步及项目管理实践的发展，学者开始对项目计划中的资源限制、柔性、集成与评价等问题展开研究，也开始逐步建立项目实施过程中的项目计划与危机处理、风险管理、项目绩效等之间的概念模型，开始意识到项目计划中的沟通协调和跨职能集成的问题。而在近期研究中，项目计划的相关研究开始重点关注建设项目中的项目计划与设计的问题，关注建设项目的设计管理、界面管理、项目绩效与项目计划的理论上的关系，同时持续在工具和方法上寻找操作上的突破。

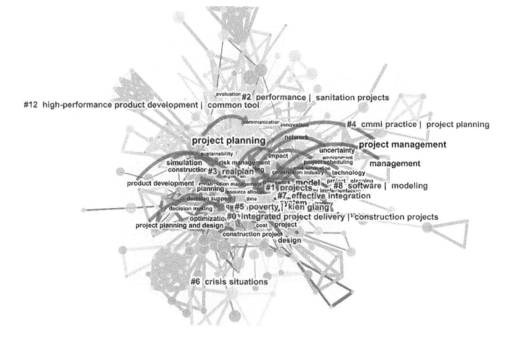

图 5.1　国外项目计划研究的共词知识图谱和聚类的结果

表 5.1 所示的国外项目计划研究的突现词分析也表明，建设项目及项目计划

与设计近几年来成为项目计划的重点研究对象，表明了建设项目中项目计划的重要性。从聚类的分析来看，建设项目也成为首要的聚类，同时其他重要的聚类还包括项目绩效、项目中的危机情况、项目的有效集成、实证研究中的因素研究和模型、项目计划的方法和软件。这些聚类表明，对于项目计划的研究，目前学者采用多种研究方法来关注项目计划能够解决的问题以及对项目绩效造成的影响，同时也关注项目计划在项目实践过程中的应用与操作问题。分析结果也与项目计划理论发展的历程相一致。

表 5.1　国外项目计划研究的突现词分析

频率	突现度	关键词	年份
54	18	project planning and design	2013
186	7.22	project planning	1991
34	6.18	product development	1991
24	4.68	construction project	2010

项目计划起源于现代项目管理的实践，突出的代表是 20 世纪 60 年代美国的"北极星导弹计划"和"阿波罗计划"等实践，基于管理实践的需要，项目计划的管理方法和经济分析方法开始了最初的探索，形成了"PERT 计划评审技术""计划预算系统""成本/工期控制系统规范"等多种工具和技术，这些实践探索推动了现代项目管理科学理论与方法的建立和发展，而项目计划则成为项目管理理论的基础。因此，与之相对应的初始项目管理实践和项目计划研究重点一度聚焦于技术层面[193]，多从发展计划模型和计划工具的规范方法入手，相对缺乏对项目计划理论问题的探索。在工程领域，推动计划发展的焦点也被一直放置于计划工具的开发而非理论问题上[194]。随着美国项目管理协会的《项目管理知识体系指南》（*Project Management Body of Knowledge*，PMBOK）的推出，项目管理理论得到了进一步的丰富和完善，项目计划的研究开始对项目计划的过程、影响因素及后果进行了不同角度的探索，形成了一系列的研究成果。特别是项目计划与项目绩效和项目成功之间的关系，已经得到了探索和实证检验，项目计划的重要地位已经得到肯定[195]。但是目前对于项目计划评价的研究仍然多从过程视角出发，对于好的、成熟的项目计划的内在结构研究相对缺乏系统性，对项目计划作用于项目绩效的内在机理也缺乏更深入的探索。同时，也有学者开始关注项目计划过程中的知识管理问题，其中 Puddicombe[196]探讨了项目计划与执行过程中的学习与新知识创造的问题，认为前期的项目计划对新知识的产生和应对变化的变更非常重要。Halse 等则从知识转移视角探索了精益项目计划的执行问题[197]。Stange 等[198]关注了基于项目管理计划的利益

相关者导向的知识共享和知识产生问题。这些学者探讨关注了项目计划过程中的知识组织问题，但是多是知识管理方法在项目计划过程中的应用，较少关注知识集成和应用的问题，更鲜有从知识集成的视角解释项目计划和项目绩效之间的关系的研究。

因此，整体上国外对项目计划的研究仍更多聚焦于项目实践，多是项目管理视角下的研究。由于建设项目本身的特征，项目计划的相关研究已经开始对建设项目内部的知识组织进行了一定探索，这说明对于具有典型代表性的工程总承包项目，更加有必要从知识集成的视角来探索项目计划在项目中发挥效用的内在机理。

（2）国内研究进展。对于国内项目计划的相关研究，由于项目计划可以作为一个整体概念，因此我们选择在 CNKI 数据库中以"项目计划"为关键词来进行文献检索，以尽量保障检索文献的直接相关性。通过检索共获得 3 588 篇文献，并形成了如图 5.2 所示的国内项目计划研究共词知识图谱。从当前项目计划相关研究的关键词频率来看，项目计划、项目管理、项目控制、风险管理、进度控制与管理、关键链、项目团队、项目目标，以及标准化工作、项目经理与组织结构等是主要的研究关注点。从研究时间来看，最早的国内文献主要聚焦在材料定额、工作标准化、网络计划等问题上。随着项目计划概念的引入，项目团队的计划制订过程、工作分解结构、项目目标、计划中的质量、进度与成本、合同管理、项目管理的软件，以及计划的资源、调度与优化问题在 2000 年左右开始受到关注，之后项目计划的风险与不确定性管理、关键链与关键路径的方法也得到了更深入的研究。而近期项目计划相关研究更多地开始关注项目计划与控制的整体概念，关注项目管理的模型与过程，将项目计划与项目整个过程融合，并涉及项目计划的整合管理与集成管理的作用。

从我国项目计划实践和理论的整体发展情况来看，现代项目管理理论是从20 世纪 80 年代开始引入我国的，目前整个项目管理理论仍然处在早期发展的阶段。2002 年中国项目管理协会出版了《中国项目管理知识体系纲要》，奠定了国内项目管理理论发展的基础。因此，国内的项目计划相关研究也是在西方管理思想和管理成果引入的基础上展开的，所以前期的研究也多聚焦于项目管理实践问题的解决，探讨项目计划的操作方法，关注项目计划中的进度、质量、成本等要素和目标的优化、均衡，通过一系列算法来实现其中的优化，关键链和关键路径法在那一时期得到了蓬勃的发展[199]。此后，随着整个项目管理理论的逐渐发展，项目内部的一般性管理主题，如项目组织、项目团队、项目经理及项目知识管理等研究全面开展，国内项目计划的研究也开始从实践操作向理论研究过渡。然而，从整体上看，国内项目计划研究的理论性仍相对较弱，项目计划与项目管理要素的研究相对缺乏系统性，相较于国外关于项目计划的实证研究范式和组织行为研

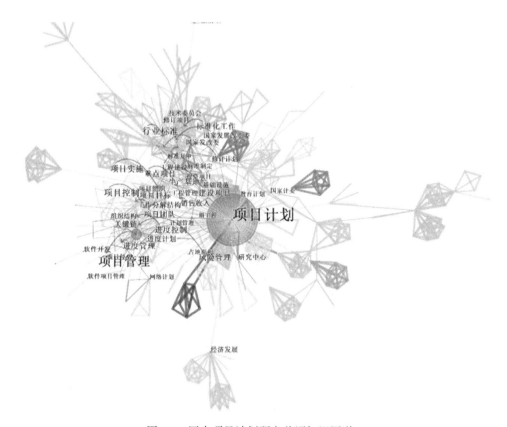

图 5.2　国内项目计划研究共词知识图谱

究范式均相对较少，从知识视角进行的项目计划研究更加有限。因此，现有国内项目计划研究的不足也间接限制了国内项目管理实践的发展，给我国项目管理尤其是工程总承包项目管理得到有益理论引导方面造成了一定障碍。

因此，项目计划的相关研究进展则表明，项目计划在项目情境下对项目绩效的影响已经得到了确认，但是多基于项目管理的视角。从项目计划相关的国内外整体研究来看，大量的现有研究是从技术层面展开的对项目计划方法、工具的研究，对项目计划中的组织行为研究相对较少，尚未提出项目计划成熟度的概念并进行相关的研究，同时也相对缺乏基于深层知识管理乃至知识集成视角的讨论。虽然已经有研究开始关注项目计划过程中的知识管理问题，但是仍未能从知识视角系统解释项目计划对项目绩效的内在作用机理。因而，要实现项目计划成熟度对总承包项目知识集成和项目绩效的作用的研究，还需要对项目计划和项目计划成熟度的概念进行更深入的剖析。

2）项目计划的界定与内涵

项目计划的概念源自于法约尔在《工业管理与一般管理》一书中提出的企业

管理五大职能之一的计划职能。他将计划定义为预见未来和拟订行动计划，认为计划是应对未来变化的准备，能够强化对未来的清晰认识，并集中力量应对风险，防止目标偏差[200]。其中预测即表示对未来的估计行动，行动计划则指出了所要达到的结果、遵循的路径及通过的阶段和使用的手段。法约尔突出强调了计划的重要性，他认为没有制订计划的企业常处于行动缺乏连贯性和没有理由地改变目标的危险之中。只有一个经过较长时间深思熟虑、精心准备的计划，才能使人们对未来有清楚的认识，并尽最大可能集中智慧才能与物质力量来应对出现的危险。随后计划职能在管理学研究中备受学者的关注和认可，这奠定了计划职能作为管理基本职能之一的重要地位。计划职能在项目管理领域的扩展和应用则是源于美国"曼哈顿计划"和"阿波罗登月计划"等重大项目的管理实践，由于项目本身的一次性、独特性、目标性等特性要求，项目计划成为项目管理的重要组成部分，也成为项目绩效的重要影响因素[201, 202]。

对于项目计划的界定，目前存在多个视角。比较具有代表性的视角包括决策视角、输出视角和知识与资源视角。其中，决策视角认为项目计划是为交付期望的产品、服务或结果的一系列决策组合，是一个面向多使用者、需要多种计划与形式、跨越时间范围、涉及多参与者的决策整合过程[194]。尤其是对于工程项目的计划而言，它更体现为针对未来某一时点的涉及如何执行行动的预期决策制定过程和集成相互依赖的决策变为一个系统决策的过程。另外一种典型视角是输出视角，即主要关注项目计划过程和活动的输出。Meredith 和 Mantel[203]认为项目计划是为完成项目目标而进行的正式计划建立的过程，科兹纳[4]也强调了项目计划是在已预测的环境中建立一个预定的行动路径的过程。Gemino 等[112]则认为项目计划是对未来系统、产品、过程或组织的一项陈述，是关于项目的任何编码化知识文档的集合，如模型、任务清单、图表、日程等。而知识与资源视角则从资源配置与知识组织的角度认为计划是一种资源配置和知识调用的方式[200]，是知识高度结构化的过程，是知识跨越多个学科领域在组织较高层次上的共享。

项目计划界定的不同视角源自于不同的研究关注点，也从不同侧面反映了项目计划的内涵。由于计划本身的内容和过程的双重特性，项目计划既可以表达项目计划制订的结果，又可以理解为项目计划制订的过程。其中输出视角对项目计划的界定更多是从项目计划的内容角度出发。而对项目计划的过程视角的阐述表明，它不仅表现为一个决策制定的过程，还表现为包含由信息搜寻和分析、替代方案的开发和设计、分析预评价及选择指定组成的活动链的过程，一个标准化的正式的程序的系统化使用过程，以及一个从一般准则进化到目标、手段和约束的细化进而实现行动的详细指引的层级过程。然而，对于项目计划的界定与考量，应该延伸至项目管理的整体层面，将项目计划提升到项目整体管理的层次。从参与主体上看，项目计划需要项目团队成员的广泛参与，是项目经理、项目计划团队、职能经理和其他成员共同努力的结果。从内容视角上看，项目计划的内容涉及项目管理的进度、成本、质量等多个要素，需要全面、系统地协调和考虑。而从项目生命周期的过程出发，项目计划不仅在项目前期阶段发挥作用，更重要的是能够帮助项目团队实现对项目执行的有效控制，通过计划与项目实际情况的对比、分析、决策来监督、控制项目运行的轨道。因此，对于项目计划的认识，也不应该仅局限于项目计划的制订过程，仅关注项目计划制订的技术手段。

3）成熟度理论及其内涵

基于心理学和社会学的研究成果，成熟度在管理学的研究中被划分为个体层次和组织层次，形成了不同的成熟度理论。在个体层面的研究中，组织行为学家Argyris[204]认为人的成熟度是指人们对自己的行为承担责任的能力和意愿的大小，包括工作成熟度和心理成熟度。组织层面的成熟度研究和成熟度理论则是在对组织能力考量和发展的研究背景下产生的。现有组织层面的成熟度模型是对组织中某一动态过程的评价体系，是与组织目标相一致的、反映某种过程能力的、包含多种测量指标的测量模型。因此，组织层面的成熟度理论反映了组织中某一方面能力的具有与过去一致性的增长趋势。针对项目管理过程的成熟度研究，成熟度模型首先用于考察软件开发过程的成熟度，以卡耐基梅隆大学软件学院开发的能力成熟度模型（capability maturity model for software，CMM）为代表[205]。他们认为成熟度模型描述了用于评价组织成熟度层次和组织过程能力的框架，且预示着一种具有与过去一致性的能力的增长。随后，美国项目管理协会构建了组织项目管理成熟度模型（organizational project management maturity model 3，OPM3），认为"成熟度模型"可以定义为描述如何提高或获得某些期待物（如能力）的过程的框架，组织项目管理成熟度模型则为组织提供了一个测量、比较、改进项目管理能力的方法和工具[206]。在此之后，多个项目管理成熟度模型得到了开发，成熟度理论得到了丰富。

从项目管理成熟度模型的内涵上看，它表达的是一个组织具有的按照预定目标和条件成功地、可靠地实施项目的能力，是对项目管理过程进行测量的一个体系。成熟度理论认为成熟度的程度是与企业实施项目管理的能力相对应的，这一概念蕴含着能力随时间持续提升而不断获得成功的含义。从项目管理成熟度模型的逻辑出发，它是包含能力发展和路径提升的一种工具，不仅能够为企业项目管理提供一个评估框架，更重要的是将为企业提供改进的路径，成为企业项目管理能力提升指南。为了帮助企业获得可预知的结果，能力成熟度模型将给出一个提高组织能力的逻辑路径，为短期过程的改进行动确定优先顺序，并推动一种优秀管理文化的建立。因此，这种对于项目管理的集中关注，可以使组织在严格遵循特定目标的同时更好地调整项目资源。

项目管理成熟度存在多种评价的结果和划分的方式。其中，软件过程成熟度被划分为初始的、可复制的、被定义的、被管理的和优化的五个级别，每个级别之间的提升和跨越要经过规律化过程、标准化与一致化过程、可预测过程以及持续提升过程来实现。OPM3 中将项目管理成熟度划分为标准化的、可测量的、可控制的和持续改进的四个级别。Kerzner[207]提出的成熟度模型包括通用术语、通用过程、单一方法、基准比较与持续改进五个梯级，需要经过基本知识、过程定义、过程控制与过程改进四个环节来实现项目管理成熟度的提升。克劳福特将项目管理成熟度划分为初始过程、结构化过程和标准、组织标准和制度化过程、管理过程与优化过程[208]。这些不同的梯级划分虽然从表面上看存在差异，是从不同的实践需求出发的，但是核心思想都是从项目管理能力的几种层次表现出发的，无论四级还是五级评价都集中反映为初始的、随意的、非正式的项目管理过程与能力，进阶为规范的、可复制、可操作、标准化的项目管理过程与能力，再进阶为可以管理的、优化的、持续改进的项目管理过程与能力。因此，项目管理成熟度模型更多反映企业的项目管理能力如何通过多个路径和过程实现具有一致性的提升。

而项目计划作为项目管理中的一大重要过程和项目管理的核心要素，其具有相对系统性和独立性，对于它的评价和测量也可以借鉴项目管理成熟度的概念，将对项目计划的测量上升到项目管理能力的层次，关注项目层面的核心计划能力。因此，本节提出项目计划成熟度的概念，用于衡量单一项目计划的成熟程度，进而帮助评价和发展组织在项目层面的计划能力。而针对项目计划成熟度的内涵与结构问题，本节研究将对项目计划的过程与功能及现有项目计划的相关测量进行回顾，以从多维视角奠定解构项目计划成熟度概念的基础。

4）项目计划的过程与功能

（1）项目计划的过程。

针对项目计划的过程，项目管理领域的不同学者提出了具有差异性的项目计划操作步骤，多从实践操作层面展开。法约尔针对组织的计划职能，曾经提出制订行动计划的过程，认为其包括领导者指出计划的目的与规模，确定整体任务中各部门所占的部分，调整计划的各部分，协调整个计划。这一过程的展开体现出计划制订、调整与协调的过程，也表现出了计划的层次性和整体性。Meredith 和 Mantel[203]认为项目计划是一个为实现项目目标而建立的正式计划，认为项目计划的制订过程包括前期的协调、详细的任务描述、获取项目预算、获得项目进度、精确的全面状态报告和项目收尾的策划。Russell 和 Taylor[209]从项目运营的角度提出了七个计划过程，包括确定项目目标、识别项目活动、建立优先顺序、制定时间估计、确定项目完成时间、比较项目进度目标、决定满足项目目标的资源需求。这一计划过程主要反映在项目进度计划的制订上。这些计划过程在进度计划上的侧重也从侧面反映了项目计划研究的前期主要关注对项目工期和进度的控制。在美国项目管理协会制定的项目管理知识体系中，其认为规划过程组中包含20个过程[210]，主要过程如表 5.2 所示。

表 5.2   项目管理知识体系的项目规划过程组

规划过程组	所属项目管理领域	规划过程组	所属项目管理领域
制订项目管理计划	项目整合管理	估算成本	项目成本管理
收集需求	项目范围管理	制定预算	
定义范围		规划质量	项目质量管理
创建工作分解结构		制订人力资源计划	项目人力资源管理
定义活动	项目时间管理	规划沟通	项目沟通管理
排列活动顺序		规划风险管理	项目风险管理
排列活动资源		识别风险	
估算活动持续时间		实施定性风险分析	
制订进度计划		实施定量风险分析	
规划采购	项目采购管理	规划风险应对	

这 20 个过程包含九大项目管理领域。至此，项目计划过程也被提升到了项目整体管理的层面，更进一步地确定了计划在项目管理中的地位。PMBOK 中的项目计划过程包含的活动主要是从指导项目计划实现的过程提出的，其从编码化、文档化的视角提出了每项活动的输入和输出，但多偏重于技术层面，较少涉及人员的组织活动。科兹纳[4]在解释项目计划过程时，也将项目计划提升到整个项目管理的高度，其认为在项目计划阶段要确定项目的目标、程序、进度计划、预算、预测、组织、方针、步骤和标准，并提出了除了要完成进度计划、成本计划等项目管理领域内计划，还要在项目计划过程中理解各个参与人的角色，在项目计划的过程中完成项目的职责分配、行动路线的决策准则等的制定，保证项目计划的有效性和完整性。

因此，综合以上对项目计划过程的阐述，项目计划的过程表现出以下特点。首先，项目计划是一个分解与整合的过程。其次，项目计划的制订可以采用自上而下或自下而上的制订顺序。最后，项目计划的制订过程需要大量相关人员的参与和协调，是一个系统协调与优化的过程。

（2）项目计划的功能。

对于项目计划在项目运行中的作用，现有文献均肯定了项目计划对于项目成功的重要影响。他们认为正确的项目计划是项目成功的一个基本组成要素，其对于项目成功有显著的正向影响[211]。从项目生命周期视角来看，项目概念化和计划阶段相比于项目生命周期其他阶段的重要性是也十分显著的[212]。思虑周全的、开发良好的计划与杰出、忠诚的团队共同保证项目的成功[193]。

具体来说，现有文献多从降低项目风险和不确定性、对项目的指导和控制，以及项目中的沟通、协调与整合的角度进行探讨。还有部分文献提出了项目计划在保持组织发展的一致性，以及项目计划对项目目标理解与认同上的作用。从法约尔对计划的定义可以看出，其认为计划的首要功能就是预见未来、降低风险。由于项目活动本身就存在不确定性，其主要表现为项目需求变化导致的实质性的、意料之外的返工；实现技术要求所导致的初始预计超期；项目目标实现所要求的专业知识需要比预期更长的时间去学习[213]。这种不稳定性和不确定性将会导致项目活动处理周期较长、效率较低，因此特别需要提升动态配置的效率。而项目计划能够对项目活动进行前瞻性的有效估计、策划和优化，通过结构化的方法来管理不确定性的需求[214]，通过项目环境下潜在问题的前瞻性管理来应对项目中的不确定性[213]，为团队提供有效应对意外危机的缓冲。这种项目计划同时也能够给项目成员提供一个合理的整体的引导，也就会给项目成员带来一种安全感，让他们认为不论发生什么都是可以管理的。因此项目计划是降低项目不确定性的关键工具。

项目计划的另一个重要作用就是对项目的引导和控制。高质量的项目计划增加了项目正确执行和成功完成的可能性[202]。成熟的计划活动能够促使目标逐步清晰，进而引导和指导组织的行为。项目计划也能够通过项目目标的分解使项目成员对项目目标有更好的理解，同时也可以使项目组成员明确各自的奋斗目标，实现目标的方法、途径和期限[215]，对项目成员的活动形成目标引导。同时，项目计划中也包含涉及未来项目工作如何执行的一系列决策，其能够告诉项目团队哪些工作一定要做、什么时候必须做，需要哪些资源来保证成功得到项目交付物。其能够为项目准备行动计划，为项目完成确定直接的工作分配，为项目执行和控制提供框架[202]。同时还可以确定项目实施规范，成为项目实施的依据、指南和分析、协商及记录项目范围变化的基础，并为项目执行提供监控、回顾和控制的标准。因此，项目计划也是项目顺利执行的重要保障。

从项目整体角度出发，项目计划也是为方便项目的协商、交流而设计的[215]。项目计划是项目经理和项目成员充分沟通后根据项目各环节的具体情况和项目成员自身情况制订的，为保证计划的顺利执行和项目的成功需要团队之间的协调和协商。因此，项目计划有助于高层管理部门与项目经理、职能经理、项目组成员及项目委托方和承包商之间的沟通交流，提高关键小组和管理人员在项目中的参与程度，增加了各个团队理解其他团队的可能性[157]，促进项目各项工作的协调一致。对于具有独特性和一次性的项目而言，这种沟通和交流的途径能够为开发团队承诺提供一个有用的结构框架，进一步强化团队稳定性[214]，进而有助于形成相互协作的工作关系、明确人员间的相互依赖关系及所需的合作关系，保证项目执行的效率和成功率。

从知识和资源视角看，项目计划也能够提升跨层次、跨职能、跨阶段的投入和决策的沟通、协调及集成，促进多个管理层级的纵向集成、多个领域的横向集成及项目生命周期不同阶段的集成[194]。有效的项目计划有助于知识创造，在项目计划、沟通和问题解决上的努力也能够帮助嵌入团队成员的知识向其他新形式的转换[196]，进而推动知识跨越多种学科领域在组织高层次上的共享。基于计划的知识管理方法是基于人的方法的补充，能够进一步影响项目绩效[157]。

综上所述，现有研究对项目计划过程与功能的关注点相对分散，但是均突出了项目计划的结果效用。因此，对项目计划成熟度的内涵与结构剖析不仅应关注项目计划的过程，还有必要从项目计划的内容和结果角度出发，全面地解释项目计划成熟度的概念。对总承包项目情境下的项目计划成熟度，更需要有针对性地探索其概念内涵，以剖析项目计划成熟度在总承包项目运行中的影响。

5）项目计划的测量与评价

对于项目计划的测度与评价，现有学者首先从一般性特征如完整性、准确性、可行性、灵活性等角度提出了基本要求，但是并未形成针对性的评价指标。而从项目计划的定量测量出发，现有文献多从项目计划的过程检验着手。其中 Laufer等[216]曾经对施工项目的计划过程和结果进行了测量，包含计划准备的投入、计划发布的速度和计划的不同形式三个测量题项。而现有对于项目计划的典型测量量表来自于 Zwikael 和 Globerson[202]提出的项目管理计划质量模型（project management planning quality，PMPQ）。他们通过对 PMBOK 中计划过程的梳理和成熟度模型中组织层面支持的梳理，形成了项目管理计划质量的测量量表。但这一测量仅从过程视角出发，主要测量某一过程是否经常做，未体现测量的内容维度和结果维度，且是组织层面项目管理计划质量的测量，并非是项目层次的测量。虽然此模型后续得到了几次使用，但是仅能从过程上为项目计划的评价提供参考。Dvir 等[217]曾在研究项目计划与项目成功关系时对项目计划进行了测量，其将项目计划分为三个层次来进行测量：终端用户层次——关注项目终端产品的功能特征；技术层次——关注项目交付物的技术规格；项目管理层次——关注项目有效执行需要的活动和过程。第一、第二维度从产品和技术上关注项目计划的结果，第三维度从管理上关注项目计划的过程。虽然在逻辑上其是从过程和结果两个角度进行的，但是其测量过程中对于项目计划的阐释是从项目计划在技术参数等方面满足的情况出发的，尚未对项目计划的内涵进行剖析，且应用于产品开发项目情境，缺乏对其他类型项目的适用性。随后 Dvir 和 Lechler[218]在研究变化对项目成功的影响时再次对项目计划质量进行了衡量，主要聚焦于计划工作内容本身。Stockstrom 和 Herstatt[219]则针对新产品开发项目提出从工作分解、时间非配、资源分配、成本计划、责任计划角度测量新产品项目计划的强度。Narayanan

等[214]在软件外包项目的研究中也测量了项目计划，主要通过工作估计、变化管理和风险评价三个相关题项测量。

以上文献梳理表明，当前对项目计划的测量基于不同的研究目和不同的项目情境，多从过程进行衡量，相对较少关注内容和结果维度。且当前对项目计划的测量多从过程操作角度检测，较少从项目生命周期的角度剖析成熟项目计划的内涵，对于项目计划在项目运行中作用机理的解释力也相对欠佳，尚不能较好地反映项目计划的整体性能力。因此，项目计划的相关测度对项目计划成熟度的测量而言，参考价值相对较小。特别是针对总承包项目情境下的计划成熟度，更有必要开发具有高度适用性的测量体系，以形成总承包项目知识集成的实证研究基础。

5.1.2　测量研究的框架

项目计划的相关文献表明，项目计划研究具有一定的情境适用性。其中，在产品开发项目、软件外包项目、施工项目等情境下的项目计划的关注点有所不同，对于项目计划的测量也存在一定的差异。因此，对于总承包项目而言，要探索项目计划成熟度这一概念，有必要结合项目计划成熟度提出的背景与应用情境，开发针对性的测量量表。通过对现有文献的梳理发现，项目计划的实证测量文献相对有限，完全从文献中提炼总承包项目计划成熟度测量量表的可能性非常小。而定量研究的框架又很大程度地依赖现有理论[220]，因此只有先形成对于计划成熟度的理论理解才能够进行量表的开发。所以，在进行项目计划成熟度量表开发之前，我们首先通过内容分析法探索总承包项目计划成熟与否的外在表现，完成对项目计划成熟度内涵的理论理解。进而在验证性研究部分，通过探索性因子分析和验证性因子分析，形成对项目计划成熟度结构和内涵的再确认。整体项目计划成熟度的界定与测量研究的研究框架如图 5.3 所示。

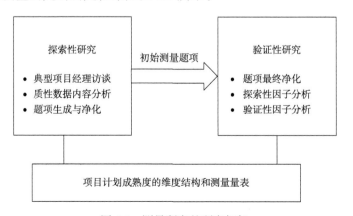

图 5.3　测量研究的研究框架

5.1.3 项目计划成熟度的探索性研究

1）研究方法

定性的研究方法常用于发展理论，但是定性研究方法论的缺点是其不能够很好地过渡到定量研究方法中，尤其是在题项生成和题项评价的部分。为了解决这一类问题，本章采用内容分析方法来完成针对项目计划成熟度的探索性研究。内容分析方法被定义为一种对信息特征进行系统、客观、量化分析的一种方法，是介于定性与定量研究方法之间的一种方法论，是一种编码访谈信息的程序[221]。一旦编码完成之后，所有的定性数据能够较好地用于定量数据的操作过程，避免定性研究与定量研究中的不匹配问题。因此，本部分将基于对项目管理过程中相关人员的访谈数据，实现面向计划成熟度构念的节点识别、节点分类以及节点主题提炼，生成初始测量题项，形成后续定量数据分析的研究基础。研究选取相对成熟的 QSR 公司的 NVivo 10 作为内容分析的软件。

2）研究样本与针对性访谈

研究样本是国内具有代表性的总承包企业的项目经理，其相对其他项目成员而言拥有与研究相关的良好知识背景和丰富实践经验，能够较好地从项目层面理解并阐述计划成熟度的表征。为保证编码过程和结果的有效性，样本选取的基本条件是具备 5 年以上的项目管理经验并拥有突出的项目管理绩效。访谈进行的时间段为 2015 年 1 月初至 2015 年 4 月底，最终在项目计划成熟度的表征达到概念饱和时停止了探索性研究部分的访谈。访谈参与人员共 25 人，所有受访者均具有 5 年以上项目管理经验，50%的受访者具有 10 年以上项目管理经验。研究受访者来自于不同的行业，进而有利于保证访谈数据的多重验证。探索性研究访谈样本的具体情况，如表 5.3 所示。

表 5.3　探索性研究样本描述表

受访者	年龄/岁	所在行业	项目管理经验	受访时间	职位
1	35	能源	10	2015-01-02	工程师
2	35	化工	12	2015-01-03	项目经理
3	30	建设	6	2015-01-14	项目经理
4	38	建设	14	2015-02-03	运营经理
5	33	化工	7	2015-02-02	测试经理
6	29	建设	5	2015-02-04	费用管理工程师
7	27	建设	5	2015-02-06	工程师
8	40	建设	18	2015-02-07	总经理

续表

受访者	年龄/岁	所在行业	项目管理经验	受访时间	职位
9	40	能源	5	2015-02-17	运营经理
10	40	建设	5	2015-03-01	中层副总
11	45	工程设计	5	2015-03-01	中层副总
12	35	机械制造	5	2015-03-10	项目管理人员
13	35	机械制造	5	2015-03-10	产品经理
14	35	机械制造	5	2015-03-10	产品经理
15	40	化工	5	2015-03-14	项目管理人员
16	50	建设	8	2015-03-24	总经理
17	40	机械制造	8	2015-04-03	部门经理
18	40	机械制造	8	2015-04-07	项目经理
19	35	机械制造	5	2015-04-07	部门经理
20	40	建设	10	2015-04-15	项目经理
21	40	建设	10	2015-04-17	项目经理
22	40	建设	10	2015-04-17	项目经理
23	45	建设	10	2015-04-17	总工程师
24	50	建设	20	2015-04-27	项目经理
25	35	建设	5	2015-04-27	项目经理

　　研究采用面对面访谈，每个访谈持续 30~60 分钟。所有的访谈数据对被访谈者进行了匿名处理，访谈过程的全程录音也均得到了被访谈者的许可。研究采用半结构式访谈，访谈提纲如附录 A 所示。基于现有项目计划的相关理论和项目管理成熟度的相关理论，访谈提纲的前提假设是成熟的项目计划是好的、成功的项目计划，是在项目实施过程中起到重要作用的。因此访谈问题主要围绕成熟项目计划的表现、成熟计划的作用以及影响计划成熟度的因素展开。具体来说，被访谈者将被询问以下问题："如果有人描述一个项目的计划是成熟的，您会如何理解这种表达？""您如何区分一个好的、成熟度高的项目计划和一个不成熟的项目计划？"研究者可以从自身参与管理过的项目以及自身的项目计划制订经验出发回答问题，并允许其以自身项目为例，扩展对项目计划成熟度的理解。为进一步探索被访谈者的回答以及减少被访谈者的偏差，在访谈提纲中还设置了反向问题，如"您觉得一个相对不成功的项目计划有哪些特点和表现？这样的项目计划

可能是忽略了哪些事情，缺失了哪些功能？"进而保证访谈过程中数据获得的全面性，从正反两个角度挖掘计划成熟度的表征。访谈结束后，研究者将每个访谈对应的访谈录音整理为访谈数据文本，并对准确性进行了二次检查，用于后续的内容分析。研究共形成了 25 份访谈文本数据。

3）基于内容分析法的质性数据分析

质性数据的内容分析主要包含三个部分，即节点编码、节点分类及主题提炼。其中，通过对 25 个文本来源的分析，所有文档均突出表明了项目计划对整个项目运行以及项目绩效的重要性。正如文本中原有的描述："企业发展要有战略，项目也要有小计划。如果在干之前就没想好要干什么，那一开始就错了，执行的话肯定会出问题。""好的计划就像火车和汽车一样。火车沿着轨道走，但是开汽车的活，如果有一个人不按道行驶就会造成堵车。"访谈资料中对项目计划重要性的肯定和对项目计划成熟程度的重视也进一步反映了总承包情境下项目计划成熟度研究的必要性。

（1）节点编码。

探索性研究中，以句子为分析单元，所有节点的开发和命名主要使用被访谈者的回答，即"生动编码"。通过多人访谈小组的讨论分析，从 25 个文本来源文档中共开发出了 66 个自由节点，这些节点反映了成熟项目计划的各个方面，是项目计划成熟度概念内涵与结构分析的重要来源，如表 5.4 所示。其中，材料来源是指各个节点的访谈来源数量，即包含此编码节点的材料数量，本次研究中材料来源共 25 份。参考点是指访谈材料中被编码为此节点的文本单元数量，一个材料来源可能对应多个参考点。很多节点来源于多个文本，所有的节点也按照其编码来源的文本数量进行了排序。尤其是重点检查了节点是否来自于单一的访谈文本，即单一受访者，以保证节点的有效性。

表 5.4 项目计划成熟度访谈文本的自由节点

名称	材料来源	参考点	名称	材料来源	参考点
制订计划时有风险识别	21	43	计划是任务跟踪与监控依据	14	27
计划中包含风险应对措施	20	39	计划中体现了工作协调方法	14	30
项目工作得到团队的合理分解	20	62	制订计划时考虑可行性	13	16
团队对计划的共同确认	17	35	成员清楚自己的工作内容	12	14
计划得到及时反馈与修正	16	24	计划中包含里程碑计划	12	22
项目资源得到合理安排	16	28	计划制订中有团队讨论过程	12	18
成员参与制订具体计划	15	22	计划中包含管控措施	11	23

续表

名称	材料来源	参考点	名称	材料来源	参考点
计划过程中进行了风险评估	6	8	计划制订过程中有分工协作	3	11
计划内容体现了考核目标	6	7	计划是项目总结的参考依据	3	5
计划制订时权衡了时间、成本、质量的关系	6	8	计划中包含成本计划	3	5
计划中考虑了质量管理内容	4	8	计划中包含工作包描述表	3	3
计划制订使用软件等工具	4	4	计划对项目目标进行了分解	2	3
计划内容中包括管理性任务	4	4	成本预算得到了业主认可	2	4
计划中设置了跟踪检查点	4	5	计划制订时有方案比选过程	2	4
计划中的管控措施是执行依据	10	11	计划对活动组织良好	2	2
计划涵盖了全部工作内容	10	19	计划会激励项目团队	2	3
计划是进行风险应对的依据	10	11	计划会依需要逐渐细化	2	3
计划制订有合理的估计依据	10	15	计划会经过专业审核	2	4
计划中的时间估计准确	10	22	计划制订时会确认业主目标	2	4
计划对人员进行了合理安排	9	9	计划会形成任务列表	2	2
计划体现了明确的项目目标	9	13	计划中包含全部要素	2	3
计划中包含详细的进度表	9	13	计划是有效沟通的依据	1	2
计划具有完整性	8	9	计划是风险跟踪的依据	1	1
计划制订时主动规避了风险	8	15	计划中包含风险计划	1	1
计划中体现了责任分配	8	18	计划模板与其他项目共通	1	1
计划制订时权衡了各方利益	8	10	计划审核有明确标准	1	1
计划配有明确的假定条件	8	11	项目计划会推动持续改进	1	1
计划制订时分析了业主需求	8	17	计划制订时会审批项目目标	1	2
计划制订时有组织层面支持	8	10	计划制订会参考企业定额	1	1
计划制订时有参考模板	7	10	计划中的工作内容表达清晰	1	1
计划是成本控制的依据	7	7	项目经理会审核成员计划	1	4
计划是人员控制的依据	7	7	计划中确定了成员沟通方式	1	1

（2）节点分类。

　　基于项目计划相关文献和成熟度相关文献仅侧重过程衡量与评价的情况，为系统有效地评价总承包项目情境下的项目计划成熟度，有必要从内容和结果的角度增加衡量的维度。因此，本章基于内容角度、过程角度与结果角度的分类逻辑对初始节点进行归类，以助于基于内容分析的计划成熟度的内涵剖析。对于节点的初步分类如表 5.5 所示。

表 5.5 节点的初步分类

内容角度	过程角度	结果角度
计划中包含风险应对措施	成员参与制订具体计划	成员清楚自己的工作内容
计划中包含工作包描述表	计划制订时有方案比选过程	计划制订时主动规避了风险
计划中确定了关键路径	计划制订过程中有分工协作	计划是风险跟踪的依据
计划制订有合理的估计依据	计划过程中进行了风险评估	计划是进行风险应对的依据
计划内容中包括管理性任务	制订计划时有风险识别	计划是项目执行的依据
计划中设置了跟踪检查点	计划制订使用了软件等专业工具	计划会激励项目团队
制订计划时考虑可行性	计划对项目活动进行了很好地组织	计划是成本控制的依据
计划具有完整性	项目工作得到团队的合理分解	计划是有效沟通的依据
计划模板与其他项目有共通性	计划对人员进行了合理安排	计划中的管控措施是执行的依据
计划中体现了工作协调方法	项目资源得到合理安排	项目计划会推动持续改进
计划中体现了责任分配	团队对计划的共同确认	计划是人员控制的依据
计划内容体现了考核目标	计划会依需要逐渐细化	计划是任务跟踪与监控依据
计划中包含管控措施	计划制订时有参考模板	计划是项目总结的参考依据
计划中考虑了质量管理内容	计划制订时权衡了各方利益	计划得到及时反馈与修正
计划中包含里程碑计划	成本预算得到了业主认可	
计划配有明确的假定条件	计划会经过专业审核	
计划体现了明确的项目目标	计划审核有明确标准	
计划中的工作内容表达清晰	计划制订时会确认业主目标	
计划会形成任务列表	计划制订时对业主需求分析准确	
计划中包含全部要素	计划对项目目标进行了分解	
计划涵盖了全部工作内容	计划制订过程中会审批项目目标	
计划中包含详细的进度表	计划制订会参考企业定额	
计划中包含风险计划	计划制订时权衡了时间、成本、质量的关系	
计划中包含成本计划	计划制订中有团队讨论过程	
	项目经理会审核成员计划	
	计划会确定成员沟通方式	
	计划中的时间估计准确	
	计划制订时有组织层面支持	

其中，内容角度的节点突出反映的是成熟项目计划中应该涵盖的内容、应该考虑到的事情，如是否体现考核目标、是否包含跟踪检查点、是否有针对的工作包描述表和预先制定的管理措施等，此角度下的节点是对项目计划成熟度的内容和直接表现的解析，有助于探索成熟项目计划的内容表征。过程角度的节点反映的是成熟项目计划的制订过程应该包含哪些环节和步骤，如是否有风险识别过程、是否对人员和资源等进行合理安排、是否经过了审核和发布等，主要反映项目计划的制订过程是否成熟。结果角度的节点则反映成熟项目计划能够起到什么作用、实现什么功能，在评价是否执行某一过程的基础上增加对这一过程的有效性评价，进而从项目全生命周期视角检视项目计划过程的效果。

因此，现有节点的三个角度的分类也表明，项目计划成熟度不仅是一个现有管理成熟度研究和项目计划测量研究中的过程成熟的概念，还是对内容成熟和结果成熟的评价。

（3）主题提炼。

通过对所有节点的参考点内容分析和各节点的主旨分析，对编码的所有自由节点进行了相关主题的提炼，从内涵上分析被访谈者对于项目计划成熟与否的关注点。访谈小组对各个节点所关注的核心内容进行了逐一的分析，发现被访谈者对于总承包项目情境下的项目计划成熟度的关注主要围绕四个方面的主题来展开，如表 5.6 所示。

表 5.6　节点的主题提炼

工作	人	项目产出	组织
工作输入与输出合理性	利益相关方影响	预防与应对风险	组织资产
项目活动组织有效性	计划的成员参与与认同	引导项目实施	标准与模板
管理与业务工作的融合	人员安排与权责分配	保障项目控制	工具与方法
工作分解的合理性	团队沟通		企业持续改进
	人员激励		组织制度与流程

首先，所有的节点都体现出了项目中工作和活动组织对于成熟项目计划的要求，被访谈者认为成熟的项目计划能够保障项目中工作输入、分解、展开和输出的有效性。这与项目计划本身的直接作用具有内在一致性，即项目计划首先要能够指导和保障项目活动和工作的顺利开展。其次，初始节点还表现出成熟项目计划对各方主体的关注，如项目内部的人员安排与激励、成员参与与认同以及对外部利益相关方的沟通与管理。这与项目计划作为沟通与管理依据的功能是直接相关的。再次，与节点分类中的结果角度相匹配，所有节点对成熟项目计划对项目产出方面的效用也予以高度重视，特别是在处理项目潜在风险和对项目实施过程的引导和控制方面，这与项目计划的主要功能也是相互匹配的。最后，被访谈者还突出了成熟项目计划对于组织的要求和影响，这一主题的内容说明项目计划成熟度是与总承包企业的组织管理直接相关的，项目的计划成熟度会受到源自于企业的制度、流程、工具等的规范性、有效性的影响，同时也能够推动企业的持续改进。这表明项目计划成熟度是与企业层面的项目管理相互匹配的。因此，整体上节点主题的提炼有助于进一步理解项目计划成熟度构念，能够为后续的节点净化和量表开发提供借鉴。

4）测量题项的初步生成与净化

通过内容分析法初步识别出的节点数量较多，节点之间反映测量项目计划成熟度这一概念的能力也存在很大差异，因此我们将对节点进行进一步净化，以保证基于内容分析法识别的项目计划成熟度核心表征的有效性。

（1）基于频率的净化。

在内容分析之后，所有初始自由节点被转移到了 Excel 软件中并依据其出现的频次进行了排序。通过频次来进行初次节点净化能够在减少数据数量的同时还保持基本的数据特征。为使后续题项处于一个适于管理的数量级，本节在节点频次排序的基础上对节点进行了删减。类似于质性研究中重复观察的概念，本节研究将三个访谈材料的出处作为一个节点是否保留的标准。这种三个不同材料讨论同一个或者相近概念的方式也与质性研究中的数据三角验证思想相一致[192]。因此，本节研究对三个以下（包括三个）访谈材料来源的节点进行了净化，之后共有 39 个节点被保留下来。在基于频率的节点净化后，每个节点都相应形成了对应的题项。这些题项多是由被访谈者自身表达的引用或者改写而来，以保证题项能够反映被访谈者的真实表达。

（2）基于节点打分的净化。

为检验现存题项是否能表达被访谈者想法，以更清晰地理解计划成熟度的概念，39 个题项被重新通过邮件发送给所有被访谈者，请求他们评估每一个题项是否能够区别成熟的项目计划和不成熟的项目计划。研究者鼓励所有参与者增加他们所认为的能够区别项目计划成熟与否的题项或者评论。每个题项的分数设置为 1~5 分，所有参与者均反馈了他们的意见和打分情况。研究者对每个题项的打分进行了加和平均，其中 9 个题项由于处于较低分数（分数低于平均数 2.5）而被剔除，剩余 30 个题项。

（3）基于焦点小组讨论的净化。

为进一步保证题项的代表性并检查题项的表达，所有题项继续通过焦点小组讨论进行净化。整个程序按照 Churchill[222] 推荐的方式进行。焦点小组的参与主体是来自相关研究领域的专家学者及博士生代表，共有 8 位人员参与。为更好地捕捉所有参与者的观点，在焦点小组讨论之前，研究者利用十分钟请所有参与者就每个题项能够区别项目计划成熟与否的能力进行了打分。之后，研究者解释了研究目的，并请各位参与者对 30 个题项进行讨论。焦点小组建议删除一些具体的工作输出，如"详细的进度表"节点及其题项，以及一些不具有代表性的节点和题项。焦点小组还将内容分析所获得的节点与 PMBOK 中的项目计划过程进行了对比，进而为节点保留决策提供一定借鉴。同时焦点小组还对节点分类与主题进行了讨论，他们建议应多从计划的效果角度来考量项目计划成熟度，尤其是对风险的控制和对项目的引导与监控应予以较多关注，因为项目内容和过程视角的考量过于细化，无法保证不存在漏项。焦点小组讨论结束后，研究者保留 25 个测量题项，并对所有题项的表述进行了进一步检查和修改。保留题项将用于验证性研究的大样本统计过程中项目计划成熟度构念的测量。至此，项目计划成熟度量表开发的探索性研究阶段结束。

5.1.4　项目计划成熟度的验证性研究

1）验证性研究的样本与方法

为提高样本质量、保证样本的代表性，本次样本抽样主要采用典型抽样原则。由于研究总体是总承包项目，研究层次为项目层次，因此不能随机选取企业和个人作为本次验证型研究的样本。Hambrick[223]曾指出，相较于企业组织中的其他成员，企业的经理层人员对同一现象的感知能够更加贴近企业的真实情况。尤其是本次研究关注的是项目的计划成熟度，其更加需要具有项目管理经验的人从整体层面对其熟悉的某一项目的项目计划成熟程度进行判别和评价。因此，本节研究选取国内各行业总承包企业的项目经理或项目管理人员作为研究样本主体，向其发放关于项目计划成熟度的调查问卷。

在验证性研究部分，将先后运用数据分析软件 SPSS 19.0 和 LISREL 8.7 进行探索性因子分析和验证性因子分析，以实现对项目计划成熟度内涵和结构的确定。

2）问卷发放与数据回收

在问卷发放前，研究者对问卷中项目计划成熟度测量题项进行了随机排序，以尽可能降低对于参与调查人员的引导性。问卷主要包括问卷解释部分、基本信息部分、印象最深的项目信息部分及项目计划成熟度的测量部分。为提高问卷回收率和可靠性，问卷在开始部分对本次研究的形式、用途和问卷中的专业术语进行解释。同时，在面对面进行问卷发放时，也通过强调对问卷回收的检查和对比来提高问卷有效性。问卷针对一个单一项目，即被调查者参与管理过的印象最深的一个项目，因此所有问题的回答不是从宏观项目管理角度回答，而是从一个具体的、最近完成的或印象最深的一个项目出发。问卷采用 5 级利克特量表，其中 1 级表示题项中描述的情况完全不符合我们项目的情况，5 级表示题项中描述的情况完全符合我们项目的情况，3 级表示中立的反馈，进而为被调查者提供一个中立的反馈选择。

本次问卷发放采用面对面及联络相关企业主要负责人进行协助的形式。在问卷发放过程中，研究者建立了包含被调查人员邮箱地址、电话，以及印象最深项目的样本数据库，以便于后续研究的持续跟进。正式调查从 2015 年 6 月初开始，至 2015 年 7 月末结束，历时近两个月。研究者共发放问卷 400 份，回收 315 份。收回问卷后研究者剔除了不符合要求的问卷，问卷剔除的主要标准是：问卷填答不完整；被调查者未认真填写问卷（剔除所有打分一致的问卷）；"不确定"选项选择过多的问卷；不具有项目管理经验的样本源。经过无效问卷剔除后，共获得有效问卷 303 份，有效回收率为 75.75%。

由于问卷回收存在时间差异性，因此为了确保数据回收不存在反馈时间偏差，研究者对前 25%的反馈样本和后 25%的反馈样本的计划成熟度测量题项的均值进行了方差分析,分析结果显示,二者之间并不存在显著的差异($F=0.641$,$p=0.425$),也即前 25%反馈的样本和后 25%反馈的样本属于同一个研究总体。研究题项数据中存在个别的缺失值,经检测不存在规律性缺失后,研究者对所有的缺失值以序列均值的方式进行了替换。

3)数据描述

(1)调查对象的描述性统计。

如表 5.7 所示,在 303 份有效问卷中,调查对象性别的分布情况是,男性有 261 位,占总数的 86%,女性有 42 位,占总数的 14%,这与目前国内从事总承包项目管理的人员以男性居多的现状吻合。

表 5.7 样本的描述性统计(N=303)

统计内容	类别	测量代码	样本数/个	百分比/%
性别	男	1	261	86
	女	2	42	14
项目管理工作年限	1 年以下	1	16	5
	1~3 年	2	44	15
	3~5 年	3	47	16
	5~8 年	4	44	15
	8~10 年	5	28	9
	10 年以上	6	124	41
当前职位	高层经理	1	116	38
	中层经理	2	134	44
	基层经理	3	53	18

注:项目管理工作年限的各类别百分比之和不为 100%,是因为数据进行过舍入修约

调查对象项目管理工作年限的分布情况也如表 5.7 所示。从总体上看,被调查者中,拥有 5 年以上项目管理经验的共有 196 位,共占总数的 65%。这说明被调查者的项目管理经验相对丰富,能够对项目计划成熟度有更清晰的认识,有助于对其所参与管理的项目进行更全面的评价。

从表中调查对象的当前职位分布情况来看,处于中层经理以上的被调查者共有 250 位,占总数的 82%。职位分布情况显示,拥有丰富项目管理经验的被调查者多处于中层经理以上职位,说明其项目管理绩效相对显著。

(2)所在企业的描述性统计。

从表 5.8 调查样本所在企业的性质分布情况看,来自国有企业的样本数最多,共 223 个,占总数的 74%;其次是来自民营企业的样本,共 65 个,占总数的 21%;

再次是来自外资企业的样本，共 15 个，占总数的 5%。由于总承包项目尤其 EPC 项目多涉及能源、化工、大型工程等项目，是关系国家经济命脉的项目，因此多来自于国有企业。对样本来源企业性质的统计情况也说明样本分布同总体分布类似。

表 5.8　调查样本所在企业及项目的统计表（N=303）

统计内容		测量代码	样本数/个	百分比/%
企业性质	国有企业	1	223	74
	民营企业	2	65	21
	外资企业	3	15	5
企业规模（职工数量）	1~300 人	1	98	32
	300~500 人	2	49	16
	500~1 000 人	3	28	9
	1 000~2 000 人	4	39	13
	2 000 人以上	5	89	30
企业所属行业	能源	1	115	38
	建设	2	75	25
	机械制造	3	23	8
	石油化工	4	19	6
	储运	5	13	4
	水电	6	36	12
	其他	7	22	7
项目团队规模	1~20 人	1	123	41
	20~50 人	2	82	27
	50~100 人	3	54	18
	100~200 人	4	17	5
	200~500 人	5	13	4
	500 人以上	6	14	5
项目规模（合同总额）/元	100 万以下	1	48	16
	100 万~500 万	2	38	13
	500 万~1 000 万	3	22	7
	1 000 万~2 000 万	4	21	7
	2 000 万~5 000 万	5	39	13
	5 000 万以上	6	135	44

从样本来源企业的规模分布情况来看，样本来源企业的职工数量在 500 人以上的共有 156 个，占总数的 52%。由于来自国有企业的被调查者较多，且国有企业的规模相对较大，因此在样本企业规模统计上也有相似的反映。

从企业所属行业分布情况看，能源行业的样本数量最多，共 115 个，占总数的 38%；其次是来自建设行业的样本，共有 75 个，占总数的 25%；再次是来自机械制造、石油化工、储运、水电行业样本，分别占总数的 8%、6%、4% 和 12%。最后是来自其他行业的样本，共有 22 个，占 7%。样本来源行业的分布情况也说明目前国内总承包项目的来源，样本行业分布有助于反映总承包项目的计划成熟度情况。

从被调查者所选取的印象深刻的项目情况来看，项目团队规模在 1~20 人的共 123 个，占总数的 41%；在 20~50 人的共 82 个，占总数的 27%；在 50~100 人的共有 54 个，占总数的 18%；100~200 人的共 17 个，占总数的 5%；200~500 人的共 13 个，占总数的 4%；在 500 人以上的共 14 个，占总数的 5%。样本分布情况说明项目团队多在 100 人以内，共占总数的 86%。

从被调查者所选择项目的规模看，项目合同总额在 100 万元以下的项目共有 48 个，占总数的 16%；在 100 万~500 万元的项目共 38 个，占总数的 13%；在 500 万~1 000 万元的项目共 22 位，占总数的 7%；在 1 000 万~2 000 万元的项目共 21 个，占总数的 7%；在 2 000 万~5 000 万元的项目共 39 个，占总数的 13%；5 000 万元以上的项目共 135 个，占总数的 44%。其中在 5 000 万元以上的项目数量最多，说明 EPC 项目的规模均相对较大。

（3）数据特征对项目计划成熟度的影响。

鉴于上述的数据特征，在进行验证性研究之前，进行了数据特征对项目计划成熟度的影响分析。本次需要考虑的数据特征包括性别、企业性质、企业规模、职位层级、被调查者从事项目管理的年限、所选项目规模以及项目团队规模。所有变量中，除性别以外均有三个以上的分类，根据变量的样本分类数分别采用独立样本 T 检验以及单因素方差分析来检测数据特征对项目计划成熟度影响的统计显著性。

按照被调查者的性别可以分为男性、女性两组，首先通过独立样本 T 检验进行分析，判断被调查者性别对项目计划成熟度的影响是否存在显著差异。如表 5.9 所示，在置信度为 95% 的情况下，被调查者性别对项目计划成熟度无显著影响。

表 5.9　性别对项目计划成熟度的影响

变量	性别	样本数/个	均值	方差齐性检验		均值差异检验	
				Sig.	是否齐性	Sig.	是否显著
项目计划成熟度	男	261	3.850	0.519	是	0.290	否
	女	42	3.755				

注：方差齐性检验的显著性水平为 0.05

随后，研究对其他数据特征进行了其对于项目计划成熟度的单因素方差分析。如表 5.10 所示，首先对各分组数据进行方差齐性检验。表 5.8 中的所有变量均通过了方差齐性检验。对分组均值差异进行检验的结果显示，每个变量分组之间的项目计划成熟度的均值差异均不显著，也即所有测量的数据特征对项目计划成熟度的影响均无显著差异。结果表明，项目计划成熟度是一个项目内部的表现，企业规模和项目规模等差异并不影响项目计划成熟度的水平。

表 5.10　计划成熟度的单因素方差分析

变量	df	方差齐性检验		平方和	均方	均值差异检验	
		Levene Statistics	Sig.			F	Sig.
企业性质	2	1.042	0.354	0.540	0.270	0.931	0.395
企业规模	4	0.293	0.883	1.865	0.466	1.619	0.169
职位层级	2	0.685	0.505	0.388	0.194	0.667	0.514
被调查者从事项目管理年限	5	1.911	0.092	1.013	0.203	0.695	0.628
所选项目规模	5	1.169	0.325	1.585	0.317	1.094	0.364
项目团队规模	5	1.968	0.083	2.348	0.470	1.635	0.151

注：方差齐性检验的显著性水平为 0.05

4）测量题项的最终净化

为了更贴近理论而不是统计估计，本书采用 Churchill[222]的建议，在直接进行因子分析之前，首先探索测量题项之间的相关性，以识别哪些题项处于构念的中心地位。因此在进行数据分析之前，首先将对所有测量项目计划成熟度的题项与构念总体之间的相关性进行判定，在此基础上再确定项目计划成熟度构念的测量题项和结构维度。因此，通过计算所有测量题项的项总计相关性（item-total correlation）对计划成熟度的测量题项进行了最终净化，结果如表 5.11 所示。为方便对比，所有题项的编码仍按照节点编码所确定的编码序号标记。在所有题项的项总计相关性统计表中，有 11 个题项的项总计相关性小于 0.5，说明这些题项对于项目计划成熟度概念的集中反映能力相对较弱。因此在题项最终净化部分，剔除这 11 个题项，最终保留 14 个题项用于项目计划成熟度的探索性因子分析与验证性因子分析。

表 5.11　测量题项的项总计相关性统计表

题项	项总计相关性
1 我们的项目计划中包含明确的项目目标	0.489
2 我们的项目计划有针对每个责任人的考核目标	0.421
3 我们的项目计划会涵盖所有的项目工作	0.430
5 我们的项目计划通常是对项目成本、质量与进度关系进行权衡的结果	0.435
7 我们通常会对项目计划配有明确的假定条件	0.448
9 项目计划制订过程中，我们对项目潜在风险点进行了识别	0.562
10 我们的项目计划中包含对项目潜在风险点的评价结果	0.533

续表

题项	项总计相关性
11 我们的项目计划中包含潜在风险发生时的应对措施	0.586
12 我们的项目计划中包含跨职能活动的工作协调方法	0.361
14 我们的项目计划中包含针对项目实施过程的管理与控制措施	0.569
15 我们通常有包含阶段控制点的里程碑计划	0.453
17 我们的项目计划反映了企业既有的资源情况	0.497
18 我们在做计划时通常会对用户的需求进行明确的分析	0.439
20 项目团队会一同对项目活动进行合理的分解	0.561
27 当项目计划安排有冲突时，我们的项目成员会进行协商	0.569
28 我们在制订计划时，通常会利用企业已形成的同类项目计划参考模板	0.417
29 我们在制订项目计划时，会利用企业的项目管理软件	0.301
32 我们的项目最终计划能够得到项目成员的一致认同	0.567
34 我们会按照项目计划中预先制定的步骤完成项目	0.562
35 我们通常在项目计划制订时已经尽可能对项目潜在风险进行规避	0.655
36 项目计划能够帮助我们有效应对项目实施过程中出现的风险	0.649
38 在项目的实施过程中，我们会依照项目计划中的管控措施进行项目管理	0.586
39 项目经理借助项目计划对项目成员进行了有效管控	0.559
41 在项目实施过程中，我们会依据项目计划进行项目质量管理	0.622
42 在项目实施过程中，我们依据项目计划对任务进行了有效的跟踪和监控	0.623

5）探索性因子分析

新量表开发统计评价首先要通过探索性因子分析（exploratory factor analysis，EFA）来识别能够解释测量构念的显著变异的题项。通常情况下探索性因子分析与验证性因子分析的数据需要来自不同的样本[224]，且对样本量也有一定的要求。然而 Guadagnoli 和 Velicer 认为对于样本数量并没有理论和实证的实际依据，即使小样本也能够对因子负荷提供稳定的结果[225]。因此研究将 303 个样本分为两部分（153 个和 150 个）分别进行因子分析。

（1）探索性因子分析的条件。

在进行探索性因子分析之前，需要检验数据的适合度。首先，因子分析要求所有题项之间存在一定的相关性。因此研究者通过题项的相关系数矩阵得出大部分题项间的相关系数均大于 0.3[224]，适用于因子分析。研究同时也检验了二变量相关性，数据显示题项之间不存在多重共线性问题。另外，为评价整个相关系数矩阵的显著性，研究也进行了巴洛特利球形检验及 KMO 检验，检验结果显示（KMO=0.851，χ^2=894.930，df=91，p=0.001），研究数据适合进行探索性因子分析。

（2）探索性因子分析结果分析。

整个因子分析的过程遵循 Hair 等[224]的建议。首先，主成分分析可用于总结和表征原始数据的主要部分，而因子分析更适用于识别潜在的因子或者潜在的结构，因此因子分析更适用于量表开发。同时，探索性因子分析中，因子旋转的选择主要取决于因子间关系的理论假设，直交旋转适用于独立因子，而斜交旋转更适用于相关因子。由于探索性研究与理论回顾均表明项目计划成熟度的维度之间可能存在相互关联，因此本次探索性因子分析（样本量 153）在方法上选择主轴因子分解，在旋转方式上选择基于 Promax 的斜交旋转方式。如表 5.12 所示，在因子矩阵中，提炼出三个初始特征值超过 1 的因子，三个因子能够解释总方差的59.798%，能够解释显著的方差变异。

表 5.12　项目计划成熟度的解释的总方差

因子	初始特征值			提取平方和载入			旋转平方和载入
	合计	解释方差的占比/%	累积占比/%	合计	解释方差的占比/%	累积占比/%	合计
1	5.796	41.398	41.398	5.295	37.821	37.821	4.554
2	1.453	10.375	51.774	1.023	7.309	45.131	3.780
3	1.123	8.024	59.798	0.571	4.082	49.212	3.987
4	0.872	6.230	66.028				
5	0.766	5.472	71.501				
6	0.640	4.574	76.075				
7	0.615	4.391	80.466				
8	0.569	4.066	84.532				
9	0.523	3.735	88.267				
10	0.479	3.420	91.687				
11	0.376	2.685	94.372				
12	0.343	2.453	96.824				
13	0.251	1.794	98.618				
14	0.193	1.382	100.000				

注：提取方法为主轴因子分解

根据提炼的三个因子，得到了因子矩阵和旋转后的结构矩阵。如表 5.13 所示，14 个题项分别聚在三个因子上，其中聚在第一个因子上的是题项 14、38、39、41、42，聚在第二个因子上的题项是 9、10、11、35、36，聚在第三个因子上的题项是 20、27、32、34。三个因子的可靠性分析结果显示，三个因子的 Cronbach's α

均大于一般统计要求的 0.7。且对于每个因子而言，所有负载在此因子上的题项，对因子的 Cronbach's α 系数均不存在负向影响。从每个题项对各因子的项总计相关性来看，所有题项的项总计相关性均大于 0.5，高于 Hair 的建议。

表 5.13 探索性因子分析结果

题项	因子载荷	因子名称	信度（α 系数）
DC1 我们的项目计划中包含针对项目实施过程的管理与控制措施	0.572	引导与控制（direction and control, DC）	0.813
DC2 在项目的实施过程中，我们会依照项目计划中的管控措施进行项目管理	0.669		
DC3 项目经理借助项目计划对项目成员进行了有效管控	0.663		
DC4 在项目实施过程中，我们会依据项目计划进行项目质量管理	0.774		
DC5 在项目实施过程中，我们依据项目计划对任务进行了有效跟踪和监控	0.733		
RR1 项目计划制订过程中，我们对项目潜在风险点进行了识别	0.675	风险应对（risk response, RR）	0.823
RR2 我们的项目计划中包含对项目潜在风险点的评价结果	0.835		
RR3 我们的项目计划中包含潜在风险发生时的应对措施	0.704		
RR4 我们通常在项目计划制订时已经尽可能对项目潜在风险进行规避	0.671		
RR5 项目计划能够帮助我们有效应对项目实施过程中出现的风险	0.556		
WC1 项目团队会一同对项目活动进行合理的分解	0.645	工作共识（work consensus, WC）	0.723
WC2 当项目计划安排有冲突时，我们的项目成员会进行协商	0.650		
WC3 我们的项目最终计划能够得到项目成员的一致认同	0.709		
WC4 我们会按照项目计划中预先制定的步骤完成项目	0.533		

对于因子 1，本节研究将其命名为"引导与控制"，即题项均反映的是项目计划在实现项目引导与控制功能方面的成熟程度，具体表现为项目计划是否包含了明确的项目管理与控制措施，这些措施在项目实施过程中是否起到了指导作用，以及项目计划对项目实施过程中人员管控和质量管控的引导作用、对任务的跟踪监控作用。其中，题项 DC1 反映的是成熟的项目计划中应该包含有明确的项目管理与控制措施，进而通过项目计划实现项目实施过程中的管控；题项 DC2 反映的是成熟的项目计划会在项目实施阶段充分发挥管理与控制的作用；题项 DC3 反映的是项目经理通过项目计划能够更好地实现对项目人员的管理；题项 DC4 反映的是成熟的项目计划能够帮助项目管理团队实现更好的质量管理；题项 DC5 反映的是成熟的项目计划能够帮助项目团队成员对所有执行中的任务进行有效的跟踪和监控。综上，五个题项均从不同方面表明成熟项目计划应能够引导和管控项目的开展，因此本节研究将此因子确定为"引导与控制"。

对于因子 2 而言，五个题项均反映项目计划对总承包项目风险处理的成熟程度，具体表现为项目计划是否对潜在风险点进行了识别、预估和评价，是否预设了应对方案，是否在计划阶段实现了风险规避，是否能够在风险发生时起到指导作用，因此本节研究将其命名为"风险应对"。其中，题项 RR1 反映的是成熟的项目计划中已经对潜在的风险点进行了识别，考虑了项目过程中的潜在不确定性。题项 RR2 反映成熟的项目计划对潜在风险点进行了评价，提前对项目中可能的风险点进行预估和影响评价；题项 RR3 反映的是成熟的项目计划中已经包含了潜在风险发生时的应对措施和应对预案，能够提前做好风险应对的准备；题项 RR4 反映的是项目计划制订过程已经实现了项目潜在风险的规避，在资源的调配、方案的选取等方面已经进行了初步风险的控制；题项 RR5 反映的是项目计划在项目实施过程中确实起到了指引作用，能够使项目团队在实施过程的风险发生时有应对的对策。综上，该五个题项集中反映项目计划的风险应对功能，表明成熟的项目计划能够降低项目中的不确定性，并减小风险对项目的影响。

对于因子 3 而言，四个题项主要反映总承包项目计划对项目成员参与与共识程度的要求，具体表现为项目成员对工作内容、计划安排、行动路径以及基准计划的共识与认可程度，因此本节研究将其命名为"工作共识"。其中，题项 DC1 反映成熟的项目计划会通过项目成员一同实现项目活动的合理分解；题项 DC2 表明成熟的项目计划是项目成员一同协商而确定的，即成熟的项目计划需要项目团队成员的参与，需要通过大家的参与解决冲突；题项 DC3 表明，成熟的项目计划应该能够得到项目成员的一致认同，即所有的项目成员都同意项目计划中的工作安排；题项 DC4 反映的是成熟的项目计划会在成员认可的情况下得到较好的执行。综上，以上四个题项均反映出成熟项目计划促进团队成员形成共同理解和工作共识的程度，表明成熟的项目计划还应该能够促进工作目标和工作路径的清晰化，形成项目沟通的基础。

如表 5.14 所示，通过三个因子的相关矩阵识别发现，三个因子之间均具有显著的相关性，表明先前在因子分析的旋转方式选择过程中选择斜交旋转方式对本节研究数据是适用的，也表明项目计划成熟度的因子之间是显著相关的，为后续验证性因子分析提供了借鉴。

表 5.14　项目计划成熟度的因子相关矩阵

因子	1	2	3
1	1.000	0.570[***]	0.700[***]
2	0.570[***]	1.000	0.537[***]
3	0.700[***]	0.537[***]	1.000

***为 $p<0.001$

6）验证性因子分析

为检验探索性因子分析结果的因子效度，研究使用结构方程模型分析软件 LISREL 进行验证性因子分析（confirmatory factor analysis，CFA）。验证性分析的样本选取自总样本除去用作探索性因子分析的 150 个样本。为检验项目计划成熟度构念的内在结构，研究分别对几个结构模型进行验证性因子分析检验。同时，研究还对验证性因子分析的结果进行了信效度的检验，确保验证性因子分析的可靠性。

（1）因子模型对比。

在进行验证性因子分析时，本研究对多个潜在模型进行了对比。对比模型包括一阶单因子模型（即只有项目计划成熟度一个因子）、一阶非相关三因子模型（即三因子不相关）、一阶相关三因子模型（即三因子相关）、二阶因子模型。结构方程模型提供了多种拟合指标，对于每个模型的分析也考虑运用多个不同类型且性质稳定的指数进行评价[226]。本节研究选取以下模型拟合指标。

卡方自由度比（χ^2/df）。卡方值是由拟合函数转换而来的统计量，反映了结构方程假设模型的导出矩阵与观察矩阵的差异程度。为准确利用卡方数据检验模型拟合度，还需要考虑自由度的影响，因此多数学者建议使用卡方自由度比（χ^2/df）。卡方自由度比越小，表示模型拟合度越高，反之则表示模型拟合度越差。对于其取值，McIver 和 Carmines 认为卡方自由度比小于 2.00 时，表示模型具有理想的拟合效度[227]。但是也有学者认为，当卡方自由度比介于 2.00 和 5.00 之间时，也表示模型是可以接受的[228]。本节研究以不超过 5.00 作为标准，卡方自由度在此范围内则认为模型可以接受。

近似误差的均方根（root mean square error of approximation，RMSEA）。RMSEA 系数不受样本数大小与模型复杂度的影响。Steiger 指出，RMSEA 低于 0.10 表示好的拟合，低于 0.05 表示非常好的拟合，低于 0.001 表示非常出色的拟合[229]。因此本节研究采取 RMSEA 小于 0.10 的边界值。

正规拟合指数（normed fit index，NFI）、比较拟合指数（comparative fit index，CFI）和简洁规范拟合指数（parsimony normed fit index，PNFI）。NFI 反映假设模型与一个观察变量间没有任何共变假设的独立模型的差异程度，CFI 反映了假设模型与无任何公变关系的独立模型差异程度的量数。一般情况下 NFI 值、CFI 值介于 0 到 1 之间，值越大表示模型适配越好，通常超过 0.90 可认为模型拟合良好[230]。PNFI 表示模型解释观察变量的简洁程度，通常情况下若 PNFI 大于 0.50 则表示模型具有较好的简洁度，匹配良好。在对比多个模型时，也可通过对比 PNFI 进行评价分析。

良好拟合指数（goodness of fit index，GFI）和调整拟合指数（adjusted goodness of fit index，AGFI）。GFI 可以反映理论模型的变异数与共变数，能够

解释观察资料的变异数与共变数的程度，其范围在 0 和 1 之间，数值越大拟合越佳。AGFI 是在考虑了自由度的基础上计算出来的拟合指数，其数值也介于 0 和 1 之间，数值越大拟合越佳。GFI 和 AGFI 在 0.8 以上就表示模型拟合的效果较好。

具体模型拟合情况如表 5.15 所示。在模型 1 中，项目计划成熟度被看作是由 14 个题项组成的单一因子，模型 4 是模型 3 的一种特殊情况，它在一阶三因子相关模型基础上增加了一层结构的限制[231]。这种单一二阶因子有两个好处，一方面它可以提供一个更高层次的使得研究者能够更好地聚焦于整体的抽象概念[232]，另一方面也能够控制结构方程模型中由多个一阶因子引起的多重共线性的问题[233]。结果显示，一阶单因子模型的模型拟合系数明显低于一阶相关三因子模型和二阶因子模型，其中卡方自由度比、NFI、PNFI、CFI、GFI、AGFI 和 RMSEA 的值均表明模型 4 相较于其他模型有较好的拟合性。尤其是对于模型 4 和模型 1 的卡方值检验表明，模型 4 与模型 1 之间存在显著差异，两个模型间具有区别效度，因此单因子模型的低拟合系数表明项目计划成熟度是一个多维的构念。且由一阶相关三因子模型和二阶因子模型表明，项目计划成熟度是由三个相关的维度组成，三个因子间的相关系数在 0.49 和 0.67 之间，存在显著的相关性。而二阶因子模型与一阶相关三因子模型拟合参数对比则表明，项目计划成熟度是一个拥有显著三维共变异的单一潜变量，二阶因子模型比一阶相关三因子模型能够更好地解释项目计划成熟度的结构。就模型 4 而言，其测量模型的拟合指数满足测量变量结构方程模型适配和拟合的要求，表明模型设定的有效性，模型 4 的二阶因子模型图如图 5.4 所示。因此，可以确认总承包项目的项目计划成熟度是一个由三个显著相关维度构成的单一构念。

表 5.15　多个 CFA 模型的拟合情况对比

变量	模型 1 一阶 单因子模型	模型 2 一阶非相关 三因子模型	模型 3 一阶相关 三因子模型	模型 4 二阶 因子模型
χ^2（df）	359.98（75）	337.22（75）	188.59（72）	181.89（71）
χ^2/df	4.79	4.49	2.62	2.56
NFI	0.87	0.86	0.93	0.93
PNFI	0.72	0.71	0.73	0.73
CFI	0.90	0.89	0.95	0.96
GFI	0.74	0.76	0.85	0.86
AGFI	0.64	0.66	0.78	0.79
RMSEA	0.16	0.15	0.10	0.09

注：$\Delta\chi^2$（模型 4，模型 1）=178.09，df=4，$p<0.001$

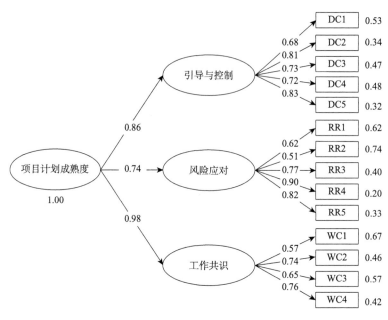

图 5.4　二阶因子模型图

（2）信度和效度检验。

对于二阶因子模型的信度与效度检验，本节研究分别对三个一阶因子进行了测量的检验。

首先对二阶因子模型的标准化因子载荷（standard regression coefficient）、测量的构成信度（construct reliability，CR）和可靠性信度 Crobach's α 系数，以及反映收敛效度的平均方差提取量（average variance extracted，AVE）进行了检验，如表 5.16 所示。

表 5.16　验证性因子分析的信度与收敛效度分析

变量	标准化因子载荷	信度与收敛效度
引导与控制（DC）		CR=0.87，AVE=0.57，α=0.80
DC1	0.68***	
DC2	0.81***	
DC3	0.73***	
DC4	0.72***	
DC5	0.83***	
风险应对（RR）		CR=0.85，AVE=0.54，α=0.83
RR1	0.62***	
RR2	0.51***	

续表

变量	标准化因子载荷	信度与收敛效度
RR3	0.77***	
RR4	0.90***	
RR5	0.82***	
工作共识（WC）		CR=0.78，AVE=0.47，α=0.71
WC1	0.57***	
WC2	0.74***	
WC3	0.65***	
WC4	0.76***	

***为 $p<0.001$

　　其中，对于标准化回归系数，其标准是要超过 0.5 且保持显著。表 5.16 显示所有题项的标准化因子载荷，即每个题项在其所在因子上的负荷均超过 0.5 且在 $p<0.001$ 的水平上显著。对于每个因子的信度要求，构成信度和可靠性信度的推荐标准均为 0.7，而验证性因子分析的结果表明，三个因子的 CR 值和 Crobach's α 值均大于 0.7，表明验证性因子分析结果具有较高的可靠性。而平均方差提取量 AVE 值用于测量收敛效度，即所有题项对因子的解释力是否超过其误差方差，推荐标准是 0.45[234]，由上表所示三个因子的 AVE 值均大于 0.45，说明题项对于各因子的解释是比较有效的，具有收敛效度。

　　为进行二阶因子模型的区别效度分析，需要将各因子的 AVE 值的平方根与因子间的相关系数进行对比，若某一因子的 AVE 值的平方根大于其与其他因子间的相关系数，则说明该因子与其他因子具有较好的区别效度。如表 5.17 所示，表中对角线位置的数字为各因子的 AVE 值的平方根，其他位置的数字代表各因子间的相关系数。数据表明，各因子的 AVE 值平方根均大于其所在位置横向与纵向上的因子相关系数，因此表明验证性因子分析的二阶因子模型中，一阶因子之间具有比较好的区别效度。

表 5.17　验证性因子分析的区别效度分析

变量	DC	RR	WC
DC	0.76		
RR	0.49***	0.74	
WC	0.66***	0.53***	0.67

***为 $p<0.001$

　　关于内容效度，其用于测量所测题项能否表达因子的概念意义，是否具有代表性。由于本次验证性因子分析是建立在探索性研究基础上，测量量表经过多方的讨论和认可，且探索性因子分析对于因子的命名也来自于测量题项共同表达的含义，因此可认为验证性因子分析所采用的量表具有较好的内容效度。

因此，验证性因子分析表明，基于内容分析方法所开发的项目计划成熟度量表能够通过信度的检验，所提炼的项目计划成熟的三个因子也分别具有较好的收敛效度、区别效度和内容效度，能够较好地反映总承包情境下项目计划成熟度的概念，为后续探讨项目计划成熟度与项目知识集成和项目绩效间的关系奠定基础。

7）结果讨论

研究结果表明，总承包项目的项目计划成熟度是一个具有三个核心相关维度的构念，三个维度具体表现为"引导与控制"、"风险应对"及"工作共识"，具体测量量表如表 5.11 中的题项所示。对于总承包项目而言，项目计划成熟度概念的核心表征是项目计划对整个项目的引导、监督与控制的程度，有效应对项目整个过程中的潜在风险的程度，以及从工作内容到实现路径达成成员共识的程度。三个维度展现了总承包项目计划能力的核心内涵，也实现了与现有文献中项目计划关注点的匹配。Thomas 等认为项目计划和项目团队发展在项目开展过程中处于核心地位，且项目计划能够推动项目团队建设[193]。而从研究结果来看，项目计划偏硬的技术层面与偏软的人员管理层面的功能已经在项目管理实践中得到了确认。就当前的三个维度而言，其中"引导与控制"及"风险应对"反映的是项目计划偏"硬"的作用，即项目计划对于正式的项目管理的作用。而"工作共识"则表现为项目计划偏"软"的作用，即对于项目成员及项目中社会资本的影响。三个维度共同反映总承包项目的计划成熟程度，确保了项目计划成熟度的综合性结构，在项目管理理论和实践层面均能够得到解释。

（1）引导与控制。数据分析结果表明，在总承包情境下，项目计划成熟程度首先表现为项目计划实现其引导与控制功能的能力，这种引导与控制体现在管控措施的建立、管控过程的执行和管控结果的反馈上。从曼哈顿计划、阿波罗计划到现代项目管理，项目管理的产生和发展均以项目计划的制订和实施为核心。而开展项目管理的首要目标是保证项目成功。科兹纳将项目计划定义为在已预测的环境中建立一个预定的行动路径的过程，其认为项目计划的本质功能就是为项目的顺利开展提供一个有效指引，通过一个正式的规范引导与控制项目的顺利开展[4]。与现有文献强调的相一致，这种引导与控制功能能够推动项目目标在项目实施各层次的清晰化，同时能够把目标的实现转化成一系列具体的行动和标准。同时，项目计划自身也形成信息搜集与项目监控的路径，对比、分析、决策的参照物以及变更的指导文件，进而最大限度地保证项目在预先估计的轨道上[235]。

而由于总承包项目的工作复杂性、参与主体复杂性以及管理接口多样性的特征，总承包项目的顺利实现更加需要相对成熟的项目计划在项目前期确定项目的实施规范、工作路径以及监控的手段、标准和措施，进而为项目运行和控制提供依据。这些实施规范、工作路径、任务目标与开展方式以及监控的标准和工具等成熟项目计划所包含的内容和计划制订以及开展的结果，将为总承包项目的知识集成提供大量有益的正式干预的机会，为总承包项目的知识集成创造环境，特别是不仅有助于项目计划阶段内部的知识集成，更有助于项目跨越生命周期的动态知识集成。虽然这一维度的产生及其首要地位是在总承包项目情境下得到论证的，但是结合现有文献，项目计划成熟度的引导与控制维度也可能在其他类型的项目中得到进一步印证。

（2）风险应对。数据分析结果表明，在总承包项目情境下，项目计划的成熟程度也突出表现为项目计划对于项目中风险处理的有效性，这种有效性主要体现在计划对项目潜在风险的识别、评价、应对措施预设和应对效果上。由于项目的一次性、临时性特点，加之外部环境的快速变化，项目本身存在多种不确定性。这种不确定性会导致项目活动的低效率，进而对项目的顺利开展造成很大威胁。因此，项目计划必须要考虑和管理这种变化性和不确定性，并为项目团队提供有效应对意外危机的缓冲[214]。与文献中对于项目不确定性和风险的重视相一致，项目管理实践同样突出了成熟项目计划的这一功能，即成熟的项目计划也需要在项目前期和实施过程中对项目中存在的风险进行有效控制和应对，尽可能为项目的开展提供相对稳定的环境，提前为可能出现的风险提供应对的方向和策略。

在总承包项目情境下，其业务环节复杂、专业领域涉及广泛、外部环境不稳定性因素多，项目运行过程中的高度不确定性特征更加明显。且总承包模式将项目的风险从业主转移到了承包商，因此规避和控制风险成为管理总承包项目的重要工作。这种不确定性的风险很大程度上源自于信息的不对称，因此对不确定性的有效管理就需要建立在信息对称和信息与相关知识处理的基础上，这样才能够针对项目中潜在的风险制定合理的决策。因此，成熟项目计划在对项目潜在风险进行识别、分析、管理与应对的过程中，存在大量的知识集成的过程，其在项目前期的大量知识集成与决策工作不仅能够提升项目计划阶段的准确性，还能尽量避免和帮助有效应对项目实施过程中发生的风险，提升项目整体知识集成的效率。进而，项目计划成熟度的第二维度"风险应对"在理论和实践中均得到了合理的解释，与其他类型相比这一维度可能在总承包项目中更加明显。

（3）工作共识。数据分析结果表明，在总承包项目情境下，项目计划的成熟程度还表现为项目计划对项目团队工作共识形成的推动力。这种工作共识体现在项目团队成员通过项目计划达成目标、工作分解、工作路径和计划内容的一致性认识上。成功的项目以拥有一个周全的、良好的计划和杰出的、有承诺感的团队为特征。当团队成员有机会参与到项目计划开发过程中时，团队成员对于执行计划更具有团队承诺[236]。项目成员对项目目标和工作内容的共同理解也有助于形成相互协作的工作关系和合作关系，有助于项目中社会资本的积累和项目中的沟通协调，进而有助于项目计划的顺利实施。因此，成熟的项目计划需要形成项目团队的工作共识，否则项目计划就缺乏顺利执行的基础。在现有文献中，项目计划对于项目成员的参与提出了较多的要求，其目的在于在项目成员参与的过程中强化项目目标和各自目标的理解，同时构建目标与工作之间的相互关联意识[4]。并且，现有文献也认为项目计划能够为开发团队承诺提供一个有用的结构框架，较高的项目计划能力也将强化团队稳定性和沟通有效性对项目绩效的正向影响。因此，本节研究对于项目计划成熟度这一维度的开发是在与现有文献相呼应的基础上强化了参与、沟通等功能的系统性，集中表现为项目计划对于工作共识形成的作用。

就总承包项目而言，其项目团队的专业化、差异化明显，项目需要实现各专业、各领域、各阶段、各职能的协同与集成才能够提高运行效率。因而项目团队对于项目计划的参与、贡献以及通过计划所产生的项目共识、工作共识尤为重要。这种工作共识有助于项目共有知识的构建，有助于建立总承包项目内知识交互和集成的基础。因此这种工作共识对于总承包项目而言不仅是软性的文化与环境的支撑，也是共同工作目标与共同行动路径、考核标准的重要基础。因此，这一维度作为总承包项目计划成熟度的第三个核心维度从更深层次体现了项目计划成熟度的内涵，即成熟的项目计划不仅要实现基础的引导与控制功能、风险应对功能，还要保障项目计划在项目成员以及项目其他利益相关者之间形成统一认识，进而形成项目计划制订与实施的重要基础。

5.2 计划成熟度对项目知识集成和项目绩效的影响研究

为进一步检验总承包项目情境下计划成熟度对项目知识集成效果和项目绩效的影响，本节将通过实证方法来进行概念间关系的系统研究。本节包含研究假设与模型的提出、研究设计、假设检验以及讨论与建议几个部分。

5.2.1 研究假设与模型的提出

1）总承包项目的项目计划成熟度与项目绩效

基于项目计划成熟度的界定，项目计划成熟度反映单一总承包项目计划的成熟程度，是对项目计划的全生命周期视角的评价。对于项目计划成熟度与项目绩效的关系，现有文献已经通过实证研究检验了不同情境下项目计划对项目成功的正向影响，其中 Dvir 等检验了研发项目情境下的项目计划与项目成功的正向作用关系[217]，Wang 和 Gibson 检验了建设项目情境下的项目计划对项目成功的显著正向影响，他们认为正确的、思虑周全的、开发良好的项目计划有助于既定项目进度、成本、质量目标的实现，有助于提升客户的满意度，并能够进一步提升企业的效益[195]。这些研究结果对项目计划成熟度与项目绩效之间的关系假设提供了参考，项目计划成熟度作为反映总承包项目计划成熟程度的概念，也在很大可能上与项目绩效之间存在显著的正向影响关系。

具体到项目计划成熟度的不同维度，首先，项目计划成熟度强调项目计划在"引导与控制"功能发挥上的成熟程度。项目计划成熟度越高，项目计划对项目运行产生整体引导和控制功能的可能性越大，越能够通过里程碑节点、资源计划、责任分配矩阵、项目管理计划与项目基准进度、成本计划等项目计划过程的产出指导项目的运行，使得项目各参与主体强化对项目目标的理解，形成共同的行动路径，提升资源组织的效率[193]。这些对项目目标和个体行动计划的理解有助于控制项目目标的偏差，使得项目在既定的轨道上运行，因此能够保障项目内部的进度、成本、质量等绩效指标的实现。这对于涉及多主体、多职能、多专业的总承包项目而言至关重要，能够保证项目协调与管控的效率。而战略导向下的项目目标的确定，还能够通过项目计划的引导有效识别客户的需求，制订满足内外部需求的项目计划，进而提升客户的满意度[214]。由于总承包项目规模与市场的独特性，单一项目的客户满意度将会直接影响企业的市场地位和市场份额。因此，项目计划成熟度越高，通过对总承包项目的有效引导和控制实现项目成功的概率越大。

其次，项目计划成熟度还强调项目计划在"风险应对"功能发挥方面的成熟程度。高项目计划成熟度要求项目团队能够通过项目计划实现对项目潜在风险的有效识别、分析，预案制订、跟踪及应对。而项目风险管理情况对项目绩效的影响，已经在现有文献中进行了多次针对性研究[237, 238]。现有研究表明项目风险管理的情况是重要的影响项目成功的因素，项目不确定性的降低和突发事件发生概率的降低有助于项目计划的顺利执行，进而有助于项目各项目标的实现，形成客户满意的项目产出。而对于总承包项目而言，其本身的工程复杂性高、环境变化快、利益相关者多，项目中的不确定性也多，因此对于项目风险的把控就显得更为重要。因此通过前期的有效预估、计划和优化来规避项目的风险，并通过成熟的风险识别、风险分析、风险应对等流程，项目计划成熟度越高的项目越有可能实现较高的项目绩效。

再次，项目计划成熟度还特别关注项目团队的建设与发展，关注项目计划对于形成项目团队"工作共识"的成熟程度。在项目计划制订过程中强化各项目参与主体的参与度，形成对项目目标、项目内容、项目过程和行动路径与标准的共识，有助于提升项目运行过程中的沟通效率，便于项目的协调。而现有研究已经表明了项目沟通与协调在推动项目成功过程中的重要作用[191, 239]，说明项目沟通能够显著提升项目过程管理的效率，能够降低项目超期与成本超支的可能性。同时项目利益相关方对项目计划和目标等形成的共识基础，也能够提升客户对项目的满意度和促进项目商业价值的实现。因此，项目计划成熟度越高，越可能通过工作共识的形成促进项目成功。

且第 4 章的案例研究也显示，项目计划成熟度较高项目的项目绩效也明显好于较低的项目，因此基于以上分析和案例结果，本书提出假设 H₁ 如下。

H₁：总承包项目的项目计划成熟度越高，项目绩效越好。

2）总承包项目的项目计划成熟度与项目知识集成效果

从知识视角出发，项目计划成熟度会对总承包项目的知识集成产生影响。这种影响主要表现在知识的组织方面及项目内部人员的互动方面。首先，对于总承包项目，一方面项目团队内部的知识和专长的多种组合已为项目的成功奠定了知识基础[240]。但另一方面，其矩阵式或项目式的组织结构虽然能够提升知识集成的范围和弹性，却为知识集成效率的提升造成了障碍，而这种障碍需要通过结构化、标准化和编码化来排除，结构化的程序和正式化的任务执行相比于知识的无序集成能够产生更高的效率。Canonico 等曾在研究组织的控制机制时表示，基于计算方法的正式的控制机制能够通过任务和责任的明确、有效管理信息交换过程来推动知识集成，通过聚焦于行为和产出来检查程序和目标，进而还能够获取足够的 know-how 知识来减少潜在不确定性[184]。这种正式控制机制和程序体现在绩效评价、汇报体系及项目监控体系中。而项目计划本身就是一种正式的控制机制，计划成熟度高的项目能够在保障项目"引导与控制"、"风险应对"和"工作共识"的过程中通过流程、制度、程序与规则的强化在全生命周期范围内促进项目内知识的编码化和结构化，在确保项目内知识集成范围的同时降低异质知识集成的难度。同时还可以通过有序的规则协调项目内部的多种知识，并通过指令、传递等知识集成机制有效地聚集组织项目内的知识，通过集成不同来源的知识协调项目内部活动[241]，缩小项目需要信息和可用信息之间的差距，在为项目知识集成扩大集成范围的同时提升项目知识集成的效率。同时，控制机制作为一种正式的管理干预，也是实现更好的知识集成的潜在方式[183]。这种正式干预能够为团队活动和指导团队间的讨论提供明晰化的指令，约束知识交换的类型，促进面对面交流时的结构化，使项目所需要的知识显露得更多并得到更有效的合并，提升知识集成的效率和柔性[242]。而基于成熟项目计划的编码化输出，也能够生成更多的项目共有知识，以帮助总承包项目内部异质知识的集成。因此成熟的项目计划能够引导团队成员将注意力放在实现目标的知识集成的过程上，并引导团队成员提升其知识集成的过程，实现较好的知识集成效果。

　　另外，项目计划成熟度较高的项目还有益于项目情境知识的共享，有助于团队成员交互的实现。在项目团队中，尤其是对总承包项目，由于团队成员间存在交互记忆缺失、相互了解不充分、知识不对称等情况，会对项目知识集成造成很大障碍[68]。因此，现有研究特别强调通过共有知识的形成来促进团队成员间的交流与共享，保证项目知识集成的效果[69]。现有研究认为知识集成并不是仅建立在对项目工作的相关内容的共享知识和共享理解基础上，而是更多地建立在对项目工作过程的共享理解上[62]。项目计划作为一种机制能够建立这种知识集成的共享过程，高项目计划成熟度的项目能够建立项目团队成员的工作共识，并推进基于项目的情境知识的共享，奠定项目全生命周期知识集成的基础。同时这种基于项目计划的正式干预还能够促进团队内部成员间的互动，拉近更亲密的项目成员间的临时距离[243]。这种项目成员及其他利益相关者间关系的递进能够进一步提升主体的知识共享和集成的意愿，促进信息的有效沟通[214]，并通过项目计划转化成项目层面的决策，实现知识集成的过程。同时团队成员之间也能够通过项目计划以高度一致和协调的方式了解和掌握本团队的任务所在，集成知识资源[244]。因此高项目计划成熟度的项目能够调动项目内知识集成的积极性，增加知识创造和调用的可能，提升知识集成的柔性。从第 4 章的案例研究结论的研究命题也可发现计划成熟度较高的总承包项目能够更好地通过项目计划来组织和集成项目内的知识，同时强化项目团队成员间的关系，提升知识集成的效率和效果。

　　因此，本节提出假设 H_2 如下。

　　H_2：总承包项目的项目计划成熟度越高，项目知识集成效果越好。

　　3）总承包项目的项目知识集成效果与项目绩效

　　对于知识集成的效用，现有大量研究已经认可了知识集成在企业创造和维持竞争优势过程中的重要地位。知识集成能够使企业具备独特的、难以被模仿的竞争能力[41]，能够快速而有效地开发产品来应对不同的市场需求[245]，也能够更好地适应竞争激烈的环境、推动创新的产生。而在项目情境下，对于项目知识集成与项目绩效关系的实证研究也表明[246, 247]，项目越能集成更多的知识、保持更好的集成效率、保持知识重组和创造的柔性，越能获得满意的项目绩效。

　　首先，项目知识集成的范围预示着能够利用的项目相关知识的广度。项目集成的异质性知识范围越大，项目能够获取的信息和资源越多，项目团队越能够通过知识的分析和集成对未来发展形势进行正确的判断并提升项目决策的质量，越能够较好地通过集成总承包项目中的不同专业知识和情境知识来分配项目资源、解决项目问题、优化项目过程，降低项目中不确定性发生的可能性，有效应对项目中的突发事件，进而有助于项目绩效目标的实现和项目价值的创造[39]。

　　其次，项目知识集成的效率表示项目可以接触和利用项目相关知识的程度。

项目知识集成的效率高，说明项目能够创造项目内部知识交互的基础，同时项目决策层有能力快速地获取和组合制定合理项目决策所需的知识，项目各层级的团队成员也能够快速集成完成各项任务所需的知识[69]。基于知识的快速获取与处理，项目资源配置的效率、项目沟通与协调的效率、项目决策的准确性均会显著提升，项目应对突发事件和外部环境变化的响应力也会提升，因此项目能够建立整体的竞争优势，从各方面保障项目绩效。

最后，项目知识集成的柔性反映项目能够获取原有知识以外的知识及重新配置现有知识的程度。项目知识集成的柔性高，说明项目团队成员在集成知识过程中投入的创新思维和系统思维较多[69]，项目能够在各项业务开展的过程中考虑到资源配置的优化重组、可替代方案的可能性、对内外部信息和知识的吸收，以增强项目运行过程中的灵活性，在保障项目目标实现的同时发挥项目集成管理的优势。因此，项目知识集成的柔性越高，项目越能够实现快速响应，越能够通过多种路径的开发和替代保障项目目标的实现。

所以，项目知识集成的范围、效率和柔性的程度都将对总承包项目绩效的实现产生影响，因此，本书提出假设 H_3 如下。

H_3：总承包项目的项目知识集成效果越好，项目绩效越好。

4）总承包项目的项目计划成熟度、项目知识集成与项目绩效

基于以上的讨论，项目计划成熟度和项目知识集成效果均是项目成功的潜在重要影响因素。而项目计划成熟度对项目绩效的多种影响路径还反映出项目计划通过项目知识集成作用于项目绩效的可能性。对于作为知识集成机制的项目计划而言，高项目计划成熟度的项目在项目计划制订过程中就能够通过结构化、编码化的活动强化组织知识的调用，以保证项目前期决策的质量。同时，形成的编码化知识集成载体还能够通过在项目团队成员间的分享实现项目情境知识的共享[193]，建立不同专业、职能、组织知识集成的共有基础和环境，提升团队内部的承诺和项目归属感，提升项目团队工作的积极性，即项目计划成熟度工作共识的实现也将推动项目主体的知识集成，提高项目沟通和协调效果来保障项目绩效。项目计划在项目实施过程中也可以作为知识集成的指令工具，指导项目内知识按照预定的规则和逻辑进行有序的集成，通过项目知识集成后的文档载体和团队成员载体保证项目按照预先制定的方案和步骤实施。同时，对项目计划成熟度的风险应对功能的强调也将推动项目知识的快速有效集成，进而通过项目知识集成过程的大量输出有效降低项目不确定性，进而促进项目成功。因此，项目计划成熟度不仅本身会对项目绩效产生正向影响，还可能通过项目知识集成的中介作用来实现项目计划成熟度对项目绩效的影响。

因此，本节提出假设 H_4 如下。

H_4：总承包项目的知识集成效果是项目计划成熟度与项目绩效之间的中介

变量。

　　基于以上研究假设的提出，研究形成如图 5.5 所示的关系研究模型。

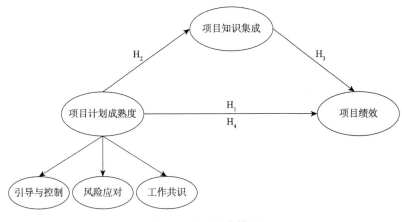

图 5.5　关系研究模型

5.2.2　研究设计

1）变量测量题项

　　为保证测量工具的效度和信度，本节研究对所需测量构念多采用已经使用过的国内外量表，并根据本节研究的目的和情境加以调整，作为数据收集的工具。在问卷正式调查前，研究者邀请相关领域的专家学者进行了问卷调查与反馈，以评估问卷的表述与用词是否恰当。量表采用 5 级利克特量表，其中 1 级表示题项中描述的情况完全不符合我们项目的情况，5 级表示题项中描述的情况完全符合我们项目的情况，3 级表示中立的反馈。研究涉及变量包含项目计划成熟度、项目知识集成、项目绩效，控制变量包括受访者性别、企业性质、企业规模、职位层级、从事项目管理年限、项目规模及项目团队规模。

　　（1）项目计划成熟度。

　　项目计划成熟度作为新开发的构念，目前尚无成熟的量表可借鉴，因此项目计划成熟度变量的测量题项采用第 4 章经过检验的包含三个子维度的量表。

　　（2）项目知识集成。

　　鉴于第 3 章中对项目知识集成评价从能力角度和效果角度的分析，本节研究主要侧重项目知识集成的效果评价，以进一步解释项目计划成熟度对于项目知识集成和项目绩效的影响。对于项目知识集成（project knowledge integration，PKI）变量的测量量表，本节研究选择从范围、效率和柔性三个方面共同表征项目知识集成对的效果[248]，测量参考了 Grant 对于知识集成的定义及范围、效率和柔性的维度划分和描述，Huang 和 Newell 对于项目知识集成的评价的描述，以及 Tiwana

和 Mclean 的实证测量量表，并针对总承包项目情境进行了适当的修改，以更好地反映总承包项目中的知识集成情况。其中题项 PKI1~PKI3 反映的是项目知识集成的效率，题项 PKI4~PKI6 反映的是项目知识集成的柔性，题项 PKI7 反映的是项目知识集成的范围，如表 5.18 所示。

表 5.18　项目知识集成的测量量表

题项	参考文献
PKI1 在项目开展过程中，项目成员形成了共同分享的项目基本信息和项目术语	[249]
PKI2 在项目开展过程中，项目成员能够清晰地了解项目的不同部分如何匹配和整合	[249]
PKI3 在项目开展过程中，我们能够比较快速地获取完成项目所需的专业知识	[51]
PKI4 项目成员所拥有的知识在解决项目问题中得到了充分的调动和良好的组织	[138]
PKI5 我们发现和创造了很多能够促进项目成功的新想法和新机会	[250]
PKI6 项目成员很好地将与项目相关的新知识和他们的既有知识融合了起来	[249]
PKI7 在项目开展过程中，我们整合了项目所需的大量知识	[51]

（3）项目绩效。

由于前面尚未对项目绩效的概念和评价等相关理论进行回顾，因此在此部分有必要对项目绩效的概念及其评价进行回顾。项目绩效的概念源自于组织效力和项目情境的结合。组织效力是组织理论的一个核心的分支，用于评价组织的成功。当项目越发成为企业业务组织的常见方式时，项目的绩效也越来越受到关注，对项目绩效本身的研究也逐渐趋于成熟。从项目绩效的出发点来看，项目绩效与项目目标相对应，同时也与组织目标相匹配。具体而言，项目目标反映项目的追求，同时也反映组织对项目的要求。因为项目能够帮助组织应对复杂的、日益变化的商业竞争环境，所以组织绩效需要依靠项目的绩效来支撑，项目绩效直接关系到组织的短期直接效益和长期运行。

对于项目绩效的界定，取决于项目绩效本身的内容。笼统地看，项目绩效是对项目层面组织运行效率和效力的一种评价。工程项目绩效则是对工程项目全生命周期交付物的总体表现评价[251]。但是要对项目绩效下一个清晰的定义，就必须要考虑到项目绩效本身的内容关注点，这也导致一直以来对于项目绩效都缺乏一致性的清晰的界定。从项目绩效的现有研究来看，目前对于项目绩效的理解多出自不同的项目情境，并在不同的情境下从不同的维度来体现项目绩效的内涵，而且不同的主体对项目绩效的理解也存在较大差异，这些差异集中表现在对项目绩效的评价与标准确定上。其中，业主方、承包方、项目经理、项目团队及企业高层管理者关于项目绩效的界定存在着不同的视角和诉求[252]，如项目经理更专注于项目内部的成本、工期和质量等指标，项目团队更关注项目内的分工协作程度，而企业和业主方则更关注项目绩效的外部表现，因此这也使得项目绩效的界定难度增大。

　　另外，项目绩效的相关研究中还表现出一个突出现象，即"项目成功"这一概念被频繁地用于项目绩效的判定，甚至在很多研究中替代了项目绩效。项目绩效本身是一个中性的概念，而项目成功则具有明显的正向指向性。这一概念的广泛使用突出反映了理论界和学术界对于项目绩效的正向追求，认为项目成功与否更能够直观地体现项目绩效，因此项目绩效与项目成功在基于绩效评价方面具有相互替代的功能。就项目成功而言，传统意义上的项目成功一直被定义为满足内外部客户的期望，反映为项目满足时间、成本和质量要求的能力，即项目管理中的时间、成本、质量的铁三角[253]。因此项目绩效也被认为是项目在满足时间、预算和性能等项目指标上的表现[4]。随着项目绩效研究的系统化和深入，越来越多的学者开始超越项目本身来考虑项目的绩效和项目对企业的作用。Shenhar 等[254]就从战略管理视角对项目成功进行剖析，以帮助企业通过项目运行来实现企业长期和短期的目标。在战略管理视角下，项目是具有商业导向的，其要从利润、额外的成长及改善市场地位等角度支撑组织的发展，项目绩效直接影响了组织的绩效。因此项目团队更加有必要关注客户的需要、企业竞争优势的建立及未来市场的成功，而不仅仅是关注原有计划的要求、短期结果和直接交付物。在当前外部环境快速变化、市场竞争日益激烈的情况下，他们认为项目更需要与组织发展路径相一致。这种视角在一定程度上丰富了项目绩效的内涵。

　　而随着项目绩效与项目成功研究的越发深入，开始有学者意识到有必要将"项目管理绩效"与"项目绩效"、"项目管理成功"与"项目成功"划分开来[253]。他们认为，项目时间、成本与质量的铁三角目标是项目管理的目标而不是项目的目标，即项目组织所追求的项目绩效和项目成功应该超越内部项目管理目标的实现，站在项目和企业的视角来获取项目绩效和项目成功。虽然对项目绩效的一般界定仍然要基于项目绩效评价情境、组织思路和评价内容的确定，但是基于这种区分我们认为，项目绩效是企业发展目标指导下的项目过程与产出中所反映出的有效输出，总承包项目的绩效也应该反映总承包企业的战略目标。

　　项目绩效界定的不统一，突出表现为项目绩效很难形成统一的测量与评价标准。传统的对项目绩效评价的基本原则就是是否明确且容易评估。其中最直接的评价是评估其项目预算、工期、质量等性能目标，即实际上多是项目管理绩效的评估。这在很大程度上是从项目活动本身出发的、出于运营管理逻辑的考量。由于组织效力关注随着外部竞争环境变化而调整，很多学者认为传统项目绩效的测量具有一定的局限性，无法反映项目的整体要求。因此仅通过这样的指标容易导致测量不完整，不适宜战略管理视角下的项目绩效长期导向的评估。此后，Baker

等在铁三角项目绩效评价标准基础上，增加了客户满意度这一指标[255]。在战略管理视角下，项目绩效的评价又开始关注组织长期效益和市场开发的情况。其中Pinto 和 Mantel[256]识别了项目绩效基准的三个方面，即完成过程、项目的感知价值和客户对最终产品的满意度。Shenhar 等识别了项目成功的四个维度，即项目效率、对客户的影响、直接的商业和组织成功及未来的准备[254]。Davis 通过历年文献梳理分析认为项目绩效的评价体现在时间与成本指标、沟通与协作、目标识别、利益相关者满意度、项目产品性能、项目经理能力、项目的战略效益等方面[252]。Khan 等基于过去 40 年的文献研究开发出项目成功的五个维度，包括项目效率、组织效益、项目影响、利益相关者满意度和未来潜能[257]。

　　同时，项目绩效评价的研究表明，项目绩效的一般性评价并不是完全适用于所有项目的。由于工程项目的新技术含量相对较少，项目产品在市场上已经存在，相较于研发类项目，在项目绩效评价方面更加关注项目进度和成本目标的实现，客户也是多关注对标准化解决路径的需求。虽然存在一定的独特性，但对工程项目情境下项目绩效测量与评价研究的关注重点演变路径与一般项目绩效评价存在某种程度的一致性。在研究的早期，Chua 等仍主要从时间、成本和质量的绩效指标对建设项目成功进行评价[258]，Chan 等对 DB 项目的绩效评价也从时间绩效、成本绩效和整体绩效出发[259]。工程项目的绩效评价也开始关注客户满意度的维度，Yeung 等则利用德尔菲法识别了基于关系的工程项目绩效指标，包括客户满意度、时间、成本、质量、安全、有效沟通、信任与尊重以及创新和改进[260]。此后，工程项目绩效评价也开始关注项目的长期效益和对组织的发展。经济合作与发展组织认为项目成功表现为效率、效果、项目绩效与组织相关性、项目对组织的影响、长期持续性[261]。Williams 在总结现有建筑项目成功标准时也认为，对项目绩效的评价应该包含终端产品的性能、利益相关者的满意度、项目交付目标的实现及项目管理的成功几个方面[262]。特别地，针对 EPC 总承包项目绩效的评价，张勇等仍主要从施工进度、施工质量与安全和施工质量展开[263]，孙晓池则基于KPI 体系建立了目标、管理、员工、资源、进度、成本、质量、安全、技术多个维度的项目绩效评价体系[264]。

　　因此，整体上一般项目绩效和工程项目绩效评价均逐渐从只关注项目内部指标转向项目内部指标与项目外部表现并重，所以基于项目绩效评价的战略管理视角，本节研究对于总承包项目绩效构念的测量选择近期较受认可的项目成功测量量表，基于六个题项对项目绩效变量进行测量，在关注进度、质量、成本的项目绩效基本指标的基础上还关注技术实现情况、客户满意情况及收益与市场份额情况。从而更好地表现总承包企业战略视角下项目绩效的标准，同时对项目内部效率和外部表现予以关注。具体题项见表 5.19。

表 5.19　项目绩效的测量量表

题项	参考文献
PP1　与原定计划相比，本项目很好地实现了进度目标	[265]和[266]
PP2　与原定计划相比，本项目很好地实现了成本目标	
PP3　本项目很好地实现了原定计划要求的技术规格	
PP4　本项目很好地实现了原定计划要求的质量标准	
PP5　本项目获得了客户的认可和满意	
PP6　本项目使公司获得了良好的收益和市场份额	

2）数据收集与描述

（1）样本的数据收集过程。

为保证数据利用效率的最大化，研究样本出自项目计划成熟度量表开发的样本。由于进行项目计划成熟度测量的样本皆出自总承包项目，且参与调查的人员均曾任样本项目的项目经理或核心项目管理人员，其对于总承包项目知识集成绩效及总承包项目成功的情况均有比其他项目团队成员更深刻的了解和认识，因此其作为项目计划成熟度、项目知识集成与项目绩效关系研究部分的样本来源是非常合适的。

本章研究数据的收集，建立在项目计划成熟度量表开发过程中所构建的被调查者数据库的基础上。研究者对前面提到的 303 份有效问卷来源进行了数据库更新，并对所有 303 位参与计划成熟度调研的人员进行了编码，编码对应其联络邮箱、项目信息及企业信息。在此基础上，研究者通过微软的 Outlook 软件对 303 个样本进行了邮件发送，其中配有相应的编码信息、被调查者之前提供的印象最深的项目名称及问卷链接，要求被访谈者在问卷填写页面填入随邮件附带的代码，进而帮助研究者进行后续数据的分析，整个问卷通过网络调查的方式进行发放。这种网络调查的方式，能够以最低的成本突破地理位置的限制，也能够帮助被调查者快速地进入问卷填写的渠道，调查问卷见附录 C。由于第一次问卷填写的良好体验，研究者与被调查之间建立起较好的信任基础，此次网络问卷发放共得到了 303 份更新的项目计划成熟度测量数据及项目的知识集成效果数据和项目绩效的数据。研究题项数据中存在个别的缺失值，经检测不存在规律性缺失后，研究对所有缺失值以序列均值的方式进行了替换。

（2）样本与测量条款的描述性统计。

研究样本的分布和基本特征与计划成熟度测量部分相同，见表 5.7 和表 5.8，在此不再赘述。表 5.20 呈现的是所有测量条款的描述性统计。表中呈现了项目计划成熟度、项目知识集成及项目绩效三个构念的所有测量题项的极值、均值、方差和标准差以及数据的偏度系数（skewness）和峰度系数（kurtosis）。从数据偏度和峰度上看，整体来说本次研究数据不符合标准的正态分布。

表 5.20 测量条款的描述统计

题项	极小值	极大值	均值	标准差	方差	偏度系数		峰度系数	
						统计量	标准误	统计量	标准误
PKI1	1.00	5.00	3.901 5	0.755 42	.571	− 1.112	0.140	2.325	0.279
PKI2	1.00	5.00	3.732 6	0.708 23	.502	− 0.622	0.140	0.967	0.279
PKI3	1.00	5.00	3.756 4	0.751 77	.565	− 0.645	0.140	0.746	0.279
PKI4	1.00	5.00	3.850 4	0.682 96	.466	− 1.076	0.140	3.031	0.279
PKI5	1.00	5.00	3.769 2	0.737 95	.545	− 0.645	0.140	0.864	0.279
PKI6	2.00	5.00	3.806 6	0.663 00	.440	− 0.457	0.140	0.709	0.279
PKI7	1.00	5.00	3.900 7	0.719 45	.518	− 0.843	0.140	1.866	0.279
PP1	1.00	5.00	3.720 0	0.871 63	.760	− 0.927	0.140	1.014	0.279
PP2	1.00	5.00	3.767 3	0.816 03	.666	− 0.945	0.140	1.314	0.279
PP3	2.00	5.00	3.996 4	0.663 62	.440	− 0.748	0.140	1.568	0.279
PP4	1.00	5.00	4.040 0	0.657 51	.432	− 1.040	0.140	3.041	0.279
PP5	2.00	5.00	4.090 9	0.642 65	.413	− 0.643	0.140	1.394	0.279
PP6	2.00	5.00	3.966 9	0.711 08	.506	− 0.555	0.140	.617	0.279
DC1	1.00	5.00	4.006 6	0.821 86	.675	− 1.201	0.140	2.339	0.279
DC2	1.00	5.00	3.986 8	0.771 91	.596	− 1.064	0.140	2.146	0.279
DC3	1.00	5.00	3.884 5	0.807 57	.652	− 0.736	0.140	0.777	0.279
DC4	1.00	5.00	4.006 6	0.841 76	.709	− 1.119	0.140	1.916	0.279
DC5	1.00	5.00	3.986 8	0.817 74	.669	− 1.146	0.140	2.226	0.279
RR1	1.00	5.00	3.834 4	0.927 37	.860	− 0.868	0.140	0.768	0.279
RR2	1.00	5.00	3.372 9	0.981 38	.963	− 0.381	0.140	− 0.475	0.279
RR3	1.00	5.00	3.564 4	1.010 7	1.022	− 0.690	0.140	0.166	0.279
RR4	1.00	5.00	3.514 9	0.852 89	.727	− 0.208	0.140	− 0.292	0.279
RR5	1.00	5.00	3.619 2	0.855 85	.732	− 0.519	0.140	0.379	0.279
WC1	1.00	5.00	4.062 7	0.758 63	.576	− 0.884	0.140	1.579	0.279
WC2	1.00	5.00	4.075 9	0.844 25	.713	− 1.341	0.140	2.841	0.279
WC3	1.00	5.00	3.844 9	0.875 93	.767	− 0.645	0.140	0.302	0.279
WC4	1.00	5.00	3.642 4	0.836 62	.700	− 0.748	0.140	1.209	0.279

研究涉及三个构念，项目计划成熟度、项目知识集成及项目绩效。其中项目计划成熟度已经通过确定了其三维二阶因子结构。虽然项目知识集成及项目绩效的测量题项来自现有文献中的成熟量表，但为进一步确认其因子结构，本节研究分别对项目知识集成和项目绩效进行了可靠性分析和探索性因子分析。

其中表 5.21 反映的是项目知识集成的主成分分析结果，以特征值大于 1 为提取标准，所有题项共提取 1 个主成分，解释总方差的 50.310%，且成分矩阵表明所有题项在成分 1 上的负荷均大于 0.6，说明项目知识集成是一个单一的构念，范围、效率和柔性的所有测量题项都能够集中反映项目知识集成的整体。项目知识集成的可靠性分析显示整个构念的 Cronbach's α 系数为 0.8347，所有题项的项总计相关性大于 0.5，说明题项与构念之间具有很强的关联性。同时各题项删除后的 Cronbach's α 值并没有增大，因此无需对测量题项进行剔除。

表 5.21　项目知识集成的解释的总方差

成分	初始特征值			提取平方和载入		
	合计	方差的占比/%	累积占比/%	合计	方差的占比/%	累积占比/%
1	3.522	50.310	50.310	3.522	50.310	50.310
2	0.866	12.368	62.678			
3	0.706	10.082	72.760			
4	0.585	8.358	81.118			
5	0.505	7.221	88.339			
6	0.494	7.061	95.400			
7	0.322	4.600	100.000			

注：提取方法为主成分分析

表 5.22 反映的是项目绩效的主成分分析结果，以特征值大于 1 为提取标准，所有题项共提取 1 个主成分，解释总方差的 63.832%，且成分矩阵表明所有题项在成分 1 上的负荷均大于 0.7，说明项目绩效是一个单一的构念，所有测量题项均能够集中反映项目绩效。项目绩效的可靠性分析显示，整个构念的 Cronbach's α 系数为 0.8865，所有题项的项总计相关性大于 0.5，说明题项与构念之间具有很强的关联性。同时各题项删除后的 Cronbach's α 值并没有增大，因此无需对测量题项进行剔除。

表 5.22　项目绩效的解释的总方差

成分	初始特征值			提取平方和载入		
	合计	方差的占比/%	累积占比/%	合计	方差的占比/%	累积占比/%
1	3.830	63.832	63.832	3.830	63.832	63.832
2	0.720	11.994	75.826			
3	0.546	9.098	84.924			
4	0.345	5.752	90.676			
5	0.324	5.407	96.083			
6	0.235	3.917	100.000			

注：提取方法为主成分分析

3）研究方法的选择

针对本部分的研究内容，其主要是要检验项目计划成熟度与总承包项目知识集成及项目绩效之间的关系，需要用结构方程模型进行统计分析。结构方程模型（structural equation modeling，SEM）也被称为因果模型，是一种通用的、主要的线性统计建模技术，主要用于探索事物间的因果关系，它建立在许多传统统计方法的基础上，是对验证性因子分析、路径分析、多元回归及方差分析等统计方法的综合运用和改进提高，是多元数据分析的重要工具。结构方程模型由测量模型和结构模型组成，分别描述观测变量与潜变量的关系及潜变量之间的关系。当前，结构方程模型在建模时主要依托两大类估计技术，一种是较普遍的基于最大似然估计的协方差结构分析方法，以线性结构关系（linear structural relations，LISREL）方法为典型代表；另一种是基于偏最小二乘法的方差分析方法，也即偏最小二乘法路径模型（partial least square，PLS）。

LISREL 方法通过拟合模型估计协方差与样本协方差来估计模型参数，因此也称为协方差建模方法。具体来说，就是使用极大似然、非加权最小二乘、广义最小二乘或其他方法，构造一个模型估计协方差与样本协方差的拟合函数，然后通过迭代方法，得到使拟合函数值最优的参数估计[267]。LISREL 方法是一种经典的结构方程模型方法，在文献中得到了广泛的应用。PLS 偏最小二乘通过最小化误差平方来寻找数据与函数间的最佳匹配，是一种参数估计方法。虽然在收敛的极限，所有残差方差联合进行最小化，但 PLS 方法仍然是"偏"LS，因为没有对总体残差方差或其他总体最优标准严格地进行最小化。目前 PLS 方法日渐成熟，越来越为广大研究者所接受，已经在 SMJ、MIS Quarterly 等管理领域的国际顶级期刊中得到了应用和推广。

PLS 方法和 LISREL 方法存在一定的差别[267]。首先，其分别对数据分布的假设和要求不同。PLS 主要处理理论知识相对不成熟的复杂问题，避免 LISREL 模型严格的"硬"假设，主要采取"软"方法。进而不论模型大小，PLS 方法都可以得到"瞬时估计"和渐进正确的估计，即 PLS 方法没有分布要求，而 LISREL 方法假设观测变量的联合分布为多元正态分布。其次，是两种方法进行处理的目的不同。PLS 方法主要是根据区组结构、内部路径关系和因果预测关系进行模型的预测，而 LISREL 方法主要用于参数的估计和模型矩阵结构的确定。再次，假设检验的方法不同。PLS 方法采用 Stone 和 Geisser 的交互验证方法检验，考察因果预测关系。LISREL 方法一般使用似然比检验，考察观测矩阵和理论矩阵的拟合程度。最后，在模型识别上，LISREL 方法要求模型能够被识别，而 PLS 方法中没有模型识别的问题。

由于两种方法存在许多不同，其使用也有各自的适用性。其中 PLS 方法主要适用于以下情境。

（1）当数据是有偏分布时。由于 PLS 使用非参数推断方法，其不需要对数据进行严格假定。而 LISREL 方法假设观测是独立的，且服从多元正态分布。因此，当数据不服从正态分布时，PLS 方法更加适用。

（2）模型中包含高阶模型的情况。使用其他以协方差为基础的结构方程模型方法很可能无法提供运行和分析结果，在此种情况下 PLS 方法比较适用[268]。

（3）模型中存在构成型变量的情况。PLS 方法能够更好地处理构成型变量和构念，而以协方差为基础的结构方程模型工具会存在更多的问题[269]。因此在模型中存在构成型变量和构成型构念的情况下，PLS 方法比较适用。

（4）当模型较为复杂时。由于 PLS 方法的估计方法和运行逻辑，其收敛速度较快，对于复杂模型也能够较好地呈现出数据运行结果，因此 PLS 方法也适用于此种情况。

（5）样本量较少时。由于 PLS 是一种有限信息估计方法，所需要的样本量比完全信息估计方法 LISREL 小很多，因此 PLS 在样本量较小的情况下也能够获得稳定的结果。

（6）当研究者更注重通过模型进行预测而非参数估计时。由于 PLS 的估计量是有偏的，可以根据观测变量得到潜变量的最优预测，能够帮助理解单个构念的作用及形成，以及各构念之间的关系。

（7）理论尚未成熟的情境下。PLS 方法并不要求测量误差之间的非相关性进而在测量过程中提供了柔性，尤其是在理论并未完全建立的情况下[270]。

LISREL 方法适用的情况则有所不同。LISREL 方法主要适用于当研究目的聚焦于参数估计时，即当研究背景理论相对充实、研究目标是理论检验和证实，且研究者更关注模型的参数估计值大小时，LISREL 更适合。在模型样本量较大、模型中不存在高阶模型的情况下，LISREL 方法与 PLS 方法的测量结果不会存在较大差异。

总体来说，由于算法的不同，PLS 对测量变量协方差矩阵的对角元素的拟合较好，适用于数据点的分析，预测的准确程度较高；LISREL 对测量变量协方差矩阵的非对角元素的拟合较好，适用于协方差结构的分析，参数估计更加准确。通过对两种方法的适用性对比，本节研究确定选取 PLS 方法，原因如下。

（1）研究数据不符合正态性分布。首先通过数据偏度系数和峰度系数的检验结果可知，研究数据不符合正态分布。本节研究又对非参数检验方法进行了再次检验，在柯尔莫可洛夫-斯米洛夫检验（Kolmogorov-Smirnov test，K-S test）的过程中，所有观测变量的 p 值均小于 0.05，因此拒绝原假设，即认为这些观测变量不服从正态分布。根据以上检验结果，本节研究数据不符合正态分布，而以 PLS 方法为基础的结构方程模型能够很好地解决这个问题。

（2）研究涉及二阶模型，且要验证中介效用。整个模型相对比较复杂，且使用 LISREL 方法可能存在模型分析结果无法呈现的情况，因此 PLS 更适合。

（3）研究的主要目的是在计划成熟度构念界定和量表开发的基础上，进一步探索其与项目知识集成和项目绩效之间的关系，因此是为了进一步发展理论。且现有对于模型中涉及构念的理论尚不丰富，因此使用 PLS 更加合适。

因此，研究选用 SmartPLS 软件对数据进行详细的分析和检验，以完成对测量模型和结构模型的评价和分析。由于此次的模型包含二阶潜变量，因此对于项目计划成熟度的测量采用一阶潜变量的因子得分，即项目计划成熟度构念的由三个一阶因子得分来测量，三个一阶潜变量仍以其观测变量进行测量。

5.2.3　假设检验

在 PLS-SEM 背景下，第一个组成部分是结构模型，也称为内部模型，其表明了潜变量之间的路径关系。第二个组成部分是测量模型，也称为外部模型，其主要呈现的是每个潜变量与观测变量之间的关系，且每个观测变量只同一个潜变量有关联。在本节研究中，只涉及反映型测量模型。其中自变量项目计划成熟度为二阶反映型测量模型，中介变量项目知识集成效果为一阶反映型测量模型，因变量项目绩效为一阶反映型测量模型。

因此，结构方程模型的分析过程包括两个部分，即测量模型的检验和结构模型内部的因果关系分析。其中测量模型检验是结构模型分析的基础，需要首先通过测量模型的信度、效度分析保证测量的可信性和有效性之后再进行进一步的因果关系分析。同时在模型因果关系分析之前，还应该就控制变量对模型中变量的影响进行分析。本节主要包括三部分内容，即测量模型检验、结构模型评估及中介效应检验。

1）测量模型检验

先前研究已经表明，以 PLS 方法为基础的结构方程模型能够很好地完成验证性因子分析的检验，因此整个测量模型的检验也在 SmartPLS 软件中进行。

在反映型测量模型的检验中，效度部分主要考察聚合效度（收敛效度）、区别效度和内容效度；信度检验主要是测量的可靠性检验。其中，聚合效度的评价通过组合信度和平均方差提取量来进行检验。组合信度测量的推荐值是 0.7，但在探索性研究中，高于 0.5 即认为是可接受的。AVE 值则是高于 0.45 即认为是可以接受的[234]，表明本次测量具有较好的聚合效度。如表 5.23 所示，测量模型中的所有潜变量的 CR 值在 0.82 和 0.92 之间，均大于 0.7 的临界值，且所有潜变量的 AVE 值均大于 0.5 的推荐值，说明此测量模型具有较好的聚合效度。对于测量的可靠性检验，表 5.23 显示所有测量潜变量的 Cronbach's α 系数均大于 0.7 的推荐值，因此本次测量模型也具有可靠性。

表 5.23　测量模型的信效度检验

构念	题项	loading	AVE	CR	Cronbach's α
引导与控制 DC	DC1	0.6757	0.5701	0.8686	0.8105
	DC2	0.7783			
	DC3	0.7506			
	DC4	0.7744			
	DC5	0.7906			
风险应对 RR	RR1	0.7657	0.5910	0.8783	0.8280
	RR2	0.7490			
	RR3	0.7520			
	RR4	0.7978			
	RR5	0.7781			
工作共识 WC	WC1	0.6735	0.5383	0.8231	0.7134
	WC2	0.7510			
	WC3	0.7602			
	WC4	0.7469			
项目知识集成 PKI	PKI1	0.6797	0.5029	0.8760	0.8347
	PKI2	0.6757			
	PKI3	0.7056			
	PKI4	0.6786			
	PKI5	0.7220			
	PKI6	0.7243			
	PKI7	0.7731			
项目绩效 PP	PP1	0.7791	0.6378	0.9135	0.8865
	PP2	0.7949			
	PP3	0.8009			
	PP4	0.8259			
	PP5	0.8175			
	PP6	0.7722			

　　区别效度评价主要包含两个部分，一个是检查每个潜变量的 AVE 值的平方根是否高于其与其他潜变量之间的相关系数[270]，另一个是检查每个观测变量的因子载荷是否高于它的全部交叉载荷。AVE 值的平方根与相关系数的比较，如表 5.23 与表 5.24 所示，其他所有潜变量的 AVE 值平方根均大于其与其他潜变量的相关系数。因此测量模型具有区别效度。

表 5.24 测量模型中潜变量的相关系数

变量	DC	RR	WC	PKI	PP
DC	1.0000				
RR	0.5423	1.0000			
WC	0.6206	0.5520	1.0000		
PKI	0.5516	0.4225	0.5079	1.0000	
PP	0.5371	0.3382	0.3991	0.5926	1.0000

对于内容效度的评价，主要是确保测量题项与测量构念的一致性，其中项目计划成熟度已经通过探索性研究的访谈和内容分析确保了内容效度，项目知识集成效果和项目绩效的量表则来源于现有文献，也能够保证测量的内容效度，因此本次测量模型具有较好的内容效度。

2）结构模型评估

研究在确认测量模型具有可靠的信度和效度之后，将进一步检验模型的解释力及自变量的预测力。根据 PLS 的评估过程，结构模型主要评估各潜构念的 R^2（squared multiple correlation）值和预测力。首先应用 bootstrapping 程序对估计的参数进行 t 值的显著性检验。初始样本数为 303 个，最大迭代次数为 300 次。随后应用 blindfolding 程序对结构模型进行预测关联性的检验，获得每个潜变量的交叉效度冗余。

（1）R^2 检验。

PLS 中结构模型的主要评估标准之一是 R^2 值，由于 PLS 以预测为导向，主要为解释内生潜变量的方差，即 R^2 的水平要尽可能高。

从表 5.25 可知，所有内生潜变量的 R^2 值均大于 0.33，模型具有中度解释力。且项目计划成熟度的一阶潜变量的 R^2 值均达到较高的水平，说明项目计划成熟度能够很好地解释三个一阶潜变量，进一步检验了项目计划成熟度的内部结构。因此，整体上外生潜构念均能够很好地解释相应的内生潜构念，总体模型的解释力较好。

表 5.25 结构模型内生潜变量的模型评估指标

内生潜变量	R^2	共同因子	冗余
引导与控制 DC	0.741 6	0.570 1	0.422 5
风险应对 RR	0.662 8	0.591 0	0.386 2
工作共识 WC	0.738 7	0.538 3	0.396 6
项目知识集成 PKI	0.343 6	0.502 9	0.172 2
项目绩效 PP	0.388 0	0.637 8	0.116 1

（2）预测关联性检验。

PLS 的结构模型还需要进行模型预测力的评价。预测相关性主要依据 Geisser[271] 的 Q^2，其鉴定模型必须能够适当预测每个内生潜变量的测量指标。Q^2 有两种形式，即交叉效度冗余（cross-validated redundancy）和交叉效度共同因子（cross-validated communality）。其中交叉效度冗余使用 PLS 估计结构模型和测量模型，也更好拟合匹配 PLS 的方法，因此多作为预测关联性检验的指标。若对某个内生潜变量的内生构念的交叉效度冗余 Q^2 大于 0，则它的解释性潜构念表现了预测关联性。经过 blindfolding 检验，所有内生潜变量的 Q^2 值均大于 0，符合检验的标准值，说明整个结构模型的预测力良好，模型比较稳健。同时，对于模型的效度，模型的 GOF（goodness of fit）指数是冗余的平方根，经过检验所有变量的 GOF 指数均大于中等水平的 0.25，且除项目绩效以外的变量的 GOF 均大于高等水平的 0.36，说明模型的效度较好。

3）中介效应检验

在进行中介效应检验之前，研究对项目计划成熟度与项目绩效之间的相关性进行了 Pearson 相关性检验，结果表明计划成熟度与项目绩效之间存在显著的正相关性（$r=0.487$，$p<0.001$），说明可以继续进一步进行结构模型内部的中介效应的检验。在此基础上，研究对结构模型的内部关系进行了进一步的检验。通过 SmartPLS 软件的 PLS algorithm 和 bootstrapping algorithm 对结构模型的路径系数及路径系数的显著性进行计算。其中 PLS algorithm 的迭代次数设置为 300 次，bootstrapping algorithm 的样本数设置为 2 000。详细的路径系数如表 5.26 所示。首先，模型中 PPM 对 PP 的直接路径系数为 0.238 5，且路径系数显著（$T=3.057$ 2，$p<0.001$），说明项目计划成熟度对项目绩效具有显著的直接正向影响，H_1 得到了验证。模型中 PPM 对 PKI 的路径系数为 0.586 2，且路径系数显著（$T=9.227$ 3，$p<0.001$），说明项目计划成熟度对项目知识集成效果存在显著的正向影响，H_2 得到了验证。模型中 PKI 对 PP 的路径系数为 0.452 4，且路径系数显著（$T=5.99$ 8，$p<0.001$），说明总承包项目的知识集成效果会对项目绩效产生显著的正向影响，因此 H_3 得到了验证。

表 5.26　模型的路径系数

变量	PPM	PKI	PP	DC	RR	WC
PPM	0.000 0	0.586 2	0.238 5	0.861 2	0.814 1	0.859 5
PKI	0.000 0	0.000 0	0.452 4	0.000 0	0.000 0	0.000 0
PP	0.000 0	0.000 0	0.000 0	0.000 0	0.000 0	0.000 0

为检验项目知识集成对于项目计划成熟度和项目绩效的中介作用，需要观测总效果表及其显著性的检验结果，如表 5.27 所示。在模型总效果表中，PPM 对

PP 的总影响为 0.503 7，且非常显著（T=7.439 9，p<0.001）。项目计划成熟度通过项目知识集成对项目绩效产生的影响如下式所示：

间接影响（PPM→PKI→PP）=总影响（PPM→PP）－直接影响（PPM→PP）

通过计算可得项目知识集成的中介作用为 0.265 2，即 PPM→PKI 与 PKI→PP 路径系数的乘积。因此，研究结果证明，项目知识集成在项目计划成熟度与项目绩效之间发挥了部分中介的作用，中介影响显著，H_4 得到了验证。

表 5.27 模型的总效果表

变量	PPM	PKI	PP	DC	RR	WC
PPM	0.000 0	0.586 2	0.503 7	0.861 2	0.814 1	0.859 5
PKI	0.000 0	0.000 0	0.452 4	0.000 0	0.000 0	0.000 0
PP	0.000 0	0.000 0	0.000 0	0.000 0	0.000 0	0.000 0

5.2.4 讨论与建议

1）结果分析与讨论

基于上述假设检验的过程，得到如图 5.6 所示的研究模型检验结果。

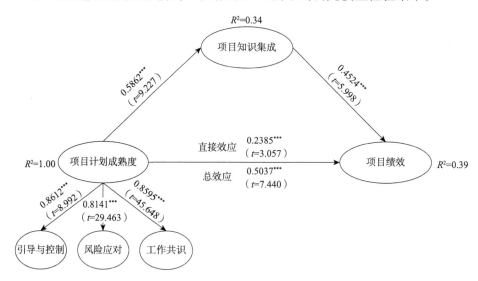

图 5.6 研究的假设检验结果

***为 p<0.001

首先，测量模型的检验结果表明，研究对总承包项目情境下的项目计划成熟度、项目知识集成和项目绩效的测量均通过了 PLS 结构方程模型方法的测量标准要求，说明研究对三个概念的测量具有较好的信效度。而结构模型的检验结果则表明，整个模型具有较好的解释力，项目知识集成和项目绩效均得到了较好的预测和解释。

从模型关系检验的结果来看，首先研究结果支持了假设 H_1，项目计划成熟对项目绩效具有显著的直接正向影响。这一假设的验证首先与现有文献实现了对接，表明在总承包项目情境下项目计划同样是项目绩效的关键影响因素，能够对项目绩效产生正向的作用。高项目计划成熟度的项目能够通过更好的发挥项目计划的引导与控制功能、风险应对功能和形成团队工作共识的功能，在直接作用于项目内部管理的进度、成本、质量、技术规格绩效的同时，实现更高的客户满意度和更大的市场收益。假设 H_1 的检验也进一步表明，项目计划成熟度对于项目的评价具有较好的代表性，项目计划成熟度的三个维度能够较好地代表成熟项目计划内容、过程与结果的核心表征，在提升项目计划成熟度的过程中要从这三个维度进行系统布局。研究结论与现有研究具有内在一致性，项目计划成熟度的测量量表可以用于后续的相关研究。

其次，研究结果支持了假设 H_2，结果表明总承包项目的项目计划成熟度对项目知识集成的效果有显著的正向影响。研究结果弥补了现有项目知识集成研究的不足，将项目计划成熟度引入项目知识集成的研究中，建立了项目计划成熟度与项目知识集成的直接关联。结果表明不仅项目计划结果是项目知识集成的机制，且项目团队实现项目计划高成熟度的过程中所进行的项目计划过程、所包含的项目计划内容及所形成的项目计划结果都会系统地促进项目知识集成的效果。结合第 5 章研究所得的结论，项目计划成熟度较高的项目会生成多条编码化路径和社会化路径从而形成项目知识集成的平台和环境，保障共有知识的创造及知识组织的效率，并进一步提升知识创造的可能。这一过程将促使总承包项目集成更丰富的项目知识，实现更高的知识集成效率，并通过主体的紧密交互实现良好的知识集成柔性。因此，项目计划成熟度是总承包项目知识集成效果的重要前因变量，进一步验证了第 5 章案例研究中提出的理论命题，提升项目计划成熟度也成为保障项目知识集成效果和项目集成管理的重要着力点。

再次，研究结果支持了假设 H_3，检验了在总承包项目情境下项目知识集成对项目绩效的正向影响关系。检验结果表明，项目知识集成是总承包项目绩效的一个突出的关键影响因素，该结果将丰富关键项目成功因素（critical success factors）的研究，并以工程总承包项目为研究对象丰富项目知识集成对项目绩效影响的实证研究。检验结果说明，在工程总承包项目情境下，项目绩效的实现也有赖于项目内知识的有效集成和组织，要实现项目的顺利运行，需要通过内在有序的项目知识集成过程和有益的项目知识集成结果来保障项目决策的质量、提高项目的运行效率、高效响应和应对外部环境的变化、保持项目组织的灵活性。总承包项目实现项目成功的关键就在于如何系统有效地集成项目所需的知识。因此，从项目知识集成的视角来分析项目绩效的影响因素和作用过程是十分有意义的，这将为总承包项目绩效的提升提供新的着力点。

最后，检验结果也支持了假设 H_4，项目计划成熟度、项目知识集成及项目绩效三者之间关系的检验结果表明，项目计划成熟度除了直接影响总承包项目的项目绩效外，还在很大程度上通过项目知识集成来产生影响，且通过项目知识集成来产生影响的程度甚至超过了项目计划成熟度的直接作用，项目知识集成效果在项目计划成熟度和项目绩效之间具有显著的部分中介效应。这进一步说明了项目知识集成对解释项目计划成熟度和项目绩效关系的重要性，也说明可以从项目知识集成的角度更进一步地解析项目计划成熟度作用于项目绩效的过程。另外，研究结果也反映出，要想提升总承包项目的集成管理水平来保障项目绩效，可以选择通过提升项目计划成熟度来实现，因为项目计划成熟度的提升会在很大程度上促进项目知识集成的效果，奠定项目有效集成管理的基础，促进项目目标的实现。随着项目计划成熟度的提升，组织内的项目知识集成过程与组织间的知识集成实现了更加良好的互动，进而推动组织内的知识沉淀和集成，提升总承包企业的整体运行效率，扩大总承包企业的国际竞争力。

2）研究启示

对于总承包项目来说，这一关系研究的结论将为总承包项目的管理实践提供更加明确的指引。首先，研究证实了项目知识集成对于总承包项目绩效的显著正向影响，表明了总承包项目开展过程中知识集成的重要地位，说明总承包企业在实现项目目标的过程中特别需要从知识集成的视角出发来实现项目的集成管理。在整个项目开展过程中，总承包企业需要从整体视角建立知识管理的意识，有意识地通过项目管理办公室来布局项目知识集成的系统，识别总承包项目中所涉及的知识，建立项目中的知识库，并对知识的类型、载体、形态、领域、拥有主体、所处生命周期等进行系统分析，建立项目知识集成的基础。同时，将项目的业务与项目中的知识集成管理相结合，实现项目知识管理在项目业务管理中的嵌入，推动项目知识管理与项目管理一般体系的融合，使知识集成贯穿于项目全生命周期的管理过程，通过项目知识集成的目标和路径推动项目管理过程的系统化，通过提升项目知识集成的效果强化总承包企业的项目集成管理能力，形成项目层面和企业层面具有一致性的项目管理能力，保障总承包项目的绩效。

而项目计划成熟度、项目知识集成及项目绩效的关系研究结果表明，项目计划是总承包企业提升项目内知识集成的一个重要手段，需要总承包企业在项目实施过程中加大重视力度。项目计划不再只是项目管理中的一个基本环节，其已经上升到项目的知识管理的层次。总承包企业和项目组织可以充分挖掘项目计划在知识集成方面的作用，通过编码化和社会化两条路径来推动总承包项目的深度知识集成，形成更加良性的循环，进而更好地支撑总承包项目的实践。在利用项目计划的过程中，需要围绕项目计划成熟度的梯级演化路径，从项目计划成熟度的"引导与控制"、"风险应对"及"工作共识"三个角度分别进行评估与分析，并结合企业自身的情况确定演化提升的目标和演化提升的路径与机制，有目的、有组织地强化项目计划的成熟度。同时，考虑项目计划成熟度作用于项目知识集成的编码化路径与社会化路径的过程与要素，形成项目计划与项目知识集成要素的匹配设计，构建项目计划成熟度作用于项目知识集成的路径，系统提升总承包企业的集成管理效果与系统化承包能力。这种基于项目计划能力与知识集成能力的总承包能力的持续提升和发展将从根本上提升总承包企业的项目管理水平，形成我国总承包企业参与国际竞争中的持续竞争力，并通过整个工程总承包产业链的协同发展，深度践行"一带一路"背景下的"走出去"国家战略。

第 6 章

总承包项目知识集成的对策

为给总承包企业提供有益的知识集成对策，本章将在总承包项目知识集成研究基础上，进一步探究总承包企业开展知识集成实践的有益路径和工具方法，以从企业实践层面推动总承包项目的有效集成管理，支撑我国总承包企业的可持续发展。

6.1 总承包项目知识集成的指导框架

基于项目计划视角的总承包项目知识集成机理和内在关系的研究，总承包项目的知识集成实践是一个系统性的企业实践，从项目生命周期上来看，总承包项目的知识集成也呈现出不同生命周期的典型差异，从总承包企业知识集成和项目知识集成的关系出发，总承包项目中的知识集成不仅反映项目层面的知识集成活动，其还将与企业层面的知识集成活动形成有益的互动，实现整个企业内部的良性循环演进。因此，要实现有效的总承包项目知识集成实践，需要以总承包项目为主要对象和着力点，从项目生命周期各个阶段的知识集成需求和知识集成系统展开有益对策的构建。同时，需要在知识集成的前端和后端形成与企业层知识集成活动的互动，实现企业层知识集成结果对项目层知识集成活动的指导和平台支撑，以及项目层知识集成活动对企业层知识集成活动的反馈和更新，进而推动总承包企业内部良性的知识集成螺旋过程，形成总承包企业知识集成的闭环，推动总承包企业组织目标的实现。基于总承包项目知识集成的系统性，本书提出如图 6.1 所示的总承包项目知识集成的指导框架，并在此框架基础上系统探究提升总承包项目知识集成效果的有益对策。

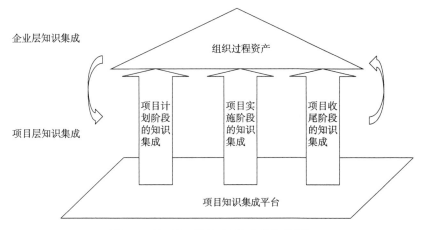

图 6.1　总承包项目知识集成的指导框架

1）项目知识集成的平台构建

基于知识集成理论，总承包企业的本质就是最大化集成个体所拥有的专业知识，而总承包项目则成为总承包企业知识集成的核心载体。对于总承包项目知识集成而言，项目作为一种临时性组织，不能脱离企业组织而存在，项目的管理体系和流程受到总承包企业的深度影响。总承包企业的组织结构、项目流程规范、知识库和信息系统构建，以及组织的激励体系和绩效评价体系等，均是总承包项目正常运行的基础。从总承包项目知识集成的视角出发，由于总承包项目的知识集成是一个项目生命周期内部的围绕项目目标实现所需专业知识和情境知识的有效聚集、交互、重构与创新的过程，要实现该过程的知识集成范围要求、效率要求和柔性要求，特别需要组织层面的项目知识集成平台的系统支撑，以实现项目知识集成与企业知识集成的系统对接。基于前几章总承包项目知识集成机理的探究，充分利用组织平台保障知识集成编码化路径和社会化路径的同时实现，提升项目层面知识集成的效果，成为总承包企业开展项目实践中在组织层面形成配套性平台和环境支持的主要着力点。因此，基于总承包项目知识集成的目标需求，本书将从总承包企业项目知识集成平台建设的视角首先展开对总承包项目知识集成对策的有益探索，从组织支持视角建立总承包项目知识集成的通用知识集成支撑条件，以推动各个项目生命周期内部知识集成活动和知识集成目标的实现。

2）项目计划与项目知识集成的协同

基于从项目计划视角出发的项目知识集成机理研究，总承包项目的项目计划是项目知识集成的核心和关键，其在项目计划阶段的知识集成效果不仅是项目计划阶段的知识集成产出，同时还将对项目实施阶段和收尾阶段的知识集成过程产生显著的影响，成为整个总承包项目中知识集成的主线。因此，从项目层面探讨总承包项目知识集成的对策，首先需要从项目计划阶段项目计划与项目知识集成的协同入手，在项目计划制订过程中形成对项目知识集成活动的有益支撑。总承包项目计划阶段的知识集成具有典型的多项目知识集成主体和层次、综合性的项目知识集成机制和工具方法，以及复杂项目知识集成边界，因此，要实现项目计划阶段的有效知识集成，特别需要对项目计划制订过程中的各个环节进行基于项目知识集成需求的重新梳理，为总承包项目计划阶段的实践提供有益的指导。首先，从项目计划制订的流程上，为保障知识拥有主体的参与，需要重新塑造项目计划过程中项目目标传达、板块计划制订、板块计划审核、计划整合、计划讨论与计划发布等多个过程，在流程上形成项目计划制订过程中的知识集成基础。同时，要针对各个环节中项目知识集成的目标、知识类型和集成知识所需的机制、工具和方法，形成对知识集成效果有益的集成对策，如何时应以编码化的路径为主，何时应突出社会化路径在计划阶段知识集成过程中的作用，进而充分实现各个环节中知识集成的范围确定，以及效率和柔性的提升，实现更有益的知识集成，形成计划阶段知识集成成果向组织过程资产的转移，同时为后续生命周期阶段中的知识集成形成边界跨越物奠定基础。

3）项目实施中的知识集成过程组织

项目计划阶段的知识集成过程体现为制订项目计划的过程，其根本目的是实现对总承包项目整体的有效规划，提升总承包项目运行和管理的效率。因此，项目实施阶段的知识集成是总承包项目知识集成效果的直接体现，直接决定了知识集成目标和项目目标的实现情况。如何在总承包项目实施阶段充分利用项目计划阶段的知识集成成果，如何保障项目实施过程中的知识集成范围、效率和柔性，成为项目实施阶段知识集成对策的主要关注点。总承包项目的实施阶段包括设计业务、采购业务、施工业务乃至运行调试业务等多项主体业务，业务之间存在多项交叉环节和同步运行环节，因此这一阶段的知识集成活动十分复杂，一方面需要基于项目计划成果组织实施阶段的知识集成，另一方面也要实现阶段内项目管理的及时调整、动态跟踪、信息收集和分析，通过知识集成的过程实现有效的决策制定，实现实施阶段各板块内部和板块之间的动态知识集成。因此，指导总承包项目实施阶段的知识集成实践，需要从项目计划的实施、调整，项目的动态变更和有效控制的角度，实现该阶段项目知识集成的目标。作为总承包项目中的主体影响环节，本书将从应用信息技术、强化沟通渠道、建立学习型项目组织开展、加强文化建设、促进知识集成创新、制定激励措施等多个方面展开对总承包企业知识集成实践的建议分析，以保障总承包项目实施阶段知识集成活动的顺利开展。

4）项目收尾基础上的项目与企业知识集成共演

项目收尾阶段，同样是总承包项目开展过程中一个重要的知识集成环节，是知识密集涌现的一个环节。项目收尾阶段不仅影响项目本身的管理效率，还将影响项目层面知识集成与企业层面知识集成的交互，是总承包企业提升整体项目知识集成效果和实现组织价值的桥梁。为最大化总承包项目的知识集成效果，实现与项目计划阶段知识系统集成的呼应，项目收尾阶段的知识集成需要借助与项目计划这一重要知识集成边界跨越物的对比，强化此阶段知识集成的效果，实现知识的系统集成。因此，项目收尾阶段的知识集成首先需要通过与计划的对比、总结和知识集成、沉淀，实现整个项目更加系统的知识集成成果创造和组织过程资产的沉淀，将集成成果以编码化的文档形式和项目成员头脑中的非编码化形式储存，形成后续的研究基础。同时，项目收尾阶段也需要与企业知识集成相对接，总承包企业可以通过开展项目后评价活动，将此项目中的优良知识集成实践和做法转移到组织过程资产中，形成企业知识集成系统的支撑与反馈来源，提升企业知识集成能力。另外，针对项目收尾中知识集成的问题还可以进行相应的主体技能提升培训、流程优化的改善性活动和优秀知识集成实践的推广性活动，将单一总承包项目的知识集成结果再次通过企业的平台转移到后续的总承包项目实践中，形成总承包企业知识集成管理的良性循环。

6.2　项目知识集成的平台构建

总承包企业的知识集成平台搭建依靠基础平台保障功能的实现，依赖基本条件构建形成稳定的结构，以及通过软环境的建设获得动力和保障。因此，如图 6.2 所示，管理信息系统是项目知识集成的基础平台，绩效考核体系、组织架构设计、业务流程设计、培训培养机制是项目知识集成的基本条件，文化氛围、战略导向及非正式沟通是企业层面对知识集成的软环境支持。

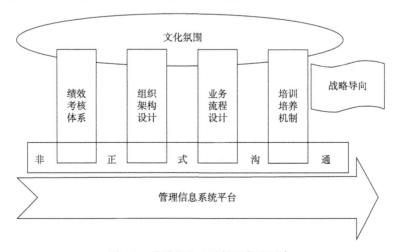

图 6.2　总承包企业的知识集成平台

6.2.1 基础平台搭建

企业的基础平台应该依靠信息化手段降低任务执行成本、提升沟通效率，因此信息化的管理平台是最基础、最核心的项目运行条件，稳定、合理、高效、便捷的管理信息系统平台能够实现多个企业基本功能的集成，并将各个功能的运行效果放大、提升。

工程类企业构建的信息化管理平台应该具备服务总承包项目管理的基本功能，并在此基础上实现各个部门之间的沟通与协作，因此从软件设计上，应该具有项目管理相关板块、业务信息发布板块、综合办公服务板块三大类基础板块，分别发挥不同的功能。同时在硬件上，应该有中央计算机系统、数据库、现场终端、移动终端等，在物理条件上，支持全时段、全层次、全过程的信息管理。通过软硬件相互配合实现项目管理的信息化。三大板块分别包含若干子业务模块为具体的操作实践服务。

（1）项目管理相关板块。

此板块应包括质量管理、投资控制、安全管理、进度管理等子模块，以实现项目管理的基本功能。除此之外，更重要的是信息系统的项目管理板块还应具有文件处理中心、数据分析中心等与项目数据相关的子模块，这些子模块在功能上对项目主营业务起到支撑扶持作用，同时为知识与信息在项目中的流通与配置创造基础条件。其中，文件处理中心将不同部门的文件以电子编码的形式上传到数据库，形成企业的项目基本信息，并进行语义分析和人工筛拣以识别影响其他部门的因素和具体内容，并将具体内容传递到目标部门。例如，设计方发起的变更，以申报电子流程、电子变更记录、实时邮件提醒等具体步骤在第一时间通知施工和采购部门及其他相关部门，以实现项目相关知识与数据在相关部门的高效流动。数据分析中心则可以用来实现对项目已有数据的分析，如项目的实时投资额、实时进度及质量追踪，将数据结构化、编码化并依据预先设置好的算法对结果进行测算，对异常现象进行关注，并采取措施实时改进项目实施的过程。数据分析还可以实现对结果数据的归纳总结，根据单一项目的数据变化规律明确各个部门在项目实施过程中相互配合影响的过程，为下一次项目开展提供客观的、可操作性强的实施经验。项目管理相关板块是总承包项目进行集成管理的重要工具。

（2）业务信息发布板块。

此板块应包括两个关键的功能，一是对项目实时状态及关键事件的发布，二是为大家提供一个交流的平台，在最大程度上保证大家对项目信息的掌握情况。因此，业务信息发布板块包括项目动态、关键事件、互动留言板、项目论坛、在线讲堂等子模块，一方面实现信息的发布与流通，另一方面实现员工之间的高效交流。其中，互动留言板可以让大家针对某一事件表达自己的想法，如设计变更方案的选择，大家在留言板上一方面各抒己见，一方面集中处理问题。项目论坛则可以由员工自行发布各类信息，以实现点对点的连接，汇聚零散观点与意见，并将论坛讨论形成的成熟标准的内容作为项目实施经验的有效积累。在线讲堂模块可以通过选定各专业的优秀或先进人才讲解自身业务特长与经验，将知识与技术通过网络授课方式展现给大家，解决一般性培训经验、技术、时间、人员不匹配，针对性不强的问题。业务信息发布板块的设置有助于构建项目知识集成过程中的知识聚集，是形成知识集成的重要基础。

（3）综合办公服务板块。

此部分板块用来实现对项目业务管理工作的服务与支持。此板块集成了资产管理、行政档案管理、竣工档案管理等子模块，能够从行政管理及资料储备的角度形成对核心项目业务的有力支持。其中竣工档案管理通过对项目全过程档案的集中收集与整理形成项目的完整资料，形成的经数据化、编码化处理的项目档案可供项目管理办公室进行终结性评价，将分析得到的经验与教训纳入组织培训的体系之中，对以后项目业务的开展形成指导。综合办公服务板块是实现企业层知识集成和项目层知识集成有效链接的桥梁，该板块在总承包项目各阶段的应用将持续建立起企业层和项目层知识集成的有效互动。

6.2.2　基本条件构建

1）绩效考核体系

绩效考核体系的建设是企业知识集成基础条件中的原动力，没有完善的绩效考核体系将难以维持稳定的项目运行、组织管理与员工自治。因此，绩效考核体系需要兼顾项目类企业特征，以项目绩效为目标，以知识与信息的管理与集成为导向，以奖励、惩罚、表彰为手段，通过合理设置对工作结果与过程的评价，实现推动员工高效工作的目的。绩效考核体系从内容上应该包括业绩考核、计划考核、能力态度考核。

（1）业绩考核。

业绩考核应该在定期或者不定期的情况下对项目的全体成员实现终结性考核，目的在于从结果上引导团队成员向更好的业绩或者绩效努力，提高考核的效率。其中，应该加强员工在项目流程及实施技术的改进情况方面的考核，如果员工能够通过对经验的总结及对流程的反思做到流程调整甚至流程再造，则应该给予相应的鼓励，以激发员工在第一线不断改进项目实施的流程的行为。鼓励一线员工参与流程改进的具体活动将显著提高流程改进的效率和效果。例如，对设计变更环节，将一线施工参与者纳入变革计划的具体安排中，将有助于其准确了解变更实施的细节要求。

（2）计划考核。

项目计划在总承包项目知识集成中具有至关重要的作用，因此，针对计划的考核是考核的核心重点之一。计划考核主要是考核员工对于计划的履行情况。例如，基于项目工期的考核甚至工作包的考核，除了应该在考核中注意考核落实的程度和执行的力度之外，还应该具备一定的科学性和柔性，对于单个工作包的计划考核应该充分考虑存在设计变更或者项目风险的情况，能够及时准确地对工作包的考核标准进行动态调整，而不能因考核反而对员工有了负面效应。因此，在工作包的考核上，应该实现相关接口考核及其他受影响业务考核的同时进行。

（3）能力态度考核。

能力态度考核应该在对员工的培训、学习情况进行考核的基础上，注重对员工自身成长的激励，如从结果的角度设置一系列员工通过学习可以获取的资质证书等，并提供相应的职级、奖金等奖励手段。鼓励员工主动学习新知识，并提升自身业务知识水平和项目实施能力，积极将其转化为给项目带来绩效提升的能力。

2）组织架构设计

组织架构设计应该在满足工程类企业基本职能的条件下，实现对不同组织成员之间沟通与协调的良好条件的创造，也就是扁平化、精简化、合理化的组织结构，以组织成员相互协作为服务目标，配置人员的职能与相应工作内容之间的关系。

（1）基本职能部门。

总承包类企业的组织架构的设计应该以项目团队为基本单元，围绕项目团队的各项基本业务实现全面服务。因此，总承包企业的组织架构设计应该包括负责企业整体管理的总经理，负责业务区块的经营副总、工程副总、财务副总、管理副总等。分管市场、成本部门；工程、采购、技术部门；财务部门；以及人力、行政、办公室等部门。

（2）信息控制部门。

总体来说总承包项目企业的组织架构大同小异，但一些部门虽然功能较少却能够起到关键的协调作用。其中，总承包企业应设置一个文控类部室，专门负责关键文件及信息的部门间传送，如某些变更请求形成的项目变更流程文件能够及时、准确地送达目标部门，由设计方发起的变更对采购活动和施工活动的影响能够在第一时间准确、具体地反馈到相应部门，提升文件发送、文件收集部门之间的互相沟通协调能力。

（3）项目管理办公室。

项目管理办公室作为组织内部将实践、过程、运作形式化和标准化的核心部门，是提高组织管理成熟度的核心部门。组织结构在项目管理办公室单元上能够实现将项目管理知识体系、项目管理最佳实践与企业自身的业务、行业特征进行有机结合，为组织制定科学的项目管理流程、培养专业的项目管理团队，为项目提供专家级顾问及指导，在组织层面实现项目知识的深度集成，为项目知识提供应用策略、交互指南，实现项目成功率的有效提升。

3）业务流程设计

业务流程是工程总承包企业的关键部分，合理的项目流程设计、精简的业务流程设置，以及流程间的协调和配合是项目良好运行的制度保证。同时，对于总承包项目知识集成而言，合理高效的业务流程能够有效推动项目实施过程中的知识集成活动。因此业务流程需要按照业务开展的逻辑进行设计，满足总承包项目知识集成的基本需要，根据业务进行中涉及的各个部门具体业务进行安排，因此业务流程的设计应该满足以下两个方面的原则。

（1）关键路径重点突出。

业务流程中的关键路径往往对项目的实施起到决定性的作用，因此对关键路径的关注有助于提升项目的整体效益。其中，关键路径的管理应该遵循以下几点：对关键流程本身的重点关注；对关键路径与其他相关路径及环节之间的关系把控应该透明、及时；对关键路径的承担人员应该做到培训到位、强化意识、提升能力；对关键路径所涉及的影响应该实现提前预判。而这些准备工作都应建立在对关键路径的充分把控之上，包括对关键路径涉及的技术知识及项目信息的充分了解，因此对于关键路径的潜在风险识别、成功概率测算、关联环节影响确定等方面应该做到关键人负责、多部门讨论、关键部门监管。

（2）部门协调流程同步。

业务流程中涉及多个部门的环节也经常会对项目产生较大范围的影响，因此，控制好部门之间在业务流程上的衔接是总承包企业需要重点关注的，尤其是需要对设计、施工与采购部门之间的业务接口给予资源、时间、沟通手段上的充分考虑，保证部门之间无技术知识障碍、无信息披露缺口，实现多部门在同一流程上的同步运行、顺利交接。例如，设计部门将采购计划提交给采购部门时，应充分沟通采购计划中潜在的非常规采购要求，做到提前沟通，充分解释潜在的采购标准，减少后期因标准不清带来的潜在成本。因此，业务流程在部门协调中的协同为知识集成清除沟通障碍，提供交互的基础条件，是在部门层面实现知识集成的关键环节。

4）培训培养机制

员工作为核心知识主体，其知识储量、知识运用及知识吸收能力的有效提升是总承包知识集成的核心竞争力。总承包企业的内部培训及培养机制应该满足总承包项目的基本需求，符合企业的基本战略和长远发展需求，所以培训及培养机制的相互配合是企业关注的重点。

（1）培训以提升能力为核心。

总承包企业在安排企业员工培训时应该致力于打造具有系统性、连贯性、高效特征的培训系统，让培训者"学有所得""学有所用""学有所授"，目标指向打造业务能手和项目管理人才。培训的系统性体现在培训内容的设置要合理，要涵盖主要专业技术、业务交叉授课。连贯性表现为员工按照细分级别、资质层次递进设置培训内容，实现员工事业发展和企业长期发展的延续。培训的高效特征表现在要对关键专业知识进行重点培训、集中考试、反复强化。

（2）培养以促进成长为目标。

人才培养给企业带来的益处不仅仅包括企业知识、技术、信息的保留，企业精神、风格、文化的传承，更重要的是给企业带来与人才共同成长的长期效益。因此企业的人才培养应具有长远的考量，一方面根据员工的个人偏好提供多种方案的选择，另一方面应该根据员工的特点设置针对性的培养计划。总承包企业的人员培养可能会面临人员流失的难题，对每个项目中培养出的各专业人才往往需要额外的关注。从总体上看，培养人才给企业带来的收益将远大于付出。

6.2.3　软环境建设

企业的软环境建设主要包括文化氛围、战略导向及非正式沟通三个方面，其中文化氛围提供了环境基础，战略导向提供了目标指南，非正式沟通弥补正式沟通中的缺陷与遗漏，三者综合形成完整的支撑总承包项目知识集成的软环境体系。

1）文化氛围

企业的文化氛围建设是总承包企业的软环境基础，需要长期、多方式的全员参与。总承包企业的文化氛围建设一方面需要强调共享文化，另一方面需要强调特色路线，为总承包项目的知识共享与集成活动奠定基础。

（1）共享文化营造共赢基础。

企业文化中对共享和奉献文化的建设来自于企业自信与员工认同感。企业自信是共享和奉献文化的基础，企业文化自信来自于企业以往发展过程中的积累。因此，强调共享文化将有助于员工从团队角度出发，分享自身的经验知识，将自身的目标与企业的目标绑定，形成员工付出的努力从企业的发展收益中流回员工的个人发展路线中，实现员工与企业的双赢。

（2）特色路线引导特长发挥。

企业的发展过程中对企业特色文化的构建应该重点关注培养企业发展的特色路线，并形成具有相当影响力的组织层面的共识。特色路线的打造需要结合企业实际，发挥企业自身业务特长，并找到努力方向，配合员工共同努力形成企业特色文化。企业的特色文化不仅包含文化层面的内容，同时还应成为企业的成长过程资产，依靠特长员工、特色业务、特定领域形成特色文化核心软实力。

2）战略导向

战略导向为企业的发展提供方向，为实现企业的长期目标指明道路，战略对于企业的影响是长期性的。因此，拥有明确、合理的战略规划是企业稳定发展的有力保证。总承包企业的具体战略规划应依据自身业务特点，规划成长性的长期战略目标，并将承接项目的目标引导到企业的总体战略目标上。其中，总承包企业应注重三个角度的战略定位，即创新性发展、差异化竞争、"一体化"战略，实现项目的集成管理，特别是将项目知识集成管理提升到组织级战略高度，达到知识管理战略化的目的。

（1）创新性发展。

创新性发展是总承包企业保持市场活性与核心竞争力的重要手段，流程、技术、方案、服务、产品等多方面的模式创新都可能成为企业的核心竞争力。实现创新的主要方式包括研发投入的保障，员工创新意识培养，成败经验的总结提升，与科学、可控的试错手段配合。

（2）差异化竞争。

在同质化竞争形势严峻的总承包市场中，工程类企业要树立开放协作的竞争观念，把市场中的竞争合作关系作为企业的核心竞争力的重要内容，要发展自身优势能力，在发展中确立自己的差异化竞争优势。其中，在拓展市场方面，不仅要维护现有优质客户，还要将市场中的高端客户作为自己的主攻目标。通过积累项目过程资产、强化员工专业技术，实现项目经验与能力的整合、提升与再造，重点培养企业的技术优势、管理优势及人才优势。

（3）"一体化"战略。

"一体化"战略集中体现在咨询、实施与保障的三个层面，其中项目咨询"一体化"体现在通过充分了解业主的需求，结合自身专业知识与项目经验的综合匹配，实现对业主项目的"全面对接、深度融合、高效运行"。在项目实施层面，从设计出发，优化图纸，完善设计，改进协调机制，实现设计、采购与施工在信息沟通、专业交叉、知识共享方面的深度融合，降低潜在风险成本。在项目保障层面，企业要在组织层面合理调配资源，充分利用行政手段与管理工具，借助绩效考核体系，为总承包项目的开展创造良好的实施环境。

3）非正式沟通

非正式是企业正常沟通渠道的有效补充，是知识集成过程的重要方式，为知识集成交互过程提供了工作外场景，为知识集成的主体提供了工作职责外身份，为知识集成的内容提供了工作内容外的信息补充。非正式沟通包括但不限于学习小组、兴趣小组、专业性流动讲座、主题沙龙等形式，可以通过改变沟通方式、沟通时间、沟通身份对沟通的内容产生影响，对沟通双方的主体提供补充信息、拓展信息、验证信息的渠道。非正式沟通往往通过这些特征实现正式沟通所不具有的功能。

（1）正式沟通方式的内容补充。

员工间的非正式沟通的形式，可以实现更多信息的交流，员工在非正式的渠道里会减少对彼此身份环境的顾忌而可能提高某些信息的沟通效果，如员工通过兴趣小组的形式可以建立对某项专业技术的研究，可能有效改善现有缺陷或弥补员工自身不足，这种沟通的方式可能避免正式沟通渠道所带来的制度压力，因此，适当的非正式沟通能够对企业内的知识与信息的传递起到补充作用。

（2）员工间的关系氛围建立。

员工间的良好关系是企业高效发展、减少内耗的前提与保证，也是员工间减少沟通障碍的前提。员工间的关系若只通过正式的工作沟通往往难以长期维系，因此需要通过非正式的沟通手段缓解工作压力、建立社交联系，非正式沟通成为感情的润滑剂。员工之间多角色关系也有助于员工间互相分享隐性的知识、技术及信息，如工艺技巧，设计思路等，为相互帮助搭建良好平台。

6.3 项目计划制订与知识集成过程的协同

基于从项目计划视角出发的项目知识集成机理研究，总承包项目计划是项目知识集成的关键，其在本阶段内的知识集成产出还将对项目实施阶段和收尾阶段的知识集成过程产生显著的影响，成为整个总承包项目中知识集成的牵引。因此，项目层面的知识集成对策，首先需要从项目计划阶段项目计划制订与项目知识集成活动的协同入手，在项目计划制订过程中形成对项目知识集成活动的有益支撑。

围绕项目计划的制订，基于前面所述的项目知识集成机理研究的结果，总承包企业可以从直接的项目计划流程重塑入手，以项目信息系统平台的应用和项目计划全员参与文化为支撑，围绕项目计划成熟度中的风险管理、项目引导控制开展相应设置，同时遵循知识集成路径中的编码化和社会化要求展开文控体系的应用和非正式沟通渠道的构建，特别是集中关注计划阶段的核心知识集成主体——项目计划工程师，强化项目计划工程师在计划阶段的知识集成活动组织的作用，如图 6.3 所示，进而系统实现项目计划制订与项目知识集成活动的协同。

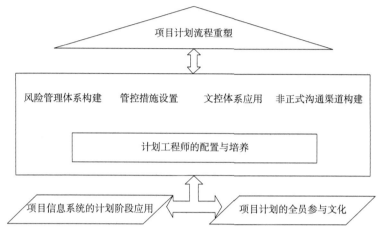

图 6.3　总承包项目计划阶段的知识集成对策

6.3.1　项目计划流程的重塑

总承包企业在发挥项目计划的项目知识集成作用的过程中，首先需要从制度上通过项目计划流程的重新制定和约束，强化项目计划的地位和作用。通过基于项目计划的总承包项目知识集成机理研究，总承包项目计划的制订一般包括自上而下的目标转达与计划发布、自下而上的计划制订与整合讨论两大环节，其中各自又可以继续细化拆解为更深入的环节。因此，总承包企业在梳理项目计划流程的过程中，有必要从项目目标传达、板块专业计划制订、项目计划整合、计划内部讨论、计划外部谈判与审核、计划发布与细化等多个过程针对企业情况进行重新判定，补充先前缺失的环节，调整和完善原有不足的环节，在强化项目计划成熟度的同时，保障计划阶段知识集成的质量，如图 6.4 所示。在项目计划制订过程中划分这些环节，其目的在于强化计划阶段专业知识的充分集成，聚焦于不同环节所需的知识拥有主体，形成知识聚集平台，并通过跨边界的知识互动形成有效的知识集成成果，指导总承包项目集成管理实践。具体来说，总承包企业在重塑流程的过程中需要针对每个环节进行针对性设置。

1）项目目标传达

项目计划制订的首要流程需要实现基于项目开发信息、项目合同要求信息的

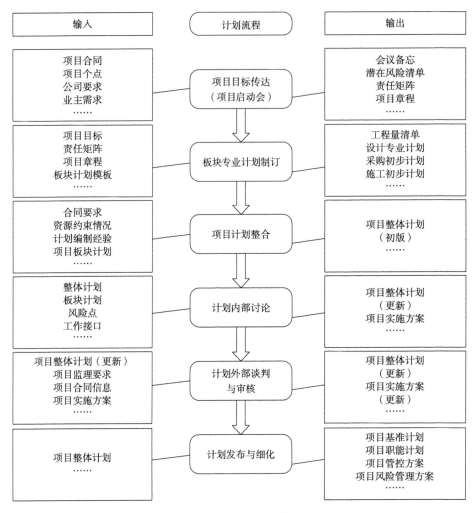

图 6.4 项目计划的流程重塑

项目目标传达，形成计划阶段知识集成的基础。这一过程可以通过项目启动会和项目信息系统来实现知识的传递，同时需要通过启动会等交互形式进行项目范围与目标的共享、职责的明确及潜在风险的分析等。此流程需要推动项目前期、外围知识与项目团队各成员自身经验、知识的融合，逐渐建立针对该项目的知识体系，并形成编码化的输出。

2）板块专业计划制订

项目计划流程中需要首先进行设计、采购、施工板块内部的细化专业计划的制订和板块整体的计划制订。因为总承包项目知识集成具有层次性，总承包企业在关注项目计划的过程中特别需要关注计划的层次性。各板块计划制订的过程即充分调动专业知识的过程，通过项目专业人员知识、经验的汇集和交互，才能够制订出合理、有效的项目板块计划。因此，这一过程需要突出强调最大化调动项目底层的知识，注重板块计划的质量，考虑板块内部的风险，进行板块内部的方案制订与资源分配，尽可能达到板块内计划最优。

3）项目计划整合

总承包项目的计划制订必须要经过系统的计划整合环节。由于总承包项目本身包含设计、采购与施工三大核心业务板块，各业务之间存在明显的交叉和相互影响。因此，总承包项目集成管理优势的发挥特别需要在计划制订过程中实现计划的系统整合。在当前总承包项目管理实践中，虽然存在计划整合的过程，但是较少关注计划整合的质量，导致整合后的计划没有充分考虑到项目风险，没有实现合理的资源编排，降低了项目运行的效率。因此，这一过程中要特别强化计划工程师的作用，从专业的角度和基于专业的工具、方法进行计划的整合。

4）计划内部讨论

计划内部讨论是整合计划质量的一种保障机制。计划工程师整合的项目计划，需要经过团队的内部讨论再次调用项目团队的潜在知识，形成项目层面知识的再次集成，协调项目计划中的矛盾与冲突，从多个职能角度充分考虑项目的实施过程和实施风险，形成与项目计划配套的有效实施方案，以保障项目计划执行的顺利程度。

5）计划外部谈判与审核

在成熟项目计划制订过程中，为实现项目计划的外部认可与计划执行过程中获得合理的外部支持，还需要进行项目计划在外部面向业主和监理的外部谈判与审核确认。这一过程是集成外部知识的过程，可以推动项目计划实现更大范围的知识集成，建立后续计划执行过程中的共同知识基础，进而形成更有效的总承包项目计划。

6）计划发布与细化

项目计划流程中的最后一个环节应该实现计划的发布与板块内部的进一步细化。计划的发布过程能够推动项目团队成员实现项目基准计划与自身知识体系的进一步集成，推动项目成员对项目计划的共识性理解和计划认同，奠定后续项目工作开展的基础。同时，在基准计划基础上，团队成员可以针对各自的工作计划进行进一步的细化和完善，推进知识集成的深度，为项目实施过程中工作的执行奠定基础。

6.3.2　企业信息系统的应用

在总承包项目计划阶段，特别需要编码化路径的存在来保障知识集成的效率。

因此，企业信息系统在计划阶段的有效应用是计划制订过程与知识集成过程协同的重要工具。总承包企业需要在以下几个方面充分利用企业信息系统保障编码化知识集成载体的创造及知识的编码化传递与输出。

1）项目信息的上传与获取

总承包企业设置的项目管理平台在项目计划阶段要得到充分的利用，需要针对每个项目所拥有项目信息数据库，上传项目目标信息、项目基准计划、项目责任矩阵、项目章程、项目管理计划等编码化的知识集成成果，便于项目参与主体的共享与管理。特别是项目计划阶段所产生的工程量清单、潜在风险清单等项目文档，均需要实现编码化的信息系统中的共享与管理，以提升知识集成的效率，实现文档控制的目标。

2）项目交流论坛的应用

在企业信息系统中，针对每个项目，还应该设置项目层面的交流平台，帮助项目成员在计划阶段进行正式与非正式的沟通、交流，强化项目计划阶段各板块之间的实时交流和相互了解，提高各板块之间协调的效率。同时针对项目计划阶段存在的问题，也可以通过问题板块的提问与回答平台调用项目内的所有知识和资源，通过有效的知识集成，实现合理的解决方案的制订。

3）项目过程资产的转移

在项目计划阶段，同样会存在不同层次、不同类型的组织过程资产的产生，某些项目层面的组织过程资产需要转移到企业层面实现更高层次的知识集成。因此，在企业信息平台中，针对每个项目和企业的信息系统，应该存在定期由项目系统向企业系统的转移，如形成的新项目的计划模板、创新的项目实施方案、优化的项目风险管理体系等，以便于将项目层面的知识集成效果扩大化。

6.3.3　全员参与文化的构建

项目计划阶段作为项目的前期环节，特别需要奠定项目文化的基础。在总承包项目计划阶段和实施阶段，由于涉及多职能、多板块、多主体，项目团队内部特别需要构建全员参与的、共享式学习的项目文化。因此，要实现项目计划过程与项目知识集成过程的协同，特别需要推动项目文化的构建，从知识载体调用与知识交互、知识集成的社会化路径推动、知识集成的组织惯例机制构建等多个角度保障项目知识集成的范围、效率和柔性。

1）企业鼓励全员参与文化

项目计划制订的过程是项目自上而下和自下而上的知识调动过程，需要充分调动项目成员的专业知识来保证项目计划的合理性。因此，项目计划制订的过程需要项目成员的广泛参与。这种广泛参与可以通过流程、制度的设置实现正式的调用，但从调用的实际效果上出发，还需要通过全员参与文化的构建来形成项目成员在项目计划制订过程中的自觉参与和高度参与，从而提升参与的效果和对计划阶段知识集成的贡献。因此，总承包企业需要从企业层面倡导项目的全员参与文化，对参与力度和深度较大的项目成员进行鼓励和嘉奖，塑造良好的知识集成环境。特别是总承包项目的项目经理，也要在项目管理的过程中强调全员参与的文化，强化项目成员的归属感和集体荣誉感，推动知识的全面、深入的调用与交互。

2）通过正式与非正式方式进行文化建设

就项目计划阶段的文化建设而言，作为项目前期文化奠定的重要阶段，从手段上项目经理可以鼓励项目成员通过正式与非正式的多种方式进行文化建设。在正式方式上，鼓励计划制订过程中的团队讨论，容许多种意见的存在，支持民主式意见发表，强调底层个人计划对项目计划的重要性，强化项目成员的使命感。在非正式方式上，可以通过项目交流论坛的形式对问题的回答者和交流的活跃分子进行点赞数量统计，形成项目鼓励成员积极参与项目、为项目贡献力量的氛围，形成整个项目生命周期中的文化基础。

3）强化共享文化形成与渗透

在鼓励全员参与的同时，为推动项目主体之间的知识交互，总承包项目还需要强化共享文化的建立，弱化板块之间的矛盾冲突，强调项目整体利益和项目团队的集体性，鼓励板块之间的相互交流，推动各专业、板块之间的相互了解，推动共有知识的形成和共享文化项目层面的全面渗透。

6.3.4　风险管理体系的构建

基于对总承包项目计划成熟度的评价研究，成熟的总承包项目计划需要特别关注项目风险的管控，需要在项目计划阶段尽可能构建有效的风险管理体系。因此，除项目计划中关于工作和业务的核心计划之外，总承包项目的计划还需要包含有一系列项目管理计划制订的过程和成果，才能够有效指导总承包项目实践，减少项目不确定性的发生和影响。因此，在项目计划阶段，需要强化风险识别、风险分析与评价、风险规避、风险管控措施与应对预案设置等项目风险管理核心环节。

1）风险识别

项目计划制订的过程是资源优化配置和一系列决策产生的过程，这一过程中的工作计划会直接影响总承包项目实施过程的效果。因此，项目计划阶段是开始项目风险的识别，保障管理效率的较好的时间点。要在项目计划阶段实现有效的风险识别，需要项目管理团队建立风险识别的流程和制度，在要求底层计划预计工作风险的同时，加强项目团队多层次讨论过程中对潜在风险点的识别，通过一系列风险识别的工具，形成全面的潜在风险点识别清单，作为项目计划决策的基础。

2）风险分析与评价

在风险识别基础上，项目团队需要对项目潜在风险的重要程度、紧迫程度及对项目的影响程度进行分析，通过专家打分等多种工具和方法充分调用项目可以利用的知识，实现对项目潜在风险点的系统评价。风险分析与评价所形成的项目风险评价表能够为项目计划过程中的方案决策、资源编排决策提供直接的决策依据，是项目计划制订的重要知识输入。

3）风险规避

通过风险的分析与评价，在项目计划制订过程中还需要对潜在风险进行处理。针对风险的评价结果，有些风险需要在项目计划制订过程中进行规避，从方案选择、工序编排、人员配置等多个方面进行风险管理知识的集成，形成集成后的有效的项目计划。

4）风险管控措施与应对预案设置

除去在项目计划中已经规避掉的风险，针对有些危害程度较小的、紧迫程度较低的风险，总承包项目管理团队还需要通过集成各层次的专业知识进行各个风险管控预案的制订和设置，建立项目实施阶段风险管控的程序，最大限度地控制项目风险的影响。这一风险管控措施设置的过程即为计划阶段知识集成的另一重要平台，可以通过项目整体层面、板块层面和个人层面的多层次风险管理集成多层次的专业知识，实现项目知识集成的目标要求。

6.3.5　项目管控措施的设置

在总承包项目计划成熟度的测量中，项目计划对总承包项目全生命周期的引导与控制也是项目计划阶段需要解决的重要问题。因此，项目计划阶段的知识集成效果也集中体现在项目管理计划中项目管控措施的设置。这种管控措施包括对项目计划过程本身的审批、监督、发布等过程的管控，同时也包括面向项目生命周期的基准计划的设定与基准计划的跟踪程序、制度，项目计划的变更程序，以及项目计划实施中的管控程序。

1）项目计划自身的管控措施

在项目计划阶段，首先需要对项目计划本身的审批、监督、发布设置管控措施，保障对项目计划本身的管控。这一管控措施需要由总承包企业的项目管理部门来进行设置，通过对项目计划的审批、项目计划的汇报与监督体制以及项目计划的发布和共享平台进行项目计划过程和结果本身的管控和评价。

2）项目基准计划的设定与跟踪程序

在成熟项目计划中，项目管理计划对项目基准计划本身的重视度、权威性，以及基准计划的实施需要投入更多的关注。因此，总承包项目团队需要设定一个项目基准计划确定的程序，并在基准计划冻结之后形成不轻易改变的标准性计划，指导项目实施过程中的计划执行活动。特别的是，项目管理计划中还需要针对项目基准计划的执行过程，进行跟踪程序的设定，即需要设定定期的项目执行信息的收集和项目执行报告的编制，保障项目团队及时掌握项目执行的情况，并设置项目计划偏差的分析工具和偏差控制点，明确在存在什么样的偏差时应该采取什么样的措施。从前端建立后续执行过程中的管控体系，提升项目实施过程中的项目运行效率和知识集成效率。

3）项目计划的变更程序

在总承包项目管理计划中，同样需要设定好项目计划的变更程序，以指导项目实施过程中由于外部环境、利益相关者需求等方面的变化而变更项目计划的实践，使得项目计划的变更拥有可以参考的程序，保障项目计划变更的效率。这一变更程序应该包含项目变更的标准，变更提出和审批的相关主体、流程和形式，以及变更后应该予以更多关注的项目计划的联动效应等，以指导有序的项目计划变更实践。

4）项目计划实施中的管控程序

针对项目计划中的其他管控程序，特别是项目管理计划中的项目成本管理计划、进度管理计划、人员管理计划等分项子计划，需要针对性地制定相应的项目管控程序，指导项目实施过程中的职能实现和信息收集、分析、比对、决策的过程。这一管控程序将成为项目实施阶段知识集成的主要指导文件和有效的知识集成机制，指导知识拥有主体和载体有序实现项目的知识集成需求。

6.3.6　非正式沟通渠道的建立

在项目计划阶段，要实现项目计划对项目知识集成社会化路径的推动，还需要在前期计划阶段关注非正式沟通渠道的建立和应用，如项目中的学习小组/兴趣小组、专业性流动讲座/主题沙龙等在项目计划阶段知识集成中具有一定的重要性。

1）学习小组/兴趣小组

总承包项目中涉及大量不同学科的专业知识，因此总承包企业有必要通过项目办公室鼓励构建旨在实现各职能部门交互的学习小组和兴趣小组，定期组织各个小组的跨职能、跨部门的交流和学习，形成各部门之间业务理解的知识基础，为工作中的跨职能知识集成奠定基础。同时通过学习小组和兴趣小组的构建，还可以促进各部门之间的非正式沟通，促进项目成员间的社会交互关系和共享文化的形成。

2）专业性流动讲座/主题沙龙

总承包项目可以设置定期的专业性流动讲座和主题沙龙，定期由设计部门、施工部门、项目管理部门等多个部门的不同专业人员进行讲座形式和论坛形式的交流，介绍不同职能中的主要工作流程和工作思路，同时为每个讲座主讲人和活跃参与人进行积分评价，形成工作绩效评价的一个参考指标，进而通过讲座和论坛的交流和问答形式强化非正式沟通,构建社会化路径下的知识集成环境和平台。

6.3.7　计划工程师的配置与培养

在总承包项目知识集成机理的研究中，一个突出的研究结果显示总承包项目的计划工程师角色是项目计划阶段知识集成的重要主体，其直接影响项目计划阶段的知识集成成果。因此，对于总承包企业而言，要实现计划阶段的有效知识集成，特别需要关注项目计划工程师岗位的设置、岗位人才的挑选和培养，使其在项目计划制订过程中发挥重要项目知识集成作用。

1）项目计划工程师岗位的设置

为提升项目计划阶段计划整合的效率和计划整合的合理性、有效性，需要特别为总承包项目设置计划工程师岗位。在国际 EPC 项目中，项目业主和监理方通常会明确要求总承包项目配备具有专业资格的项目计划工程师，由其进行项目计划的整合、协调和计划执行过程中的监控。这一岗位的设置同样是总承包项目知识集成效果得以实现的重要基础。

2）项目计划工程师的挑选

项目计划工程师是项目计划阶段知识集成的重要主体。关于项目计划工程师的挑选，首先项目计划工程师必须具备项目计划制订本身的专业知识，对项目计划中工序的衔接、资源的编排、工期的实现等具有系统的管理知识体系，同时还需要对总承包项目中各个板块的接口知识具有丰富的储备，能够协调各个板块之间的交互过程，形成接口知识的集成。另外，针对项目管控措施的设置，项目计划工程师也要求具备计划管控的系统知识，能够制订合理的计划管控措施和计划执行程序。

3）项目计划工程师的培养

当前，国内对于项目计划工程师仍缺少对成熟度的专业性关注，往往由项目经理承担项目计划工程师的作用。但是在我国工程企业践行国际化战略的过程中，必须要提前进行计划工程师的培养与储备，否则将会严重影响总承包项目的集成管理能力。因此，如何布局项目计划工程师的培养成为总承包企业需要集中关注的问题。总承包企业可以一方面从外部招聘成熟、专业的项目计划工程师进入企业，通过专业计划工程师的带动，持续地培养公司内部的项目计划工程师人选。另一方面，也可以通过内部项目管理人员的挑选和项目管理专业学生的招聘，形成计划工程师的潜在队伍,通过公司层面的集中培训和项目中的实践锻炼与培养,逐渐构建专业的项目计划工程师队伍,这对于总承包企业维持多层面的知识集成优势和集成管理优势具有重要的作用。

6.4　项目实施中知识集成的过程组织

工程总承包项目的实施阶段一般具有实施周期长、涉及单位多及知识密集等特点。以上特点决定了相较于一般工程项目,总承包项目在知识管理领域面临着更大的挑战。首先,总承包项目的建设周期长,一般为几年、十几年,甚至几十年。如此长的实施周期,使不可预见性因素增多,增加了知识管理的难度。其次,总承包项目的参与方较多,利益立场、专业分工差别大,不利于项目知识在整个项目实施过程中的转移和运用。最后,总承包项目的实施过程既是运用已有知识的过程,又是产生新知识的过程,这也增加了知识管理的内容和边界。通过以上分析可知,在总承包项目的实施阶段中,既需调用不同领域、不同专业的知识,又要不断产生新的知识,该阶段是总承包项目生命周期中调用知识和产生新知识最密集的阶段。

如何处理项目实施阶段的知识管理难题、如何更有效地进行知识集成,是总承包行业从业者必须面临的问题。根据充分的文献调研和对大量总承包行业从业者的深入调查,笔者认为通过以下方式可以提高总承包项目实施阶段的知识集成效果。总承包企业以先进的信息技术手段为支撑,以必要的激励措施为引导,通过强化沟通渠道、建立学习型项目组织、加强文化建设和促进知识集成创新等措施,推进实施阶段的知识集成,从而提高项目知识管理能力、优化项目资源、增强项目管理的执行能力,项目实施阶段的知识集成对策及关系见图 6.5。

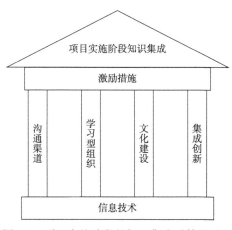

图 6.5　项目实施阶段的知识集成对策及关系

6.4.1 应用信息技术

项目实施阶段的知识管理中，可以通过项目知识推送、项目电子公告、项目知识订阅、项目教育培训、项目知识管理平台等主要功能模块，利用页面浏览、文件传输等方式来实现知识的传递和分配，扩大知识集成的范围、提高知识集成的效率。

1）项目知识推送

项目知识推送是根据项目用户所从事的工作岗位、项目用户的兴趣等，自动向项目用户推送相关的项目基础知识、技能和数据。推送的内容包括结构化的外部知识（通用的方法、基本理论知识等）、结构化的内部知识（调查报告、面向产品的市场销售材料和方法以及各类文档）和非正式的内部知识（各种技术诀窍、经验教训以及各类讨论和在线会议等）所组成的数据库信息。项目知识推送能根据项目的最新进展情况，自动地将最新知识推送给特定岗位的用户，让接受者实时了解项目的实施进展情况。

2）项目电子公告

项目电子公告是一种广播式的项目知识推送，能够将一定的知识集成成果传递给需要的项目成员，使而让项目成员对接收到的知识进一步集成。它具有及时更新、便于维护等特点。不同于知识推送的是其面向的范围广。例如，竖立在项目工地入口的电子公告牌，向进入工地的每个人展示相关知识内容，如现场正在进行的施工内容、施工机械使用情况、人员在岗情况以及天气情况等信息，其目的不如项目知识推送明确。

3）项目知识订阅

项目实施过程中，为了使项目人员更有效地获取项目信息，不遗漏、不冗余，项目用户可以按照自身兴趣、任务和工作重点等多种方式地、主动地、有选择地订阅知识，信息系统平台定期或不定期向订阅用户发送有关类型的所有最新知识，并且可根据个人岗位调整、职责调整以及实施进展的需要及时地更换订阅内容。

4）项目教育培训

员工培训是项目实施阶段的重要工作内容。随着技术的进步，电子化的培训方式成为可能。项目员工可以通过选择所需培训的内容，选择网上教室进行网上培训，开设课程的教师可根据学生的网上作业成绩、考试成绩等对参与该课程的学生进行评估。网上教育培训，不仅提高了项目内部有用信息和他人经验的共享效率，而且节省了企业的人力资源，有利于提高企业的生产力和竞争力。

5）项目知识管理平台

通过搭建统一的总承包项目的知识管理平台，总承包项目组织可以通过该平台进行知识的采集、积累、组织和集成，同时该平台可以对团队成员进行主动或被动的知识推送，保障团队成员积极交流和共享知识。新兴信息技术在建设项目知识管理中的集成机理是通过综合各类新兴信息技术进行集成能够使各技术发挥自身优势而规避自身劣势，从而取得取长补短的成效。各种新兴信息技术在建设项目知识管理中的集成并非混乱无序的，而是有内部的逻辑层次的。

作为与知识管理联系密切的技术，建筑信息模型（building information model，BIM）可以建立包含项目各类信息的数据化模型，是完整的建设项目知识信息库。BIM 与物联网进行集成后，物联网将 BIM 提供的知识数据库中的数据进行记录并以网络的形式进行互联。普适计算有助于建设项目知识管理信息模型具备更强大的数据信息特征，确保知识管理过程可以协同化、智能化地进行。4D 可视化技术弥补了建设项目知识管理难以可视化管理和监控的缺陷。四种新兴信息技术的集成与融合，搭建 BIM、物联网、普适计算和 4D 可视化四种信息技术充分融合与协同的信息平台，消除信息孤岛现象，为项目知识管理提供了扎实的技术支撑，为项目知识管理的信息化建立了更为科学化和智能化的辅助环境，使建设项目知识管理的方向与项目管理发展的需求相结合。

6.4.2　强化沟通渠道

知识利用是知识集成的目的，知识传递只是利用的途径，建立并强化沟通渠道是知识传递的保障。项目实施中，知识集成系统提供了协同工作、知识搜索、专家定位电子会议、社区论坛等功能模块，提升知识传递的效果，支持知识利用。同时，应在业主、设计方、承包商、供应商、监理方之间建立互惠的职能关系或合同关系，从而将个体目标与组织目标，各参与方的目标与项目目标统一，进而实现建设项目各参与方之间的知识共享。

1）项目协同工作

总承包项目的实施开展需要设计、采购、施工三个环节的交叉推进，需要不同专业、不同工种、不同部门的分工协作。项目参与人员不仅包括驻场人员，而且也包括项目现场外为项目提供服务的人员。项目协同工作主要是处于异地的同一项目组成员对特定问题的研究和讨论，如协同进行计划、协同进行设计、协同进行信息平台开发等。项目实施过程中，项目协同工作为项目的顺利推进提供了必要的场外支持和服务。

2）项目知识搜索

总承包项目的实施阶段是一个知识密集的阶段，要实现知识的快速有效提取需要必要的知识搜索手段。项目知识搜索工具能够让搜索者根据许多特征，如排名、语言的选择、概要、关键词、日期等来定位搜索所需的知识，如各种技术文件、图纸、合同、规章制度、来往信函和传真、会议纪要、日常文件、工程进度、工程质量、工程成本以及项目运作中积累的各种经验和技巧等。知识搜索在项目实施阶段的应用使知识的提取和应用更加快捷、高效。

3）项目专家定位

在项目实施运作过程中，可能会遇到各种各样的问题，一时难以解决。建立为项目提供咨询服务的专家数据库，遇到困难时，可以通过数据库对拥有特定领域知识的专家进行准确、全面的查找和定位，从而方便用户与这一领域的专家直接进行交流，实现经验、技巧各种知识的共享，加快项目的进程。

4）电子会议

总承包项目复杂的项目分工使得项目实施中经常需要不同项目成员进行沟通交流，项目现场会议是最常见的沟通方式。项目现场会议受制于出席人的时间安排和地理位置。在存在时差和空间距离的情况下，可以通过召开电子会议实现异地协作，项目现场的终端用户可以很容易地获取所需的知识，方便与专家交流，及时有效地解决许多问题。通过积极有效的交流，项目的参与者可以不断产生许多新想法和解决方案，实现知识的创新。

5）社区论坛

项目实施阶段可以建立社区论坛引导项目参与人员进行更广泛的讨论和交流。在社区论坛中，用户可就某个共同感兴趣的项目主题进行交流和共享，可查询、阅读和交互式访问所有成员开发的各类主题，可在多个社区之间自由切换，可向论坛的各个发表者直接反馈，如电子邮件、站内信件、直接发送消息（若用户在线）等。在项目论坛中，当用户产生新的想法，可以开发一个新的讨论主题，不仅便于其他用户的访问和讨论，也利于将这些论坛的内容为他人共享，更好地进行知识创新。

6.4.3　建立学习型项目组织

总承包项目的实施阶段主要从以下两个方面获取知识：一方面是对现有的一些显性知识的采集，如通过收集项目现有研究资料、业主资料、供应商手资料、施工单位资料及其他项目干系人资料，并创建电子文档输入知识仓库；另一方面是对隐性知识的挖掘和捕获，如项目技术部门工程师或专家在内部创造和开发过程中获得的经验，反馈信息的分类、分析和提炼，然后形成对组织有价值的知识，并录入知识仓库。通过知识集成后的项目知识仓库承载了项目的全部知识内容，既包括了有形的、容易被外化描述的显性知识，也包括了经过长期创造和积累的专业技能、管理经验、洞察力、直觉以及价值观等隐性知识。

在实践中，总承包项目知识包括项目决策，技术与设计，实施、运营阶段的所有信息、资料、文档等显性知识及经验、体会等隐性知识。其主要包括：①一般项目管理知识，如项目管理知识体系包含的知识和技术、工具等；②建设项目工程知识，如地基、结构、建筑、规划、机电等专业知识及相关的标准、规范、业务流程；③大型建设项目类型知识，如图书馆、博物馆、医院等项目所需的知识；④项目直接产出的知识，如可研报告、规划设计、建筑方案、初步设计、施工图、施工组织设计等各种结果性文档；⑤项目过程产出的知识，如项目管理规划、项目管理作业计划、施工方法、工程预算、进展报告、经验教训、方式方法等。其中，项目过程性的知识尤其需要关注。

在总承包项目组织中形成学习的氛围、建立学习型组织有助于总承包项目知识集成的开展。能否实现知识共享，进而达到知识集成的目的，取决于很多因素，包括项目成员的相互关系（相互信任和互惠程度）、对知识创造和知识提供的奖励、项目成员对知识的接受能力。

6.4.4　加强文化建设

强化总承包项目的知识集成的关键步骤是在项目组织内部建立知识学习型结构和形成知识学习型的组织文化，在项目组织内强调对知识进行学习和创新的作用，同时凭借各类新型信息技术的特点及优势，促进项目管理中知识处理、使用、交流与创新流程的顺利进行，从而全面提高项目、组织、成员解决问题的能力，并最终保障项目在质量管理、进度把控、成本控制等方面均实现优化。目前总承包项目知识集成的文化建设主要依赖组织结构、组织文化、项目管理和知识管理技术实现四方面的措施，保障总承包项目知识集成的实施。

组织结构一方面是总承包项目知识管理的结构基础，另一方面是知识流动的结构框架。在总承包项目企业内，有个体对象、专业组织（设计、采购、施工）和项目组织三个层次的组织结构模式，项目知识就在该模式下的结构层次间进行扩散。组织结构方面的保障措施目的在于建立知识型的组织层次结构，促进项目内外部组织个体之间的沟通与联系，从而保障知识扩散快速有序地进行下去。

组织文化是在精神层面保障知识集成顺利进行的重要一环。总承包项目自身的特点造成了项目知识管理发展组织动力的匮乏，营造良好的组织文化需要在项目和组织中形成开放沟通的环境，令参与人员积极参与知识的交流和分析过程。组织文化方面的保障措施主要是为了构建团队合作的企业文化氛围，并与良好积极的激励机制进行配合，全方位地倡导成员们进行知识学习与交流活动。

项目管理是在项目的全生命周期内，将知识的循环与项目施工的各个阶段进行融合，并对循环路径中的知识采取良好的管理措施。项目知识经过螺旋化的转化过程，个体知识、专业知识、组织知识实现了由低级层面向高级层面的不断转化，从而推动建设项目实施过程中知识的不断产生与创新，确保组织与个人同步发展。

知识管理技术是指促进成员们顺利进行知识的生产、分享、应用和创新过程的各类现代新兴信息技术。随着建设项目的规模不断壮大，其知识含量也日益增长，通用的人工管理模式已经不能满足现代建设项目知识管理的需求，因而引入各类新兴信息技术辅助知识管理就显得十分必要，这样更有利于实现知识的循环交流过程。

通过以上四个方面的措施，总承包项目建立知识集成的文化氛围得以保障，总承包项目知识集成工作得以顺利实施，从而使项目的知识效益转化为组织效益，总承包项目引入知识集成文化建设的效益树如图 6.6 所示。

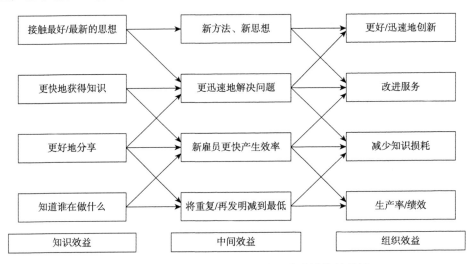

图 6.6　总承包项目引入知识集成文化建设的效益树

6.4.5　促进知识集成创新

从现实的角度来看，总承包项目的管理问题和知识管理的缺乏密切相关：①在项目决策中，决策层掌握的有关项目的信息、知识及应用知识的能力是项目成功的关键因素。但在实践中，往往出现"外行领导内行"，决策"拍脑袋、凭经验"的情况。②没有有效地管理项目文档，随着项目的推进，项目信息越来越多，相互间关系越来越复杂，很多项目面对的是一堆杂乱的资料和不一致的信息。③缺乏知识的交流和分享，不同阶段、不同参与方、不同管理要素之间缺乏知识的识别、处理、传递、共享，导致设计失误大量变更、工作交叉出现返工、赶工期而降低工程质量等情况。④没有一个有效的信息沟通、共享平台，信息的传播效率低，信息界面管理粗犷，信息是分散的、无序的、不便查询和跟踪的。各个分散独立的管理系统造成信息孤岛，缺乏共享和整合，同时缺乏有效的手段跟踪观察项目的历史状况、演变、进展。以上这些常见的问题归根到底是没有很好地进行项目知识集成管理。

总承包项目的成功固然依赖人、财、物等传统资源，但更加依赖不断的创新。因此，对这些知识、技术和经验不仅仅要有效地传承，更要在传承基础上进行集成创新。然而，知识、技术和经验等存在于不同的群体中，要进行创新必须将上述隐含性要素进行互相结合，通过不同知识和经验的非线性相互作用形成"涌现"效应，催生新知识、新技术等，即通过有效集成实现创新。隐性知识集成创新过程模型如图 6.7 所示。

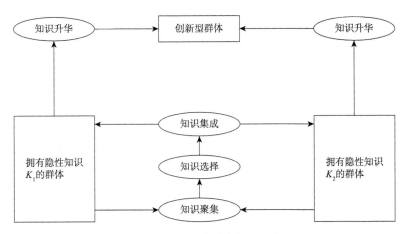

图 6.7　隐性知识集成创新过程模型

6.4.6　制定激励措施

总承包项目的知识集成是一个持续时间长、涉及面广，而且至关重要的问题。第一，知识集成贯穿了项目的整个生命周期的所有阶段；第二，知识集成渗透了项目管理全要素的各个方面；第三，项目环境中涉及的项目组织、项目文化、项目信息，尤其是包括政府部门、媒体、公众在内的利益相关者之间的知识交互、共享效果很大程度上决定了项目的成败。

尤其需要指出的是，隐性知识具有高度个人化、难以表达和传递的特点，这使得隐性知识难以被竞争者模仿和复制，从而使隐性知识成为企业获得持续性竞争优势的关键资源，具体原因有以下两点：一是知识观理论认为隐性知识相比显性知识更有价值；二是隐性知识形成了发展和解释显性知识必需的背景。

从本质上看，员工是知识集成的主体，没有人的参与，知识本身无法创造价值，因此，为保证知识集成的效果，组织应重视对人的管理。激励是指为了促进知识的交流与转化，对员工进行激励，使他们愿意共享、吸收和集成知识。人力资源管理实践发现，不同程度的激励会对员工知识吸收行为产生不同的影响。激励机制是以员工的需求为中心，并将他们的情感、意志力、知识吸收行为的动机和兴趣等多种心理上的因素联系起来而构成的结构系统。员工的需求表现在两个方面：一是该员工通过对其他组织成员隐性知识的消化、吸收，个体的隐性知识存量相应地增加，为自身知识吸收能力的增强创造有利的条件；二是激励程度的增强也在一定程度说明组织对员工的知识吸收行为和知识集成过程中的表现持积极肯定的态度，而对员工个人而言，获得组织的认可和肯定会为自己以后职业的进一步发展增加砝码。

为确保总承包项目的知识集成效果，在考虑集成效率、集成范围和集成柔性的条件下，从组织因素的角度，分析和制定相应的激励措施，具体如表 6.1 所示。

表 6.1　基于组织因素情况下激励措施对知识集成的影响

组织因素	集成效率	集成范围	集成柔性
相互关系	紧密的相互联系促成低成本的知识共享；互惠互利	得到互补性的知识；提高知识的生产能力	项目组重新配置能力增强；更大跨度的沟通；接触到更多的新知识
文化氛围	奖励措施激励知识集成；共同的价值观/宗旨	各种奖励手段引导知识的运用；鼓励共同学习	
接受能力	对专业知识的共同认识提高集成效率；减少转换，降低界面损失，减少时间损耗	T 形知识面加大了知识集成的跨度	解释新知识、评价新知识能力的提高；更强的重组能力

我国近年在总承包项目领域取得了很大的成功，积累了大量宝贵的知识，其中既有显性知识，又有隐性知识。这些知识既提高了总承包企业工程项目的成功率，又有效辐射并拉动了行业发展和国民经济增长。然而，如上所述，这些知识可能存在于个体或者小团体，不为项目集体所有或所知。因此，有必要在总承包项目的实施阶段，对这些知识进行收集整理和归纳，运用合适的手段和方法，通过知识集成将这些零散的、不成体系的知识固化为项目团队的知识财富。

6.5　项目收尾中多层次知识集成的共演

对于总承包企业而言，项目知识集成与企业知识集成之间存在非常密切的关联。总承包项目的知识集成不仅是项目层面急需解决的问题，也是总承包企业层面需要重点面对的问题。因此，对于总承包企业而言，要实现总承包项目的有效知识集成，需要构建项目知识集成与企业知识集成的共演机制，实现总承包企业知识集成在项目层次和企业层次的良性互动。而项目收尾阶段的知识集成则是实现项目层与企业层知识集成共演的重要环节。

项目收尾阶段的知识集成是对整个项目实践过程中知识的获取、沉淀、共享和利用的过程，总承包企业通过收尾阶段中的信息收集、组织过程资产沉淀的规范、项目绩效后评价体系，以及针对员工等主体的技能提升培训，可以实现对项目知识的有效发掘和传播，有效避免因总承包项目结束后团队解散而使项目中积累的经验知识流失的现象，保证总承包企业在收尾阶段推动项目知识螺旋上升的集成效果，如图 6.8 所示。

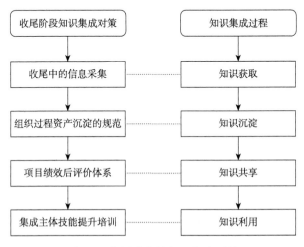

图 6.8 收尾阶段的知识集成对策

首先，信息收集需要深度分析设计、施工、采购各板块内部知识，考虑板块间信息的相互影响，以及有效整合过程中的纵向信息，实现项目内外部知识的及时获取。然后，需要通过项目文件的归类整理和电子化信息平台将收集到的知识沉淀为有序、可转移、显性化的组织过程资产。另外，总承包企业中项目绩效后评价体系的建设和应用对收尾阶段的知识集成具有显著的提升作用，为项目团队内的经验总结和能力提升提供了制度和平台保证。最后，从知识集成过程中发现的问题和短板出发，对知识集成主体进行针对性培训，这是对于整个收尾阶段的知识管理结果的应用，能够达到知识集成能力提升的效果。

6.5.1　收尾过程中的知识收集

总承包项目收尾中的知识收集就是在设计、采购、施工各环节收尾过程及整个项目收尾阶段中，要求项目参与人员，包括项目经理、设计工程师，以及项目各管理部门的管理人员等，对项目实践中产生的实际问题与解决方法、施工技术技巧、施工与管理经验等知识，进行领域内部的知识挖掘与领域之间的知识总结，形成文字文档等文件资料，或形成论文、专利、工艺工法等成果提交到总承包企业知识管理部门。

1）项目板块内部经验的深度挖掘

一个项目在实施过程必然会出现各种各样的技术及管理问题，总承包项目中的技术人员与管理人员在设计、采购、施工的实际操作过程中往往会积累一些事实经验、方法技巧类的具体知识，所有这些个人隐性知识在各板块或项目收尾阶段经过编码化，通过总承包企业项目内部的总结机制，以撰写个人工作总结报告、设计工艺工法手册、采购总结报告、项目施工问题报告、撰写论文专利等方式展现，将自己在解决问题的实践中获得的技能和经验最大限度地编码化，对本领域内个人隐性知识进行再一次挖掘与编码。新的知识是从个人开始产生的，编写各类问题手册和总结报告的过程就是个人知识的集成创新过程：设计研究开发人员由于具有某种洞察力和敏锐度，产生了新技术的构想与新方法的设计；采购管理人员凭着对当前市场与潜在市场的直觉，准确地把握了采购时机，合理地筛选了供应商；施工人员的经验积累提供了施工工艺的革新方案和新工艺的开发方向；项目经理的项目经历，提升了其统筹管理及处理突发事件的能力。

总承包项目在进行各板块内部的经验挖掘时，要注重把握和督促个人总结的及时性和深入性。及时性要求关键领域内部的经验总结随着项目工作的开始随时开展，不仅是在整个项目的收尾阶段，更应该关注某一板块的收尾和板块内每一项工作结束后对经验的及时收集；对于工作流程中的数据和结果等信息应该尽快予以收集、整理，保证资料的完整，以免最后进行总结时出现遗漏，为后期知识集成分析提供坚实和充分的信息储备，保证知识在收尾阶段集成时资料信息的快速响应和创新效率，实现最大范围集成项目知识的效果。深入性表现在分析层次上，对于总承包项目而言，可以利用总结报告模板或专门的总结带头人，在板块内部进行经验总结时引导员工敞开心扉，挖掘失误和问题的本质，在知道"项目中有哪些失误、问题是什么"等项目事实的基础上，真正弄清问题产生的原理和规律，即"为什么会出现这种问题，失误是如何产生的"；更重要的是要弄清楚做某些事情的技术和能力，知道"下次应当如何避免相同的失误，相同的问题，还有哪些其他形式"，以及解决这类问题的办法。与会的人员应该完全避免任何对个人行为的评价，在进行评价时始终考虑的应该是对于原因的反思和未来预案的改进等知识，而非仅仅停留在表面的问题描述和归责等知识上。

2）跨板块沟通渠道的推动

为了保证项目知识在跨板块集成过程中的效果，总承包企业首先应当塑造开放自由的组织文化，促进积极互动的团队交流。尤其是在项目收尾阶段，减少团队中的官僚主义和官本位思想，配以扁平化的组织等级，为知识在各板块之间交流提供良好的集成环境。特别是在收尾阶段，项目成果完成交付并不意味着项目的结束，很多总承包企业在传统体制下形成的保守沉闷的企业文化氛围，导致项目团队内部缺乏活力，项目成员不愿意与他人分享自己的私人知识。这就使得收尾阶段的部门交流总结变相地为各板块之间相互推卸责任，从对方身上找问题，不愿意承认自身过错提供了机会，这大大阻碍了知识在不同板块之间的积累集成，严重影响了总承包企业知识集成活动的开展。因此，在总承包企业中营造互帮互助、共同提高的团队氛围，对于项目各板块内外部多个体的知识相互作用、转化提供了良好的集成环境，对知识集成的效率和柔性具有极大的提升作用。

总承包企业内部跨板块的横向沟通渠道强调平等的交流，指的是项目中具有相对等同职权地位的人或部门之间的沟通，其目标是为企业实现团队精神创造必要环境和条件。总承包项目中建立的横向沟通渠道为设计、采购、施工三个环节提供了交叉交流的通道，虽然三个环节在项目运作中有一定的流程衔接性，但同时三者相辅相成、共同配合完成项目最终成果的交付。横向沟通渠道最常见的表现形式有部门交流会议、协调会议和交叉交流主题报告讨论等。

总承包企业在设立横向沟通渠道时，被选择参与协调会议或交叉讨论的人员应当包括项目负责人、项目的主要成员和专业知识管理专家，以保证经过收尾讨论所获得知识的真实性、客观性、全面性。在总承包项目收尾阶段，以项目经理为代表的项目管理团队要能从系统和全局的角度分析 EPC 项目中设计、施工、采购各个环节之间的交互和配合，能从结果的角度分析不同领域的权利边界、分工责任和利益分配，对整个项目过程中的知识集成起到关键性的推动作用；同时，项目经理执行总承包项目管理全过程的重点关键工作，要具备与各个部门进行沟通协调的软能力和识别厘清各环节之间的相互影响作用的能力。设计、施工、采购中的核心员工是项目知识集成的关键主体，在项目过程中他们熟悉与其工作相关知识的分类，能通过工作经验记录结合亲身体会在讨论过程中进行反思，通过经验向知识的转化实现知识的集成。另外，三大板块中的一线员工可以充分利用横向讨论中的知识进行生产，员工利用专业外知识与本职工作的结合丰富扩展知识面，提高工作效率、创造价值，最终实现项目绩效和竞争力的共同提高。在收尾阶段的知识集成中，他们既是知识集成的创造者，也是集成知识的使用者。总承包企业利用专业知识专家的辅助指导和建议可以最大限度地帮助员工把个人隐性知识转换为可编码的显性知识。专业知识专家对于其领域的历史、发展、前沿有着结构性的知识，有助于员工将存储于头脑中零散的经验教训，转换为基于项目全生命周期的系统知识，隐性知识只有通过外化，转变成现行知识，才有可能被其他员工共享，从而变成组织的知识。

3）纵向信息整合

收尾阶段的纵向信息整合，是总承包企业与外部干系人群体进行信息管理整合，这种整合既可以是硬性的制度要求、文件规范等形式，也可以是软性的通用术语、文化交流等信息系统建设。

总承包企业可以做出书面的制度和规范，要求项目涉及的相关用户、客户、赞助人、参与项目的外部专家、一线员工都参与到各类讨论会、交流会，考虑到实施难度，至少也要出席收尾阶段经验总结会议的主要部分。这样可以得到项目组以外的不同干系人的多方面意见，保证后评价知识的客观性、全面性；通过来自业主和用户方的共同评价和讨论，项目组还可以更好地理解顾客需求，提高项目的顾客满意度；外部利益相关者参与交流会议可以对总承包企业外部的新知识进行定义并协助收集、记录；一线的生产者对前沿知识最为关注和敏锐，各类会议使得员工与外部专家直接接触交流，其最有机会实施外部知识的定义和获取，可以最大限度地将外部知识汇集到企业内部。

总承包企业可以根据 EPC 项目生命周期各阶段的信息流，如业主、设计单位、监理单位、材料供应商、合作企业等，建立一个整合性的信息管理系统。这种信息平台以 EPC 项目生命周期中的投标、采购、施工准备、施工、竣工验收为对象，整合图纸、合同、法令与技术等数据资料，以便提供工程各阶段的信息传递与共享。具体而言，企业间纵向的信息管理整合的目的就是建立不同知识主体信息系统的交换与共享，提供整合性的信息，争取达到标准化、电子化与无纸化的电子信息系统环境。若要达到企业之间的信息管理系统整合，其整合难度比总承包企业内部信息管理系统的整合难度更大，总承包企业要关注企业间信息标准化、接口和做到信息标准、通用语言与工具均相一致，才能达到知识共享与集成的目的。

6.5.2 组织过程资产沉淀

1）项目文件收集汇总机制

在收尾阶段对总承包项目中涉及的各类项目文件和过程文档进行准确、及时、完整的收集汇总，为项目后评价的信息输入奠定了关键的基础；总承包企业可以设置文控中心或其他相关部门将电子档文件上传至企业信息共享平台，供整个总承包企业内部共享，使资料文件能够迅速响应需求，提高总承包企业中知识集成的效率。

总承包企业在项目收尾阶段的资料文件收集要特别关注以下几类：①项目的决策资料，包括可行性研究报告、设计任务书、批准文件等；②项目设计资料，包括项目设计书/图纸、项目概预算、决策报告等；③项目计划资料，包括工作分解结构书/图纸、组织设计、实施方案等；④项目采购资料，包括提前采购清单、采购招投标文件、技术规格、报价单等；⑤项目施工资料说明，包括主要施工设备的技术参数、主要建设材料的各项指标等；⑥里程碑节点、项目变更、项目团队结构、人员配备与职责分配等资料；⑦项目或项目分项工程的完工验收报告；

⑧其他总承包企业同类项目的施工建设情况，包括工期、成本、质量、采用的技术等；⑨其他项目文件，如项目进展状态报告、项目关键点检查报告、项目执行状态报告、重大突发性事件报告等。

质量控制、进度控制、成本控制是项目管理目标的重中之重，结合 EPC 项目中设计、施工、采购三大板块的特色，在对收集的资料文件等组织过程资产进行沉淀和归类时，可以从总承包项目管理目标的角度将涉及的知识分为以下三大类。①质量控制知识，可能来源于总承包合同技术规范、设计图纸的要求和规定，对项目施工过程中各个环节、每道工序进行严格的、系统的、全面的监督、管理过程中的各类现场数据和信息，如对工艺、方法和检验方法的质量分析，技术要求高、实施难度大的工序或环节，施工顺序的优化，新工艺、新技术、新材料的应用分析，施工质量保证措施及其实施情况分析，等等。②总承包项目中的进度控制知识，具体内容有项目计划制订的合理性、经济性及其执行情况，变更情况及其原因、过程分析，项目总工期和设计、采购、施工计划的分项实施以及协调配合分析。③成本控制知识，在对生产经营所消耗的人力资源、物质资源和费用开支进行指导、监督、调节和限制的过程中，要对如下信息进行技术节约措施分析，工艺、方法对人员、材料、设备的效率的影响分析，施工工序衔接对成本的影响分析，等等，以保证成本管理中知识集成目标的实现。

2）电子化信息平台的应用

总承包企业内部通过搭建信息共享系统等电子化信息管理平台，实现总承包项目的显性知识和隐性知识在系统中的共享，同时为知识集成提供了不受时间、空间限制的开放交流场所。

对于显性知识，特别是在项目实施过程中和项目完工后，总承包企业需要向有关单位（如监理方、业主、政府等）提交分发的图表音频、文件资料、档案报告等过程资产的沉淀除了准确清晰以外，还必须做到标准规范、整洁有序。总承包企业设置专门的电子知识库管理者是十分必要的，他们主要负责建立、开发、保护和更新知识库，通过建立适当的索引、关键词和友好获取界面，方便使用者快速、准确地获取已有知识；同时建立知识库与组织内其他信息技术的整合。信息系统需要有强大且丰富的项目知识搜索功能，搜索者可以根据许多特征，如排名、语言的选择、概要、关键词、日期等来定位搜索所需的知识，获取从各种技术文件、图纸、合同、规章制度、来往信函和传真、会议纪要、日常文件，以及工程进度、工程质量、工程成本、项目运作中积累的各种经验和技巧等。

对于难以显性化的知识，总承包企业通过构建知识地图、开发专家黄页等信息化方式，将具有某种隐性知识的项目人员、专家信息及其所拥有的知识信息在总承包企业信息系统中公开显示。当总承包企业中的某个项目需要运用相关知识解决问题时，可以从信息共享平台上查询调阅，并寻求相关人员及专家的帮助，以此实现个人无法编码的隐性知识在整个建筑总承包企业内部的利用与共享。在项目运作过程中，可能会遇到各种各样一时难以解决的问题，对拥有特定领域知识的专家进行准确、全面的查找和定位，可以方便用户与这一领域的专家直接进行交流，实现经验、技巧各种知识的共享，加快项目的进程。信息管理系统对于隐性知识转移的促进作用可以体现在以下两点：一是强大的信息数据库可以帮助把项目收尾前工程项目团队的相关技术知识与管理经验完整地保存下来，不仅可以避免后面的项目团队犯同样的错误，而且可以为日后攻克同一技术管理难题节约了时间成本和人力成本；二是知识地图、专家黄页等信息管理系统能够对建筑总承包企业工程项目内个体所拥有的隐性知识进行提取、归纳、总结，可以最大限度地挖掘总承包企业内部存在的隐性知识，促进总承包企业内部个体之间的知识转移与共享，为总承包企业内部成员之间的学习、沟通、交流提供了便利条件，促进了高价值隐性知识的传播与共享，从而保证建筑总承包企业内部的核心知识不易流失，实现总承包企业内部知识快速高效集成的目标。

在存在沟通时差和空间距离的情况下，总承包企业通过召开电子会议来实现异地协作，最终用户可以很容易地获取所需的知识，方便地与专家进行交流，及时有效地解决许多问题。通过积极有效的交流，参与者可以不断产生许多新想法和解决方案，为EPC项目知识集成提供了交流创新的良好环境。另外一种途径是社区论坛，在论坛中，总承包企业员工可就某个共同感兴趣的主题进行交流和共享，可查询、阅读和交互式访问所有成员开发的各类主题，可在多个社区之间自由切换，总承包企业管理层和项目负责人还可以通过电子邮件、站内信件、直接发送消息等，向各个发表者直接反馈，给企业上下层的知识交流提供了快捷且直接的通道。在论坛中，当用户产生新的想法时，可以开发一个新的讨论主题，这不仅便于其他用户的访问和讨论，而且利于这些论坛的内容为他人获得，帮助实现项目知识共享和创新，更好地进行知识集成。

6.5.3　项目绩效后评价体系的合理构建

1）后评价指标体系构建

项目后评价，即在工程项目竣工验收后，根据项目的品牌形象、利润等综合收益，对项目的各个环节——立项、设计、采购、施工、管理和验收等进行系统评估的过程。根据沉淀的组织过程资产等资料，总承包企业可以按照项目计划和流程对项目执行情况进行后评价。不同行业的项目后评价的内容不尽相同，总承包企业在收尾阶段的知识集成应当更关注项目目标的实现情况和在其过程中出现的各类重大变更，可以从以下几点具体进行项目绩效后评价体系的合理构建。

（1）评审项目在技术性能、采购成本和施工进度方面的目标实现，并从总承包项目系统的角度评审支出、成本来源和收益性，识别项目收益、项目扩展和市场化创新，将收尾阶段汇总的各类项目数据和信息与项目计划进行比对分析，找出项目绩效表现出色的方面，记录成功的原因并发现那些好的过程；识别问题、疏漏和表现差的领域和错误来源；总结从项目中得到的经验教训，并据此为未来的 EPC 项目提出建议。

（2）总承包企业对项目绩效的评审要贯穿整个项目生命周期的全部工作从开始直到最后的演化，包括边界接口、整体绩效和项目管理有效性的评审，高层管理人员、EPC 项目团队、三大板块和客户之间的关系，终止的原因和过程，客户的反应和满意度等。EPC 项目收尾阶段的知识集成，与其他独立阶段的知识集成最大的区别在于要始终把握全局性和系统观，除了对每个重要里程碑的深度分析之外，还要从节点之间的相互联系及各节点和变更之间的相互影响，评审变更的原因，记录哪些变更是可以避免的，哪些是不可以避免的。总承包企业进行项目后评价，是收尾阶段知识集成的重要一步，为知识集成提供了平台和规范，通过评价体系的建立对员工知识集成做出方向性引导，有助于提高知识集成的效率和效果。

（3）总承包企业还需要评审项目各干系人的知识集成参与性和绩效，包括分包商、供应商、业主方和外部的支持团队等。例如，干系人是否对该项目提出了有利于未来项目运作的新模式；设计方是否按时提交准确的图纸及进行详尽的技术交底；交底过程是否与采购和施工进行了充分的接洽。从而在收尾阶段充分扩展知识集成的范围，广泛收集不同干系人的知识，听取不同角度的意见和想法，丰富总承包企业知识集成的来源。

2）后评价报告的反馈与反思

项目后评价成果的反馈机制是后评价中的信息传输通道，起着承上启下的作用。EPC 项目后评价成果的扩散机制是后评价中的放大器，起着传播扩散作用。项目后评价的目的是总结成功经验和失败教训，改进投资决策管理、提高决策水平服务，同时帮助项目法人促进项目的进一步完善和发展，提高工程效益。要达到上述两个目的，就必须建立健全建设项目后评价成果的反馈和扩散机制。只有这样才能充分利用后评价成果，针对存在的问题，采取对策和措施，从而达到提高总承包项目管理水平，实现最佳经济效益的目的。

为了更好地发挥后评价的效果，总承包企业要求员工进行对后评价报告的学习和交流，是提高知识集成效率必不可少的关键环节。在项目后评价的反馈环节，参与总承包项目实施的所有部门均要根据项目后评价报告进行反思总结：通过对项目全过程的回顾与分析，全面总结 EPC 项目的设计开发、采购管理、施工安排等管理经验，后评价的总结结果及收集的知识主要通过后评价报告书、项目整改建议书、会议纪要、知识报告书等资料反馈给项目团队。项目成员在根据项目后评价的情况进行总结时，通常会将竣工验收后项目的各项指标完成情况与目标值对比，对失败的做法进行经验教训总结，提出整改措施与建议。在总结时应注意，既要找出差距并分析原因，也要同时总结好的经验、做法，对原有的模板进行更新优化，以备后续项目的学习借鉴。

总承包企业可以通过正式或非正式的方式，促进对评价报告的反思交流。正式的沟通渠道可以是专门的项目知识集成会议，包括周期性的学习讨论会、经验交流会等。学习讨论需要根据在项目后评价报告中查找到的问题和矛盾点，有针对性地组织相关部门人员进行探讨研究、原因分析，把问题分析落到根源。另外，除了人员之间的相互沟通交流，还需要将讨论的过程及总结出的结论整理成电子或纸质版的文件，并要求讨论之后的每个人进行会后个人总结报告，从自身角度剖析反思，并提出后期改进提高方案，如自身与本部门有何欠缺、如何改进，如何与上下游部门更好地衔接配合，如何为下一个项目的开展完善细节。

非正式的沟通方式可以是建立线上分享讲座，在总承包企业信息系统中设立经验交流的论坛板块，或在组织中设立独立项目讨论室供各类员工进行"闲暇项目交流"和漫步闲谈等；可以是更长周期的季度、半年的项目文化节，或者在项目收尾交付后，组织项目团队成员进行项目主题聚餐、竣工仪式等方式，都可以促进项目中的隐性知识显性化，在谈话中激发员工的知识创新集成效果，让知识集成由个体隐性层面向项目甚至组织层面转化，这对于总承包企业的知识集成效率和目标具有重要意义。

在设置明确的报告反馈机制的同时，总承包企业应该给员工提供进行知识集成所需的资源，这种资源包括进行知识集成所需要的时间、场所、工具等，以便规范和促进职工进行知识集成活动，具体如以下几点所示：①针对项目大小、执行时间长短、技术难度大小、项目环节的性质确定项目知识集成会议的时间。后评价的时间不要设定得太长，一方面，后评价是随着项目流程进行的，每次的评价主要是针对一个环节进行的，因此不需要太多的时间召开评价会议；另一方面，花费太多的时间进行后评价，会造成人力、物力、时间的浪费，影响项目后续流程的进行。②对后评价报告反思交流的氛围和环境在一定程度上也影响着知识集成的效果，在项目收尾阶段很可能会出现对现场的遗忘和细节的遗漏，如果可能的话，开会的地点应尽可能靠近项目进行的地方，还原项目当时的场景。项目办公室是一个比较理想的地方，因为它可以带给大家更多的回忆和启发。③总承包企业提供足够的辅助工具，如后评价报告、记事本、反思总结的表格模板、录音设备、投影设备等，以方便会后文件整理、资料收集的顺利进行。④要制定允许创新失败的宽容制度，营造积极轻松、平等交流的学习氛围，保护员工的创新积极性。避免把经验交流会议变成批评会和追责会，造成员工抵触心理，从而抑制员工进行知识集成的创新性思维。总承包企业还可以结合岗位和职位予以定级，根据不同的级别定出允许失败的数量、时间、经费规模等，在许可范围之内的失败可以被宽容。更重要的是，要求员工必须对失败的原因进行分析总结，整理成材料以供他人参考。

3）项目的知识贡献度评价

为更好地更新和发展总承包企业的项目知识库，同时也为鼓励员工将自身的知识在项目和组织内与他人进行主动共享，需要对项目中知识管理贡献度进行准确有效的评价。在项目收尾后，总承包企业设置针对项目知识管理的后评价模块，为分析知识集成的利用率、创新性和效率提供了重要依据，同时也为激励员工贡献知识集成成果提供了量化指标。

总承包企业可以通过电子信息系统中的数据进行自动评估，根据该项目对知识库的贡献度进行量化统计，包括发表总结性文章的数量、通过基于共享平台或项目知识电子链接的下载次数，配合传统的专家打分法等，来评估项目对总承包企业知识库建设所做的贡献。在考虑数量的同时，知识集成的质量更为关键，总承包企业可以通过在知识库的发展过程中某一知识的内部共享率来衡量知识价值，或对整个知识库积累的知识创新度及增进量进行评价等。对在线上讨论区发表的文章，既可以由社区内成员共同进行评估，也可以由行业内专家对特别优秀的文档进行综合评估。

6.5.4　集成主体技能提升培训

1）针对薄弱环节培训

当项目后评价结束之后，总承包企业必须针对不同知识集成主体在项目中暴露出的问题和管理中的薄弱环节进行专门专项的技能提升培训，不能只进行评估而错失利用评估来提高员工能力的契机。针对薄弱环节培训的最终目的就是通过收尾阶段的知识收集、分析、共享实现知识的创新与应用，培训的效果将直接影响知识集成的效率。总承包企业可以通过以下几种方式及其组合实现对设计、采购、施工各部门员工的短板和技能漏洞进行有效的培训和补缺：①鼓励员工的自我培训，即总承包企业可以出台一些政策，通过报销学费和奖励等方法，鼓励员工继续自我深造，对深造的成果进行奖励；针对各个项目共有的短板和问题，总承包企业可以购买相关的书籍和资料鼓励员工查漏补缺。②外送进修培训，即为优秀的团队成员提供技术提升的学习机会，使企业员工广泛参加社会教育，将其送往大专院校及高等研究机构进行深造，为一线员工提供与高校专业的教授或研究单位的学者进行理论学习的渠道。③总承包企业还可以外请项目经验丰富的专家到企业内部进行广泛的培训，即聘请业界老工人或专家进行项目培训和指导工作，总承包项目是有很强实践性的行业，大量的宝贵的经验技能沉淀积累在上一代老工人头脑中，聘请有实践经验的离退休人员进项目部指导工作可以极大地提高知识集成的效率，丰富的隐性知识渗透在总承包企业中。④对于部分不在项目或企业当地的业内高级专家学者，总承包企业可以充分利用电子信息系统，采用线上培训的方式，在项目内部通过电视、网络教学，或让有专长的高级人才通过远程讲授、交流完成培训。将视频培训资料保存并分享到其他项目中进行反复学习和交流，在极大降低了培训成本的同时，促进项目之间经验知识的借鉴和交流，提高、扩大知识集成的效率和范围。

2）激励机制的设立

总承包企业激励员工进行知识集成的最直接途径，就是绩效考核和薪酬发放，薪酬激励制度在知识集成过程中，尤其在总承包项目收尾阶段会产生明显的引导作用，直接影响知识集成的实施和效果。总承包企业在制定面向知识集成的奖励制度时，必须注意以下事项：①设置明确的指标，并与知识集成目标密切配合，使得员工可以通过薪酬制度了解哪些具体的知识创新行为被鼓励，如对于 EPC 项目管理流程的优化、不同项目之间的对比分析等。②多种方式配合，要注意内在报酬与外在报酬、物质激励与非物质激励的平衡，根据员工真正的需要量身定做激励，总承包企业除了把员工知识贡献与工资、奖金挂钩外，还可以为员工提供学习深造的机会、职业生涯通道等，兼顾短期激励效果与长期正效应。③要肯定、宣传员工对知识管理的贡献行为，通过正式的仪式对员工的行为予以表彰；一方面可以激励当事人，另一方面可以鼓励其他人进行知识共享。④奖罚并施，在奖励的同时也可以对阻碍知识集成的不良行为进行适度惩戒批评，尽可能规避个人知识隐藏、不予共享的本位主义，不愿公开失败的经验教训而遮掩等行为的发生。⑤要注意团队与个人薪酬的平衡，兼顾对团队协力合作成功的奖励和对其个人相对贡献的肯定，形成公开、平等、互助的团队交流氛围，有利于整个项目团队成员在收尾阶段积极发言、集思广益，从集体和全局的角度对 EPC 项目中的设计、施工、采购各环节的经验与教训进行全面而深入的分析。

3）岗位轮换与职位晋升

总承包企业通过岗位轮换的方式，使项目成员带着本专业知识在项目内不同的多个岗位间，甚至是不同的项目部间轮换工作，在这个过程中，使技能知识和管理经验这类隐性知识实现企业内部的流动与扩散。而且可使团队成员从不同的角度和板块了解总承包企业或总承包项目的运作过程，充分理解本职工作对于其他相关环节的影响和意义，有效地进行知识多领域间的集成和创新，对整个项目流程优化提出合理化建议。

在工程总承包项目中，拥有宝贵隐性知识的个体往往会成长为出色的技术人员或管理人员，职位晋升是企业中广泛使用的对表现突出员工的一种奖励方式，也是防止优秀知识型人才流失的一种激励措施，同时也是保留与转移隐性知识的方式之一。总承包企业通过提拔、晋升优秀的项目人员来高层任职，再通过让其带领和管理团队实现隐性知识向团队或部门内其他个体的转移。晋升人员会以自身丰富的工作阅历和领导经验带领团队，将其拥有的技能、技巧、思维模式等潜移默化地以权威的形式传递给总承包企业内的项目团队及其他个体，形成项目团队和整个总承包企业的隐性知识，以此实现项目中个人无法编码化的隐性知识向项目和企业层面的集成。

　　在整个项目收尾阶段结束之后，经过信息收集可将个体隐性知识有效转化为个体显性知识，从而进行组织资产沉淀；将形成的纸质文档与报告提交到项目部，形成项目层面的显性知识；继而由项目部统一递交到项目管理部、文控中心等相关部门进行分类存档和电子化处理共享，在项目绩效的后评价过程中对资料进行分析，经总承包企业总部消化、吸收、整合与改善，形成企业内部统一的规章制度在企业内部实行，从而转化成企业层面的显性知识，在日常的项目活动中起到自发引导的作用，之后，企业层面的知识还可以通过针对员工的技能提升培训实现企业知识向个体知识的转移，进而通过个体人员的流动和知识的输入推动后续项目的顺利开展。如图 6.9 所示。

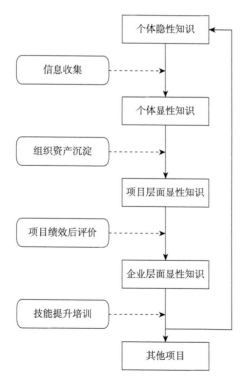

图 6.9　收尾阶段的多层次知识共演

　　另外，总承包企业收尾阶段的知识集成过程，除了该项目团队成员外，如果有一个类似的项目正准备开始或者已经开始了，那么也应该邀请这个新的项目小组参加。这样，当前项目中的问题一提出来就可以立即传递给新的知识使用者，有利于知识的利用和共享，原有项目经验知识可以快速集成到新项目中去；同时，新的项目组参与评价，可以集中更多的智慧，以便更快更好地解决问题，有利于新想法和建议的产生，加快总承包企业中知识集成和创新步伐。

第 7 章

局限与展望

本书的核心议题是为中国总承包企业的总承包项目管理实践提供理论参考与决策依据。基于此目标，本书通过总承包项目特性分析与相关文献研究，选取了多个典型的总承包项目知识集成案例进行了基于项目计划的总承包项目知识集成机理分析，构建了项目计划对项目知识集成的双重作用模型，同时识别、界定和测量了项目计划成熟度这一潜在前因变量，并进一步检验了总承包项目情境下的项目计划成熟度、项目知识集成及项目绩效之间的关系，从而为我国总承包企业的项目管理实践决策提供理论依据。但是由于研究者精力和能力有限，本书的研究过程与研究结果存在一定的局限性，因此在本书的最后我们也提出了本书的研究局限与展望。

7.1 研究局限

由于研究时间和研究精力有限，本书还存在一定的不足，主要体现在以下几点。

（1）在本书的第 4 章，案例研究的三个案例样本主要选自三个项目计划成熟度的层级，研究结论主要建立在三个案例研究基础上，对总承包项目知识集成机理的归纳和提炼结果的一般性仍有待提升。未来研究可以通过增加案例样本数量来进一步提升案例研究结论的可靠性，同时进行不同行业的对比研究，扩大研究结论的适用范围。

（2）在本书的第 5 章，由于研究聚焦于总承包项目，因此访谈数据与统计数据均来源于总承包项目，所获得的项目计划成熟度的结构与测量体系仅适用于总承包项目情境，在其他项目情境下的普适性尚未得到验证，对其他项目类型的指导性相对不足，未来还有必要通过研究其他项目对其进行进一步的检验与修正。

（3）本书的第5章只对案例研究结论中的计划成熟度、项目知识集成及项目绩效三个概念间关系进行了检验，并没有对双重作用模型中的共有知识、主体意愿等内部过程变量进行实证检验与分析，对于项目计划成熟度作用于总承包项目知识集成的内在路径和机制尚未进行定量研究的检验，因此可在未来研究中继续深入探索和检验项目计划程度作用于项目知识集成的内在规律。同时，本书在实证检验部分并没有将总承包项目知识集成的范围、效率和柔性展开进行研究，后续可以对其进行更加深入的探讨。

7.2 研究展望

针对本书研究的局限性，可以从以下几个角度进一步丰富未来总承包项目知识集成的相关研究。

（1）本书主要从项目计划这一总承包项目知识集成的典型影响因素入手，探讨其对总承包项目知识集成和项目绩效的影响和作用过程，未来对于总承包项目知识集成的研究还可以对其他影响因素进行挖掘，以丰富总承包项目知识集成的研究，为总承包项目管理实践提供指导。

（2）针对本书中总承包项目中项目计划成熟度评价与应用的局限性，未来的研究可以继续扩大项目计划成熟度的适用范围，进行不同类型项目的对比研究，进一步发展项目计划成熟度的相关研究，深入探究项目计划成熟度和项目知识集成之间的关系。同时，由于现有的研究结论是建立在中国情境下的，未来可以在国际研究中继续检验和修正总承包项目计划成熟度的测量体系，对比不同地域情境下的差异。

（3）针对项目计划成熟度的演化提升问题，未来可以系统地构建梯级划分标准和划分体系，并对计划成熟度演化提升的实现路径和方法过程、保障措施等进行更深入的探讨，将项目层面的项目计划成熟度与企业层面的项目管理成熟度结合起来，形成项目计划成熟度的专题研究，为总承包项目管理实践提供系统指导。

（4）针对本书中实证研究未能涵盖项目知识集成中的过程变量的问题，未来研究可以通过更细化的针对性研究继续识别并检验计划成熟度作用于项目知识集成的内在过程变量，更深入地剖析项目知识集成的内部规律，继续发展项目知识集成的理论，强化对总承包项目知识集成规律的识别、理解和应用，更好地推动总承包项目知识集成实践。

参 考 文 献

[1]Barrie D S，Paulson B C. Professional Construction Management：Including C M，Design-Cons-
truct and General Contracting[M]. London：McGraw-Hill，1992.

[2]张国宗，陈立文. 大型建设项目管理知识集成[J]. 技术经济与管理研究，2010，（1）：92-96.

[3]Alashwal A M，Fong S W. Empirical study to determine fragmentation of construction pro-
jects[J]. Journal of Construction Engineering and Management，2015，141（7）：1061-1070.

[4]科兹纳 H. 项目管理：计划、进度和控制的系统方法[M]. 第 11 版. 杨爱华译. 北京：电子
工业出版社，2014.

[5]Sabherwal R，Becerra-Fernandez I. Integrating specific knowledge：insights from the Kennedy
Space Center[J]. IEEE Transactions on Engineering Management，2005，52（3）：301-315.

[6]Kleinsmann M，Buijs J，Valkenburg R. Understanding the complexity of knowledge integration in
collaborative new product development teams：a case study[J]. Journal of Engineering & Tech-
nology Management，2010，27（1~2）：20-32.

[7]Oh E H，Naderpajouh N，Hastak M，et al. Integration of the construction knowledge and expertise
in front-end planning[J]. Journal of Construction Engineering and Management，2016，142(2)：
1-12.

[8]姜洁. 基于系统动力学的我国 EPC 总承包模式发展机制研究[D]. 北京交通大学硕士学位论
文，2015.

[9]余琴. 基于交易费用理论的 DB 模式与 EPC 模式的比较[D]. 中南大学硕士学位论文，2013.

[10]陆秋虹.EPC 工程总承包企业运行及管理研究[M]. 北京：中国建筑工业出版社，2011.

[11]孙奇.EPC 模式下总承包方 HSE 风险管理研究[D]. 山东大学硕士学位论文，2014.

[12]都继超. 核电站业主的 EPCs 管理模式的研究[D]. 上海交通大学硕士学位论文，2007.

[13]王伍仁.EPC 工程总承包管理[M]. 北京：中国建筑工业出版社，2008.

[14]王卉.EPC 总承包项目的设计要素研究[D]. 天津大学硕士学位论文，2006.

[15]Leseure M J，Brookes N J. Knowledge management benchmarks for project management[J].
Journal of Knowledge Management，2004，8（1）：103-116.

[16]Wang T，Tang W，Qi D，et al. Enhancing design management by partnering in delivery of inter-
national EPC projects：evidence from Chinese construction companies[J]. Journal of Construc-
tion Engineering and Management，2015，142（4）：04015099.

[17]Xiao Y，Zhou S，Lou X. Research on the evaluation of project management maturity in a
hydropower EPC project[C]. International Conference on Construction and Real Estate Mana-
gement，Luleå，Sweden，2015.

[18]Wen H J，Huang M Z，Wu B. Research on the organizational knowledge diffusion in

engineering-procurement-construction general contractor[C]. International Conference on Chinese Computing, Wuhan, China, 2007.

[19]Chou J, Yang J. Project management knowledge and effects on construction project outcomes: an empirical study[J]. Project Management Journal, 2012, 43（5）: 47-67.

[20]Oluwoye J. Development "PLANRIGHHT": a conceptual knowledge-based expert system program as a tool for decision support for planning construction projects[C]. World Automation Congress, Puerto Vallarta, Mexico, 2012.

[21]Liebowitz J, Megbolugbe I. A set of frameworks to aid the project manager in conceptualizing and implementing knowledge management initiatives[J]. International Journal of Project Management, 2003, 21（3）: 189-198.

[22]李明明. EPC 工程项目管理模式的研究与应用[D]. 哈尔滨工业大学硕士学位论文, 2007.

[23]赵平. 建设工程项目总承包风险管理研究[D]. 西北工业大学博士学位论文, 2006.

[24]杨荣德. EPC 总承包模式下的煤焦油加工项目的进度计划管理研究[D]. 华东理工大学硕士学位论文, 2012.

[25]韩忠毅. 高炉铁沟 EPC 项目协同管理研究[D]. 山东大学硕士学位论文, 2015.

[26]郭琦, 杨国亮, 高海曼. EPC 总承包模式下项目界面分析[J]. 项目管理技术, 2014, 12（3）: 43-47.

[27]陈建. EPC 工程总承包项目过程集成管理研究[D]. 中南大学硕士学位论文, 2012.

[28]樊飞军. EPC 工程总承包管理在项目中的应用与探讨[J]. 建筑经济, 2006, （9）: 49-51.

[29]成载. 面向 EPC 项目管理模式中沟通协调问题的信息集成研究[D]. 华东理工大学硕士学位论文, 2010.

[30]宋海滨. EPC 总承包项目内知识转移机理研究[D]. 北京交通大学硕士学位论文, 2016.

[31]吴美玲. EPC 工程总承包项目知识共享研究[D]. 中南大学硕士学位论文, 2012.

[32]张旭, 李国峰, 王卓英. 境外 EPC 电站工程项目知识管理模式研究[J]. 电站系统工程, 2011, （4）: 61-62.

[33]Marshall A. Principle of Economics[M]. London: Macmillan, 1925.

[34]Chamberlin E H. The Theory of Monopolistic Competition[M]. Cambridge: Harvard University Press, 1933.

[35]Penrose E. The Theory of the Growth of the Firm[M]. New York: Wiley, 1959.

[36]Wernerfelt B. A resource-based view of the firm[J]. Strategic Management Journal, 1984, 5（5）: 171-180.

[37]Baum J A C, Dobbin F. Firm resources and sustained competitive advantage[J]. Journal of Management, 1991, 17（1）: 99-120.

[38]Drucker P F. Managing for the Future: The 1990s and Beyond[M]. Oxford: Butterworth-Heinemann, 1992.

[39]Grant R M. Prospering in dinamically-competitive environments: organizational capability as knowledge integration[J]. Organization Science, 1996, 7（4）: 375-387.

[40]Peteraf M A. The cornerstones of competitive advantage: a resource-based view[J]. Strategic Management Journal, 1993, 14（3）: 179-191.

[41]Prahalad C, Hamel G. The core competency of the corporation[J]. Harvard Business Review, 1990, 5（6）: 79-90.

[42]Teece D J, Rumelt R, Dosi G, et al. Understanding corporate coherence: theory and evidence[J]. Journal of Economic Behavior & Organization, 1994, 23（1）: 1-30.

[43]董俊武, 黄江圳, 陈震红. 基于知识的动态能力演化模型研究[J]. 中国工业经济, 2004, （2）: 77-85.

[44]Nielsen A P. Understanding dynamic capabilities through knowledge management[J]. Journal of Knowledge Management, 2006, 10（4）: 59-71.

[45]Sanchez R. Managing Articulated Knowledge in Competence-Based Competition[M]. Chichester: John Wiley and Sons Australia Ltd., 1997.

[46]Romer P M. Endogenous technological change[J]. Journal of Political Economy, 1989, 14（3）: 71-102.

[47]Wernerfelt B. The resource-based view of the firm: ten years after[J]. Strategic Management Journal, 1995, 16（3）: 171-174.

[48]Barney J B. The resource-based theory of the firm[J]. Organization Science, 1996, 7（5）: 469.

[49]方统法. 组织设计的知识基础论[M]. 上海：复旦大学出版社，2004.

[50]Leonard-Barton D. Wellsprings of Knowledge: Building and Sustaining the Sources of Innovation[M]. Boston: Harvard Business School Press, 1995.

[51]Grant R M. Toward a knowledge-based theory of the firm[J]. Strategic Management Journal, 1996, 17（S2）: 109-122.

[52]Wiig K M. Knowledge management: where did it come from and where will it go?[J]. Expert Systems with Applications, 1997, 13（1）: 1-14.

[53]Marquardt M J. Building the Learning Organization: A Systems Approach to Quantum Improvement and Global Success[M]. New York: McGraw-Hill, 1996.

[54]Davenport T H, Prusak L. Working Knowledge: How Organization Manage What They Know[M]. Cambridge: Harvard Business School Press, 1998.

[55]Starbuck W H. Learning by knowledge-intensive firms[J]. Journal of Management Studies, 1992, 29（6）: 713-740.

[56]Henderson R M, Clark K B. Architectural Innovation: the reconfiguration of existing product technologies and the failure of established firms[J]. Administrative Science Quarterly, 1990, 35（1）: 9-30.

[57]Kogut B, Zander U. Knowledge of the firm, combinative capabilities, and the replication of technology[J]. Organization Science, 1992, 3（3）: 383-397.

[58]Iansiti M, Clark K B. Integration and dynamic capability: evidence from product development in automobiles and mainframe computers[J]. Industrial & Corporate Change, 1994, 3（3）:557-605.

[59]Boer M D, Bosch F A J V, Volberda H W. Managing organizational knowledge integration in the emerging multimedia complex[J]. Journal of Management Studies, 1999, 36（3）: 379-398.

[60]Teece D J, Pisano G, Shuen A. Dynamic capabilities and strategic management[J]. Strategic Management Journal, 1997, 18（7）: 509-533.

[61]Lawrence P R, Lorsch J W. Organization and environment: managing differentiation and integration[J]. Administrative Science Quarterly, 2012, 59（67）: 3459-3465.

[62]Enberg C. Enabling knowledge integration in coopetitive R&D projects-the management of conflicting logics[J]. International Journal of Project Management, 2012, 30（7）: 771-780.

[63]Vincenzo F D, Mascia D. Social capital in project-based organizations: its role, structure and impact on project performance[J]. International Journal of Project Management, 2012, 30（1）: 5-14.

[64]Cohen W M, Levinthal D A. Absorptive capacity: a new perspective on learning and innovation[J]. Administrative Science Quarterly, 1990, 35（1）: 128-152.

[65]高巍，倪文斌. 学习型组织知识整合研究[J]. 哈尔滨工业大学学报（社会科学版），2005，（3）: 86-91.

[66]Söderlund J, Tell F. Knowledge integration in a p-form corporation: project epochs in the

evolution of Asea/ABB, 1945-2000[C]. International Conference on Multimedia Technology, New York, 2011.

[67]Inkpen A C. Creating knowledge through collaboration[J]. California Management Review, 2000, 39（1）: 317-335.

[68]Alavi M, Tiwana A. Knowledge integration in virtual teams: the potential role of KMS[J]. Journal of the American Society for Information Science & Technology, 2002, 53（12）: 1029-1037.

[69]Huang J C, Newell S. Knowledge integration processes and dynamics within the context of cross-functional projects[J]. International Journal of Project Management, 2003, 3（21）: 167-176.

[70]沈群红, 封凯栋. 组织能力、制度环境与知识整合模式的选择——中国电力自动化行业技术集成的案例分析[J]. 中国软科学, 2002, （12）: 82-88.

[71]Farrell J B, Flood P C, Mac Curtain S, et al. CEO leadership, top team trust and the combination and exchange of information[J]. Irish Journal of Management, 2005, 26（1）: 20-40.

[72]杜静. 基于知识整合的企业技术能力提升机理和模式研究[D]. 浙江大学硕士学位论文, 2003.

[73]陈力, 鲁若愚. 企业知识整合研究[J]. 科研管理, 2003, 24（3）: 32-38.

[74]郭兆红. 基于知识整合的企业竞争力研究[J]. 科技信息, 2008, （28）: 479-480.

[75]Bergek A, Berggren C, Magnusson T. Knowledge Integration and Innovation[M]. New York: Oxford University Press, 2011.

[76]顾新建, 祁国宁. 知识集成初探[J]. 计算机集成制造系统-CIMS, 2000, （1）: 9-14.

[77]任皓, 邓三鸿. 知识管理的重要步骤——知识整合[J]. 情报科学, 2002, （6）: 650-653.

[78]王娟茹, 赵嵩正, 杨瑾. 知识集成模式研究[J]. 工业工程, 2004, （6）: 26-29.

[79]刘兴城, 安小米. 知识集成研究现状及分析[J]. 情报资料工作, 2006, （1）: 9-12.

[80]张庆普, 单伟. 企业知识转化过程中的知识整合[J]. 经济理论与经济管理, 2004, （6）: 47-51.

[81]叶春森, 蒋翠清, 储节旺. 基于协同的知识集成过程与机理研究[J]. 情报理论与实践, 2009, （9）: 72-74.

[82]Nonaka I. The Knowledge-Creating Company: How Japanese Companies Create the Dynamics of Innovation[M]. New York: Oxford University Press, 1995.

[83]蔡猷花, 陈国宏. 知识集成研究综述[J]. 研究与发展管理, 2010, （6）: 15-22.

[84]Okhuysen G A, Eisenhardt K M. Integrating knowledge in groups: how formal interventions enable flexibility[J]. Organization Science, 2002, 13（13）: 370-386.

[85]Bij H V D, Song X M, Weggeman M. An empirical investigation into the antecedents of knowledge dissemination at the strategic business unit level[J]. Journal of Product Innovation Management, 2003, 20（2）: 163-179.

[86]Woolf H. Webster's New World Dictionary of the American Language[M]. Springfield: G. & C. Merriam, 1973.

[87]Carlsson M, Ahlfeldt H, Thurin A, et al. Terminology support for development of sharable knowledge modules[J]. Medical informatics = Médecine et informatique, 1996, 21（21）: 207-214.

[88]布鲁金 A. 企业记忆——知识管理战略[M]. 赵晓江译. 沈阳: 辽宁教育出版社, 1999.

[89]Bell D. The coming of the post-Industrial society[J]. Educational Forum, 1976, 40（4）: 574-579.

[90]Frey R S. Knowledge management, proposal development, and small businesses[J]. Journal of Management Development, 2001, 20（20）: 38-54.

[91]Nonaka I. The knowledge creating company[J]. Harvard Business Review, 1991, 6(69): 96-104.

[92]Spek R V D, Spijkervet A. Knowledge Management: Dealing Intelligently with Knowledge[M]. Boca Raton: CRC Press, 1997.

[93]王众托. 知识系统工程[M]. 北京: 科学出版社, 2004.

[94]Hayek F A. The pretence of knowledge[J]. The American Economic Review, 1989, 6（79）: 3-7.

[95]Polanyi M E. Personal Knowledge: Towards a Post-Critical Philosophy[M]. London: Routledge & Kegan Paul, 1958.

[96]Winter S G. Knowledge and competence as strategic assets[J]. Strategic Management of Intellectual Capital, 1987, 10（4）: 159-184.

[97]Blackler F. Knowledge, knowledge work and organizations: an overview and interpretation[J]. Organization Studies, 1995, 16（6）: 1021-1046.

[98]OECD. The Knowledge-based Economy[R]. Paris: Organisation for Economic Co-operation and Development, 1996.

[99]查尔斯 S M. 第五代管理[M]. 谢强华译. 珠海: 珠海出版社, 1998.

[100]Nonaka I. The Knowledge-Creating Company[M]. Oxford: Oxford University Press, 1995.

[101]Hayek F A. The use of knowledge in society[J]. American Economic Review, 1945, 35（4）: 519-530.

[102]Han A P. Knowledge beyond the individual? Making sense of a notion of collective knowledge in organization theory[J]. Organization Studies, 2012, 33（3）: 423-445.

[103]Fleck J. Contingent knowledge and technology development[J]. Technology Analysis & Strategic Management, 1997, 7（9）: 383-398.

[104]Spender J C, Grant R M. Knowledge and the firm: overview[J]. Strategic Management Journal, 1996, 17（S2）: 5-9.

[105]Birkinshaw J, Nobel R, Ridderstråle J. Knowledge as a contingency variable: do the characteristics of knowledge predict organization structure?[J]. Organization Science, 2002, 13（3）: 274-289.

[106]Andreu R, Sieber S. Knowledge integration across organizations: how different types of knowledge suggest different "integration trajectories" [J]. Knowledge & Process Management, 2005, 12（12）: 153-160.

[107]Walsh J P, Ungson G R. Organizational memory[J]. Academy of Management Review, 1991, 1（16）: 57-91.

[108]Zack M H. Managing codified knowledge[J]. Sloan Management Review, 1999, 40（4）: 45-58.

[109]Argote L, Ingram P. Knowledge transfer: a basis for competitive advantage in firms[J]. Organizational Behavior & Human Decision Processes, 2000, 82（1）: 150-169.

[110]关涛, 薛求知, 秦一琼. 基于知识嵌入性的跨国公司知识转移管理——理论模型与实证分析[J]. 科学学研究, 2009, （1）: 93-100.

[111]朱方伟, 于淼. 企业外部技术获取与知识转化[M]. 北京: 科学出版社, 2014.

[112]Gemino A, Reich B H, Sauer C. Plans versus people: comparing knowledge management approaches in IT-enabled business projects[J]. International Journal of Project Management, 2015, 33（2）: 299-310.

[113]Hansen M T, Nohria N, Tierney T. What's your strategy for managing knowledge?[J]. Harvard Business Review, 1999, 77（2）: 106-116.

[114]Enberg C, Lindkvist L, Tell F. Knowledge integration at the edge of technology: on teamwork and complexity in new turbine development[J]. IEEE Engineering Management Review, 2010,

28（8）：756-765.

[115]孔凡柱，罗瑾琏. 企业自主创新跨组织知识整合模型及实现机制[J]. 中国流通经济，2012，
（6）：76-81.

[116]王娟茹，赵嵩正，杨瑾. 知识集成条件和模型研究[J]. 预测，2004，（1）：66-70.

[117]Holsapple C W，Singh M. The Knowledge Chain Model：Activities for Competitiveness[M].
Berlin：Springer，2001.

[118]Lang J C. Social context and social capital as enablers of knowledge integration[J]. Journal of
Knowledge Management，2004，8（3）：89-105.

[119]Volberda H W，Rutges A. Farsys: a knowledge-based system for managing strategic change[J].
Decision Support Systems，1999，26（2）：99-123.

[120]Grandori A. Organization and Economic Behaviour[M]. London：Routledge，2001.

[121]Berends J J，Debackere K，Garud R，et al. Knowledge integration by thinking along[J]. Working
Papers，2004，96（35）：76-88.

[122]陈力，宣国良. 跨功能知识整合对新产品开发绩效的影响[J]. 科学学研究，2006，24（6）：
921-928.

[123]Zhou K Z, Li C B. How knowledge affects radical innovation：knowledge base，market knowledge
acquisition，and internal knowledge sharing[J]. Strategic Management Journal，2012，33（9）：
1090-1102.

[124]Thompson J D，Zald M N，Scott W R. Organizations in action：social science bases of adminis-
trative theory[J]. Social Science Electronic Publishing，1967，3（48）：505-509.

[125]Winter S G. The Research Program of the Behavioral Theory of the Firm：Orthodox Critique
and Evolutionary Perspective[M]. Greenwich：JAI Press，1986.

[126]Pentl B T，Rueter H H. Organizational routines as grammars of action[J]. Administrative
Science Quarterly，1994，39（3）：484-510.

[127]Lindkvist L. Knowledge communities and knowledge collectivities：a typology of knowledge
work in groups[J]. Journal of Management Studies，2005，42（42）：1189-1210.

[128]Pinto H S，Martins J. A methodology for ontology integration[C]. International Conference on
Knowledge Capture，Victoria，Canada，2001.

[129]魏江，刘锦，杜静. 自主性技术创新的知识整合过程机理研究[J]. 科研管理，2005，（4）：
15-21.

[130]胡婉丽. 知识整合的流程及机制[J]. 价值工程，2008，27（5）：41-44.

[131]王彦博，和金生. 知识有机整合的过程模型及案例分析——以世界第一款混合动力车普锐
斯的开发为例[J]. 中国地质大学学报（社会科学版），2010，（1）：115-119.

[132]姜大鹏，赵江明，顾新. 知识链成员之间的知识整合[J]. 中国科技论坛，2010，(8)：121-125.

[133]王娟茹，杨瑾. 知识集成能力及其构成因素实证分析[J]. 科学学与科学技术管理，2005，
（11）：98-102.

[134]Kahn K B，Mcdonough E F. An empirical study of the relationships among co-location，
integration，performance，and satisfaction[J]. Journal of Product Innovation Management，1997，
14（3）：161-178.

[135]Leenders M A A M，Wierenga B. The effectiveness of different mechanisms for integrating
marketing and R & D[J]. Journal of Product Innovation Management，2001，19（4）：305-317.

[136]魏江，王铜安. 知识整合的分析框架：评价、途径与要素[J]. 西安电子科技大学学报（社
会科学版），2008，（2）：8-14.

[137]Abernathy W J，Clark K B. Innovation：mapping the winds of creative destruction[J]. Research
Policy，1985，14（2）：3-22.

[138]Huang J C，Newell S. Knowledge integration processes and dynamics within the context of cross-functional projects[J]. International Journal of Project Management，2003，21（3）：167-176.

[139]Hung H F，Kao H P，Chu Y Y. An empirical study on knowledge integration，technology innovation and experimental practice[J]. Expert Systems with Applications，2008，35（1~2）：177-186.

[140]Hobday M. The project-based organisation：an ideal form for managing complex products and systems?[J]. Research Policy，2000，29（7~8）：871-893.

[141]Srikanth R. Islands of Control：A Knowledge-Based Strategy for Managing Projects[M]. New York：New York University，1991.

[142]Disterer G. Management of project knowledge and experiences[J]. Journal of Knowledge Management，2002，6（5）：512-520.

[143]王众托. 项目管理中的知识管理问题[J]. 土木工程学报，2003，36（5）：1-6.

[144]李蕾. 建设项目知识管理的理论研究与实证分析[D]. 武汉理工大学博士学位论文，2007.

[145]张喜征，刘捷，张佳. 项目开发中的知识共享及演化仿生研究[J]. 科技进步与对策，2008，25（3）：157-160.

[146]Tan H C，Carrillo P，Anumba C，et al. Live capture and reuse of project knowledge in construction organisations[J]. Knowledge Management Research & Practice，2006，4（4）：149-161.

[147]Newell S，Bresnen M，Edelman L，et al. Sharing knowledge across projects：limits to ICT-led project review practices[J]. Management Learning，2006，37（2）：167-185.

[148]Baiden B K，Price A D F. The effect of integration on project delivery team effectiveness[J]. International Journal of Project Management，2011，29（2）：129-136.

[149]Bresnen M，Edelman L，Newell S，et al. Social practices and the management of knowledge in project environments[J]. International Journal of Project Management，2003，21（3）：157-166.

[150]Tiwana A. The Influence of Knowledge Integration on Project Success：An Emporical Examination of E-Business Teams[M]. Atlanta：Georgia State University，2001.

[151]Janczak S. How middle managers integrate knowledge within projects[J]. Knowledge & Process Management，2004，1（3）：210-224.

[152]马彪. 国外知识集成研究综述[J]. 情报理论与实践，2007，30（1）：139-144.

[153]Ochieng E G，Price A D. Framework for managing multicultural project teams[J]. Engineering Construction & Architectural Management，2013，16（6）：527-543.

[154]Ven A H V D，Koenig R. Determinants of coordination modes within organizations[J]. American Sociological Review，1976，41（2）：322-338.

[155]Davidow W H. The Virtual Corporation：Structuring and Revitalizing the Corporation for the 21st Century[M]. New York：Harper Business，1992.

[156]Reich B H，Gemino A，Sauer C. Knowledge management and project-based knowledge in it projects：a model and preliminary empirical results[J]. International Journal of Project Management，2012，30（6）：663-674.

[157]Reich B H，Gemino A，Sauer C. How knowledge management impacts performance in projects：an empirical study[J]. International Journal of Project Management，2014，32（4）：590-602.

[158]Madhavan R，Grover R. From embedded knowledge to embodied knowledge：new product development as knowledge management[J]. Journal of Marketing，1998，62（4）：1-12.

[159]Star S L，Griesemer J R. Institutional ecology，translations and boundary objects-amateurs and profe-

ssionals in Berkeleys-Museum-of-Vertebrate-Zoology, 1907-1939[J]. Social Studies of Science, 1989, 19（3）: 387-420.

[160]Maaninen-Olsson E, Wismén M, Carlsson S A. Permanent and temporary work practices: knowledge integration and the meaning of boundary activities[J]. Knowledge Management Research & Practice, 2008, 6（4）: 260-273.

[161]Ratcheva V. Integrating diverse knowledge through boundary spanning processes—the case of multidisciplinary project teams[J]. International Journal of Project Management, 2009, 27（3）: 206-215.

[162]Majchrzak A, Faraj S. Transcending knowledge differences in cross-functional teams[J]. Organization Science, 2012, 23（4）: 951-970.

[163]Tserng H P, Lin Y C. Developing an activity-based knowledge management system for contractors[J]. Automation in Construction, 2004, 13（6）: 781-802.

[164]仇元福, 潘旭伟, 顾新建. 项目管理中的知识集成方法和系统[J]. 科学学与科学技术管理, 2002, 23（8）: 36-39.

[165]王红霞. 面向项目管理的知识集成模型研究[J]. 情报杂志, 2006, 25（7）: 39-42.

[166]Hislop D. Knowledge integration processes and the appropriation of innovations[J]. European Journal of Innovation Management, 2003, 6（3）: 159-172.

[167]Boh W F. Mechanisms for sharing knowledge in project-based organizations[J]. Information & Organization, 2007, 17（1）: 27-58.

[168]Becker M C. Managing dispersed knowledge: organizational problems, managerial strategies, and their effectiveness[J]. Journal of Management Studies, 2001, 38（7）: 1037-1051.

[169]冯进路, 冯丽婷, 闫化海. 知识整合的效率: 市场、组织和企业家的作用[J]. 科学学与科学技术管理, 2004, （8）: 43-47.

[170]Chandra C, Kamrani A K. Knowledge management for consumer-focused product design[J]. Journal of Intelligent Manufacturing, 2004, 14（6）: 557-580.

[171]Xu J, Houssin R, Caillaud E, et al. Fostering continuous innovation in design with an integrated knowledge management approach[J]. Computers in Industry, 2011, 62（4）: 423-436.

[172]Rulke D L, Galaskiewicz J. Distribution of knowledge, group network structure, and group performance[J]. Management Science, 2000, 46（5）: 612-625.

[173]Fong P S W. Knowledge creation in multidisciplinary project teams: an empirical study of the processes and their dynamic interrelationships[J]. International Journal of Project Management, 2003, 21（7）: 479-486.

[174]Newell S, Tansley C, Huang J. Social capital and knowledge integration in an ERP project team: the importance of bridging and bonding[J]. British Journal of Management, 2004, 15（S1）: S43-S57.

[175]柯江林, 孙健敏, 石金涛, 等. 企业 R&D 团队之社会资本与团队效能关系的实证研究——以知识分享与知识整合为中介变量[J]. 管理世界, 2007, （3）: 89-101.

[176]Tsai W, Ghoshal S. Social capital and value creation: the role of intrafirm networks[J]. Academy of Management Journal, 1998, 41（4）: 464-476.

[177]Newell S, Huang J, Tansley C. ERP implementation: a knowledge integration challenge for the project team[J]. Knowledge & Process Management, 2006, 13（4）: 227-238.

[178]张可军. 基于知识离散性的团队知识整合途径研究[J]. 科技进步与对策, 2011, 28（24）: 164-171.

[179]Ghobadi S, D'Ambra J. Knowledge sharing in cross-functional teams: a coopetitive model[J]. Journal of Knowledge Management, 2012, 16（2）: 285-301.

[180]Basaglia S, Caporarello L, Magni M, et al. IT knowledge integration capability and team performance: the role of team climate[J]. International Journal of Information Management, 2010, 30（6）: 542-551.

[181]陈文春. 高科技企业团队信任对团队知识整合影响的实证研究[J]. 科技管理研究, 2012, （10）: 148-151.

[182]Sicotte H, Langley A. Integration mechanisms and R&D project performance[J]. Journal of Engineering & Technology Management, 2000, 17（1）: 1-37.

[183]Okhuysen G A, Eisenhardt K M. Integrating knowledge in groups: how formal interventions enable flexibility[J]. Organization Science, 2002, 13（13）: 370-386.

[184]Canonico P, Nito E D, Mangia G. Control mechanisms and knowledge integration in exploitative project teams: a case study from the coal fired power plant industry[J]. Journal of Knowledge Management, 2012, 16（4）: 538-549.

[185]Cacciatori E, Tamoschus D, Grabher G. Knowledge transfer across projects: codification in creative, high-tech and engineering industries[J]. Management Learning, 2012, 43（43）: 309-331.

[186]Li K, Zhang M E. Knowledge integration and project performance: empirical study on R&D projects of equipment industry[C]. International Conference on Wireless Communications, Networking and Mobile Computing, Dalian, China, 2008.

[187]姜永常, 金岩. 集成情境知识构建的体系设计与系统实现[J]. 图书情报工作, 2013, （6）: 121-126.

[188]戚安邦. 多要素项目集成管理方法研究[J]. 南开管理评论, 2002, 5（6）: 70-75.

[189]李红兵. 建设项目集成化管理理论与方法研究[D]. 武汉理工大学博士学位论文, 2004.

[190]朱方伟, 刘轩政, 孙秀霞. 面向项目全生命周期的知识集成研究[J]. 管理学报, 2012, 9（12）: 1819-1825.

[191]侯淑贤. 团队沟通对项目绩效影响的实证研究[D]. 大连理工大学硕士学位论文, 2015.

[192]Yin R K. Case Study Research: Design and Methods[M]. 2nd ed. Thousand Oaks: Sage Publications, 1994.

[193]Thomas M, Jacques P H, Adams J R, et al. Developing an effective project: planning and team building combined[J]. Project Management Journal, 2008, 39（4）: 105-113.

[194]Laufer A, Tucker R L, Shapira A, et al. The multiplicity concept in construction project planning[J]. Construction Management & Economics, 1994, 12（1）: 53-65.

[195]Wang Y, Gibson G E. A study of preproject planning and project success using ANNs and regression models[J]. Automation in Construction, 2010, 19（3）: 341-346.

[196]Puddicombe M S. The limitations of planning: the importance of learning[J]. Journal of Construction Engineering & Management, 2006, 132（9）: 949-955.

[197]Halse L L, Kjersem K, Emblemsvag J. Implementation of lean project planning: a knowledge transfer perspective[C]. IFIP WG 5.7 International Conference on Advances in Production Management Systems, Ajaccio, France, 2014.

[198]Stange K, van Tatenhove J, van Leeuwen J. Stakeholder-led knowledge production: development of a long-term management plan for North Sea nephrops fisheries[J]. Science and Public Policy, 2015, 42（4）: 501-513.

[199]徐哲, 王黎黎. 基于关键链技术的项目进度管理研究综述[J]. 北京航空航天大学学报（社会科学版）, 2011, （2）: 54-59.

[200]法约尔 H. 工业管理与一般管理[M]. 迟力耕译. 北京: 中国社会科学出版社, 1982.

[201]Pinto J K, Slevin D P. Project success: definitions and measurement techniques[J]. Project

Manage Journal, 1988, 19（3）: 67-73.

[202]Zwikael O, Globerson S. Evaluating the quality of project planning: a model and field results[J]. International Journal of Production Research, 2004, 42（8）: 1545-1556.

[203]Meredith J R, Mantel S J. Project Management: A Managerial Approach[M]. New York: Wiley, 1995.

[204]Argyris C. Personality and the Organization[M]. New York: Harper & Row, 1957.

[205]李孟军, 邓宏钟, 谭跃进. 基于 CMM 的软件研发组织竞争能力模型[J]. 管理学报, 2006, 3（3）: 283-286.

[206]PMI. Organizational Project Management Maturity Model（OPM3）Knowledge Foundation[M]. Newtown Square: PMI Publications, 2003.

[207]Kerzner H R. Using the Project Management Maturity Model: Strategic Planning for Project Management[M]. Hoboken: Wiley, 2005.

[208]克劳福特 J K. 项目管理成熟度模型[M]. 北京: 机械工业出版社, 2008.

[209]Russell R S, Taylor Ⅲ B W. Operations Management[M]. 4th ed. Upper Saddle River: Prentice Hall, 2003.

[210]PMI. A Guide to the Project Management Body of Knowledge（PMBOK Guide）[M]. 5th ed.Newtown Square: PMI Publications, 2013.

[211]Pinto J K, Slevin D P. Critical factors in successful project implementation[J]. IEEE Transactions on Engineering Management, 1987, 34（1）: 22-27.

[212]Zwikael O. Critical planning processes in construction projects[J]. Construction Innovation, 2009, 9（4）: 372-387.

[213]Nidumolu S. The effect of coordination and uncertainty on software project performance: residual performance risk as an intervening variable[J]. Information Systems Research, 1995, 6（3）: 191-219.

[214]Narayanan S, Balasubramanian S, Swaminathan J M. Managing outsourced software projects: an analysis of project performance and customer satisfaction[J]. Social Science Electronic Publishing, 2011, 20（4）: 508-521.

[215]卢向南. 项目计划与控制[M]. 北京: 机械工业出版社, 2004.

[216]Laufer A, Shapira A, Cohenca-Zall D. The Process of Construction Planning and Its Products: Practice in Mature Companies[R]. Haifa: National Building Research Institute, Technion-IIT, 1992.

[217]Dvir D, Raz T, Shenhar A J. An empirical analysis of the relationship between project planning and project success[J]. International Journal of Project Management, 2003, 21（2）: 89-95.

[218]Dvir D, Lechler T. Plans are nothing, changing plans is everything: the impact of changes on project success[J]. Research Policy, 2004, 33（1）: 1-15.

[219]Stockstrom C, Herstatt C. Planning and uncertainty in new product development[J]. R&D Management, 2008, 38（5）: 480-490.

[220]Cresswell J W. Research Design: Qualitative and Quantitative Approaches[M]. London: SAGE Publications, 1994.

[221]Krippendorff K H. Content Analysis: An Introduction to Its Methodology[M]. Beverly Hills: Sage Publications, 1980.

[222]Churchill G A. A paradigm for developing better measures of marketing constructs[J]. Journal of Marketing Research, 1979, 16（1）: 64-73.

[223]Hambrick D C. Strategic awareness within top management teams[J]. Strategic Management Journal, 1981, 2（3）: 263-279.

[224]Hair J F, Anderson R E, Tatham R L, et al. Multivariate Data Analysis[M]. 5th ed.Upper Saddle River: Prentice Hall, 1998.

[225]Guadagnoli E, Velicer W F. Relation of sample size to the stability of component atterns[J]. Psychological Bulletin, 1988, 103（2）: 265-275.

[226]Bollen K A. A New incremental fit index for general structural equation models[J]. Sociological Methods & Research, 1989, 17（3）: 303-316.

[227]McIver J P, Carmines E G. Unidimensional Scaling[M]. Beverly Hills: Sage Publications, 1981.

[228]侯杰泰，温忠麟，成子娟. 结构方程模型及其应用[M]. 北京: 教育科学出版社, 2004.

[229]Steiger J H. Some additional thoughts on components, factors, and factor indeterminancy[J]. Multivariate Behavioral Research, 1990, 25（1）: 41-45.

[230]黄芳铭. 结构方程模式: 理论与应用[M]. 北京: 中国税务出版社, 2005.

[231]Byrne B M. Structural Equation Modeling with Amos: Basic Concepts, Applications and Programming[M]. 2nd ed. New York: Routledge, 2010.

[232]Chen F F, West S G, Sousa K H. A comparison of bifactor and second-order models of quality of life[J]. Multivariate Behavioral Research, 2006, 41（2）: 189-225.

[233]Koufteros X, Babbar S, Kaighobadi M. A paradigm for examining second-order factor models employing structural equation modeling[J]. International Journal of Production Economics, 2009, 120（2）: 633-652.

[234]Netemeyer R G, Bearden W O, Sharma S. Scaling Procedures: Issues and Applications[M]. Thousands Oak: Sage, 2003.

[235]Zwikael O, Pathak R D, Singh G, et al. The moderating effect of risk on the relationship between planning and success[J]. International Journal of Project Management, 2014, 32（3）: 435-441.

[236]Buehler R, Messervey D, Griffin D. Collaborative planning and prediction: does group discussion affect optimistic biases in time estimation?[J]. Organizational Behavior & Human Decision Processes, 2005, 97（1）: 47-63.

[237]de Carvalho M M, Junior R R. Impact of risk management on project performance: the importance of soft skills[J]. International Journal of Production Research, 2014, 53（2）: 321-340.

[238]Wallace L, Keil M, Rai A. How software project risk affects project performance: an investigation of the dimensions of risk and an exploratory model[J]. Decision Sciences, 2004, 35（2）: 289-321.

[239]Bubshait A A, Siddiqui M K, Munem A. Role of communication and coordination in project success: case study[J]. Journal of Performance of Constructed Facilities, 2015, 29（4）: 04014107.

[240]Ordanini A, Rubera G, Sala M. Integrating functional knowledge and embedding learning in new product launches: how project forms helped EMI music[J]. Long Range Planning, 2008, 41（1）: 17-32.

[241]Ditillo A. Dealing with uncertainty in knowledge-intensive firms: the role of management control systems as knowledge integration mechanisms[J]. Accounting Organizations & Society, 2004, 29（3~4）: 401-421.

[242]Okhuysen G A. Structuring change: familiarity and formal interventions in problem-solving groups[J]. Academy of Management Journal, 2001, 44（4）: 794-808.

[243]Pavitt C. What（little）we know about formal group discussion procedures[J]. Small Group Research, 1993, 24（2）: 217-235.

[244]Ko K K B, To C K M, Zhang Z M, et al. Analytic collaboration in virtual innovation projects[J]. Journal of Business Research, 2011, 64（12）: 1327-1334.

[245]Volberda H W. Towards the flexible form: how to remain vital in hypercompetitive environ-ments[J]. Organization Science, 1996, 7（4）: 359-374.

[246]Tiwana A. An empirical study of the effect of knowledge integration on software development performance[J]. Information and Software Technology, 2004, 46（13）: 899-906.

[247]Mitchell V L. Knowledge integration and information technology project performance[J]. Mis Quarterly, 2006, 30（4）: 919-939.

[248]Kenney J L, Gudergan S P. Knowledge integration in organizations: an empirical assessment[J]. Journal of Knowledge Management, 2006, 10（10）: 43-58.

[249]Tiwana A, Mclean E R. Expertise integration and creativity in information systems develop-ment[J]. Journal of Management Information Systems, 2005, 22（1）: 13-43.

[250]Tiwana A. An empirical study of the effect of knowledge integration on software development performance[J]. Information & Software Technology, 2004, 46（13）: 899-906.

[251]杜亚灵. 基于治理的公共项目管理绩效改善研究[D]. 天津大学博士学位论文, 2009.

[252]Davis K. Different stakeholder groups and their perceptions of project success[J]. International Journal of Project Management, 2014, 32（2）: 189-201.

[253]Westerveld E. The project excellence model: linking success criteria and critical success factors[J]. International Journal of Project Management, 2003, 21（6）: 411-418.

[254]Shenhar A J, Dvir D, Levy O, et al. Project success: a multidimensional strategic concept[J]. Long Range Planning, 2001, 34（6）: 699-725.

[255]Baker B N, Murphy D C, Fisher D. Factors Affecting Project Success[M]. New York: Van Nostrand Reinhold, 1974.

[256]Pinto J K, Mantel S J. The causes of project failure[J]. IEEE Transactions on Engineering Management, 1990, 37（4）: 269-276.

[257]Khan K, Turner J R, Maqsood T. Factors that influence the success of public sector projects in Pakistan[C]. IRNOP 2013 Conference, Oslo, Norway, 2013.

[258]Chua D, Kog Y C, Loh P K. Critical success factors for different project objectives[J]. Journal of Construction Engineering and Management, 1999, 125（3）: 142-150.

[259]Chan A, Ho D, Tam C M. Design and build project success factors: multivariate analysis[J]. Journal of Construction Engineering and Management, 2001, 127（2）: 93-100.

[260]Yeung J F Y, Chan A P C, Chan D W M. Developing a performance index for relationship-based construction projects in Australia: Delphi study[J]. Journal of Management in Engineering, 2009, 25（2）: 59-68.

[261]Samset K. Early Project Appraisal[M]. Basingstoke: Palgrave Macmillan, 2010.

[262]Williams T. Identifying success factors in construction projects: a case study[J]. Project Management Journal, 2016, 47（1）: 97-112.

[263]张勇, 刘杰, 李慧民. EPC 总承包模式下各因素对项目绩效的影响程度评价[J]. 西安建筑科技大学学报（自然科学版）, 2015,（1）: 77-81.

[264]孙晓池. EPC 模式下的建设工程项目绩效评价研究[D]. 山东大学硕士学位论文, 2015.

[265]Papke-Shields K E, Beise C, Jing Q. Do project managers practice what they preach, and does it matter to project success?[J]. International Journal of Project Management, 2010, 28（7）: 650-662.

[266]Rodrigues J S, Costa A R, Gestoso C G. Project planning and control: does national culture influence project success?[J]. Procedia Technology, 2014, 16: 1047-1056.

[267]李自玲. 结构方程模型的结构及 PLS 算法研究[D]. 武汉理工大学硕士学位论文, 2006.

[268]Hair J F, Sarstedt M, Pieper T M, et al. The use of partial least squares structural equation

modeling in strategic management research: a review of past practices and recommendations for future applications[J]. Long Range Planning, 2012, 45（5~6）: 320-340.

[269]Diamantopoulos A. Incorporating formative measures into covariance-based structural equation models[J]. MIS Quarterly, 2011, 35（2）: 335-358.

[270]Gefen D, Rigdon E E, Straub D. An update and extension to SEM guidelines for administrative and social science research[J]. MIS Quarterly, 2011, 35（2）: III-XII.

[271]Geisser S. A predictive approach to the random effect model[J]. Biometrika, 1974, 61（1）: 101-107.

附录 A

项目计划成熟度访谈提纲

1. 如果有人描述一个项目的计划是成熟的、有效的，您会如何理解这种表达？

【重要性排序】

2. 您如何区分一个好的、成熟度高的项目计划和一个不成熟的项目计划？

【要素优先级】

3. 您觉得一个成熟的、有效的项目计划制订过程应该是怎样的？您觉得一个成熟的项目计划应该实现什么功能？

【指标优先级】

4. 您觉得一个相对不成功的项目计划有哪些特点和表现？这样的项目计划可能是忽略了哪些事情？缺失了哪些功能？

【优先级排序】

5. 您觉得一个成熟的、有效的项目计划将对整个项目产生哪些影响？

【优先级排序】

6. 您觉得哪些因素能保证、推进一个项目计划的有效性？项目计划有效制订的前提条件是什么？

【因素优先级】

7. 您觉得哪些因素会降低项目计划的成熟度，影响项目计划制订的有效性？

【因素优先级】

姓名：_____

单位：_____

职务：_____

项目管理经验：_____（年）

其他：_____

附录 B

总承包项目知识集成机理的访谈提纲

本次调研的主题围绕总承包项目的计划与知识集成的情况，其中项目知识集成是指总承包项目实施过程中所需要的各种知识在项目层面进行整合、分享、利用的过程。

1. 请回忆一下您作为项目经理管理过的项目计划做得相对较好的项目，并介绍一下项目的背景信息、基本状况和项目特点。

2. 上述项目的主要参与主体有哪些？主要的业务单元包含哪些？业务单元与主体之间是如何匹配的？

3. 您认为在该项目中，应该需要集成、整合哪些知识？

4. 请介绍一下该项目的项目计划的制订过程，并举例说明团队成员之间在计划制订过程中是如何进行沟通的，尤其是跨业务（设计、采购、施工）的协调。

5. 该项目的项目计划是否对风险进行了分析和应对？是否制订了管理与控制的方案？是否得到了项目成员的一致认同并形成了共识？

6. 您如何评价该项目的项目计划？

7. 该项目的项目计划在项目实施过程中有什么作用？

8. 项目实施过程中的沟通和交流是如何进行的？是否会根据项目计划的情况进行信息收集、分析和沟通、协商？

9. 当项目实施过程中存在突发事件时，您是如何处理和决策的？

10. 当项目结束准备收尾时，项目团队是如何进行文档整理和总结学习的？

附录 C

调查问卷 1

尊敬的先生/女士：

您好！

以下是大连理工大学管理与经济学部项目管理研究团队针对项目计划的调查问卷。问卷填写采用无记名方式，答案无对错之分，所有资料仅供研究用途，请您根据以往项目开展过程中的真实状况和个人感受安心作答。您的几分钟帮忙，将是本研究取得成功的关键。非常感谢您的热情参与、积极配合，在此致以诚挚的谢意，并祝您身体健康！

问卷填写说明

本问卷由具有项目管理经验的项目管理人员填写。问卷中的"项目计划"是指为顺利完成项目、由项目团队在项目前期制定的包含项目进度、质量、成本、风险等内容的业务实施计划和管理与控制方案的体系。

一、背景资料

1. 您的性别：□男　　　　□女

2. 您所在的公司：_____

3. 您所在公司的全体职工人数：

□1~300 人　□300~500 人　□500~1 000 人　□1 000~2 000 人　□2 000 人以上

4. 您的职位：_____

5. 您从事项目管理工作的年限：

□无　□1~3 年　□3~5 年　□5~8 年　□8~10 年　□10年以上

6. 在您参与管理的项目中，印象最深的一个项目是_____

7. 上述项目的规模（合同总额）为：

□100 万元以下　□100 万~500 万元　□500 万~1 000 万元

□1 000 万~2 000 万元　□2 000 万~5 000 万元　□5 000 万元以上

8. 上述项目的项目团队规模为：

□1~20 人　□20~50 人　□50~100 人　□100~200 人

□200~500 人　□500 人以上

二、项目计划的制订情况调查

请根据个人认知，将上述您确定参与管理的、印象最深项目的项目计划制订和实施情况与下列陈述进行对比，针对下列每个项目与实际状况的符合程度分别进行打分。数字 1~5 分别代表了"完全不符合""有点不符合""不确定""基本符合""完全符合"。

	项目计划制订情况 下列陈述中的"项目"是指您上述参与管理的印象最深刻的一个项目	完全不符合	有点不符合	不确定	基本符合	完全符合
1	我们的项目计划中包含明确的项目目标	1	2	3	4	5
2	我们的项目计划有针对每个责任人的考核目标	1	2	3	4	5
3	我们的项目计划会涵盖所有的项目工作	1	2	3	4	5
4	我们的项目计划通常是对项目成本、质量与进度关系进行权衡的结果	1	2	3	4	5
5	我们通常会对项目计划配有明确的假定条件	1	2	3	4	5
6	项目计划制订过程中，我们对项目潜在风险点进行了识别	1	2	3	4	5
7	我们项目计划中包含对项目潜在风险点的评价结果	1	2	3	4	5
8	我们的项目计划中包含潜在风险发生时的应对措施	1	2	3	4	5
9	我们的项目计划中包含跨职能活动的工作协调方法	1	2	3	4	5
10	我们的项目计划中包含针对项目实施过程的管理与控制措施	1	2	3	4	5
11	我们通常有包含阶段控制点的里程碑计划	1	2	3	4	5
12	我们的项目计划反映了企业既有的资源情况	1	2	3	4	5
13	我们在做计划时通常会对用户的需求进行明确的分析	1	2	3	4	5
14	项目团队会一同对项目活动进行合理的分解	1	2	3	4	5
15	当项目计划安排有冲突时，我们的项目成员会进行协商	1	2	3	4	5
16	我们在制订计划时，通常会利用企业已形成的同类项目计划参考模板	1	2	3	4	5
17	我们在制订项目计划时，会利用企业的项目管理软件	1	2	3	4	5
18	我们的项目最终计划能够得到项目成员的一致认同	1	2	3	4	5
19	我们会按照项目计划中预先制定的步骤完成项目	1	2	3	4	5

续表

	项目计划制订情况 下列陈述中的"项目"是指您上述参与管理的印象最深刻的一个项目	完全不符合	有点不符合	不确定	基本符合	完全符合
20	我们通常在项目计划制订时已经尽可能对项目潜在风险进行规避	1	2	3	4	5
21	项目计划能够帮助我们有效应对项目实施过程中出现的风险	1	2	3	4	5
22	在项目实施过程中，我们会依照项目计划中的管控措施进行项目管理	1	2	3	4	5
23	项目经理借助项目计划对项目成员进行了有效管控	1	2	3	4	5
24	在项目实施过程中，我们会依据项目计划进行项目质量管理	1	2	3	4	5
25	在项目实施过程中，我们依据项目计划对任务进行了有效的跟踪和监控	1	2	3	4	5

附录 D

调查问卷 2

尊敬的先生/女士：

您好！

非常感谢您上次对本研究的支持，本次调查问卷是针对先前问卷的后续调查，请对您上次提供的印象最深刻项目的项目计划情况与项目实施结果进行再次作答。问卷填写采用无记名方式，答案无对错之分，所有资料仅供研究用途，请您根据上次提及的项目开展过程中的真实状况和个人感受安心作答。您的几分钟帮忙，将是本研究取得成功的关键。非常感谢您的热情参与、积极配合，在此致以诚挚的谢意，并祝您身体健康，工作顺利！

您上次印象深刻的项目为＿＿＿＿＿＿＿＿，请您安心作答！

	项目计划制订情况 下列陈述中的"项目"是指您上述参与管理的印象最深刻的项目	完全不符合	有点不符合	不确定	基本符合	完全符合
1	项目计划制订过程中，我们对项目潜在风险点进行了识别	1	2	3	4	5
2	我们的项目计划中包含对项目潜在风险点的评价结果	1	2	3	4	5
3	我们的项目计划中包含潜在风险发生时的应对措施	1	2	3	4	5
4	我们通常在项目计划制订时已经尽可能对项目潜在风险进行规避	1	2	3	4	5
5	项目计划能够帮助我们有效应对项目实施过程中出现的风险	1	2	3	4	5
6	项目团队会一同对项目活动进行合理的分解	1	2	3	4	5
7	当项目计划安排有冲突时，我们的项目成员会进行协商	1	2	3	4	5
8	我们的项目最终计划能够得到项目成员的一致认同	1	2	3	4	5
9	我们会按照项目计划中预先制定的步骤完成项目	1	2	3	4	5
10	我们的项目计划中包含针对项目实施过程的管理与控制措施	1	2	3	4	5

续表

	项目计划制订情况 下列陈述中的"项目"是指您上述参与管理的印象最深刻的项目	完全不符合	有点不符合	不确定	基本符合	完全符合
11	在项目的实施过程中，我们会依照项目计划中的管控措施进行项目管理	1	2	3	4	5
12	项目经理借助项目计划对项目成员进行了有效管控	1	2	3	4	5
13	在项目实施过程中，我们会依据项目计划进行项目质量管理	1	2	3	4	5
14	在项目实施过程中，我们依据项目计划对任务进行了有效的跟踪和监控	1	2	3	4	5
	项目实施结果 下列陈述中的"项目"是指您之前参与管理的印象最深刻的一个项目。"我们"是指所有项目团队成员。"知识"是指项目开展过程中个体、团队或组织所拥有的经验、技术、诀窍及对问题的看法和解决问题的方式等。"整合"是指知识的融合、重组、衔接的过程	完全不符合	有点不符合	不确定	基本符合	完全符合
15	在项目开展过程中，项目成员形成了共同分享的项目基本信息和项目术语	1	2	3	4	5
16	在项目开展过程中，项目成员能够清晰地了解项目的不同部分如何匹配和整合	1	2	3	4	5
17	在项目开展过程中，我们能够比较快速地获取完成项目所需的专业知识	1	2	3	4	5
18	在项目开展过程中，我们发现和创造了很多能够促进项目成功的新想法和新机会	1	2	3	4	5
19	项目成员所拥有的知识在解决项目问题中得到了充分的调动和良好的组织	1	2	3	4	5
20	项目成员很好地将与项目相关的新知识和他们的既有知识融合了起来	1	2	3	4	5
21	在项目开展过程中，我们整合了项目所需的大量知识	1	2	3	4	5
22	与原定计划相比，本项目很好地实现了进度目标	1	2	3	4	5
23	与原定计划相比，本项目很好地实现了成本目标	1	2	3	4	5
24	本项目很好地实现了原定计划要求的技术规格	1	2	3	4	5
25	本项目很好地实现了原定计划要求的质量标准	1	2	3	4	5
26	本项目获得了客户的认可和满意	1	2	3	4	5
27	本项目获得了良好的收益和市场份额	1	2	3	4	5